समर्पित पुस्तक

यह पुस्तक मेरे दिवंगत पिता श्री राकेश चंद्र द्विवेदी को समर्पित है, जिनके आशीर्वाद के बिना शिक्षण की यह यात्रा संभव नहीं होती, मेरी माँ को उनके बिना शर्त प्यार और समर्थन के लिए, और मेरे सभी मेहनती छात्रों के लिए जिनकी प्रतिक्रिया ने मुझे हमेशा एक बेहतर शिक्षक बनने के लिए खुद को लगातार सुधारने में मदद की है।

SCAN ME

YOU TUBE चैनल

SCAN ME

TELEGRAM GURUJI WORLD

SCAN ME

GURUJI WORLD APPLICATION

SCAN ME

INSTAGRAM DHEERAJ SIR

CTET

(Central Teacher Eligibility Test)

केंद्रीय शिक्षक पात्रता परीक्षा

COMPLETE PEDAGOGY

Useful for CTET and all STET exams

PAPER- 1 & PAPER- 2

हिन्दी भाषा एवं शिक्षाशास्त्र

धीरज द्विवेदी

प्रकाशक:

इंविंसिबल पब्लिकेशन प्राइवेट लिमिटेड

प्रकाशित

इनविंसिबल पब्लिकेशन प्राइवेट लिमिटेड

201ए., एस.ए.एस. टॉवर, सेक्टर 38, गुरुग्राम - 122003

www.invinciblepublishers.com

प्रथम संस्करण 2024

पुस्तक का नाम: केंद्रीय शिक्षक पात्रता परीक्षा

लेखक: धीरज द्विवेदी

ISBN: 978-93-5886-605-6

इनविंसिबल पब्लिकेशन प्राइवेट लिमिटेड

बिक्री कार्यालयः 4760-61/23, बेसमेंट, प्रताप स्ट्रीट, अंसारी रोड,

दरियागंज, नई दिल्ली - 110002

ईमेलः invinciblepublishers@gmail.com

विषय सूची

भाषा, भाषा अधिगम व भाषा अर्जन

भाषा का अर्थ (Meaning of language)

भाषा शब्द संस्कृत के भाष् धातु से बना है जिसका अर्थ है बोलना या कहना अर्थात् भाषा वह है जिसे बोला जाय।

भाषा की परिभाषा (Definiton of language)

"भाषा एक ऐसा साधन है जिसके द्वारा हम अपने विचारों को व्यक्त कर सकते हैं और जिसके लिए हम आवश्यक ध्वनियों का प्रयोग करते हैं।"

भाषा: भाषा मानव सभ्यता के विकास की सर्वोत्कृष्ट उपलब्धि है। मानव जाति का सारा ज्ञान भाषा के माध्यम से ही विकसित हुआ है। सृष्टि में केवल मानव ही वाक्शक्ति संपन्न प्राणी है और यही उसकी श्रेष्ठता का मानदण्ड है। मानव चाहे जंगलों में रहता हो या आधुनिक नगरों में, भाषा उसकी सबसे मूल्यवान् सम्पत्ति है। यह कहना अनुचित न होगा कि किसी समाज की भाषा जितनी अधिक समुन्नत होगी उसकी संस्कृति भी उतनी ही अधिक श्रेष्ठ होगी।

भाषा का हमारे जीवन में महत्त्वपूर्ण स्थान है, किंतु कदाचित अत्यधिक परिचय के कारण बहुत ही कम लोग इस पर ध्यान देते हैं, और बहुधा सांस लेने अथवा चलने के समान ही इसे सहज रूप में स्वीकार कर लेते हैं। इसके अतिरिक्त, भाषा के प्रभाव असाधारण हैं- उसके कारण मनुष्य अन्य जीवों से भिन्न है।

संस्कृत के प्रसिद्ध नीतिशास्त्री और वैयाकरण आचार्य भर्तहरि के अनुसार-

> **"न सोऽस्ति प्रत्ययो लोके यः**
> **शब्दानुगमादृते।**
>
> **अनुबिद्धमिव ज्ञानम् सर्व शब्देन**
> **भासते ।।"**

(अर्थात् संसार में ज्ञात कोई ऐसा विषय नहीं है जो शब्द का आश्रय न लेता हो। समस्त ज्ञान शब्द से ही उत्पन्न हुआ भाषित होता है)।

भाषा की प्रकृति (Nature of Language)

भाषा सागर की तरह सदा चलती - बहती रहती है। भाषा के अपने गुण या स्वभाव को

भाषा की प्रकृति कहते हैं। हर भाषा की अपनी प्रकृति, आंतरिक गुण-अवगुण होते हैं। भाषा एक सामाजिक शक्ति है, जो मनुष्य को प्राप्त होती है। मनुष्य उसे अपने पूर्वजों से सीखता है। और उसका विकास करता है। यह परंपरागत और अर्जित दोनों है। जीवंत भाषा 'बहता नीर' की तरह सदा प्रवाहित होती रहती है।

हम सामान्यतः भाव की अभिव्यक्ति के लिए प्रयुक्त विभिन्न साधनों को भाषा कहते हैं। इस अर्थ में पशु-पक्षियों की बोली भी भाषा है। मधुमक्खी मधु की उपलब्धि की दूरता बताने के लिए सूर्य को केंद्र बनाकर बड़े वृत्त में और निकटता बनाने के लिए छोटे वृत्त में चक्कर काटता है। कुत्ता, बिल्ली आदि विभिन्न प्रकार के स्वर निकालकर प्रेम, क्रोध और भय को प्रकट करते हैं। वे केवल सीमित स्थिति में सीमित भावों को परंपरा से सीखकर व्यक्त करते हैं। मनुष्य शारीरिक चेष्टाओं द्वारा भी भाव व्यक्त कर सकता है। हाथ हिलाकर बुलाना या मना करना, आँख के इशारे से क्रोध या प्रेम प्रकट करना, सिर को नीचा करके स्वीकृति और दाएँ-बाएँ हिलाकर अस्वीकृति देना तो संभव है। पर ये सूक्ष्म और अमूर्त भावों को व्यक्त नहीं कर सकते। इनका क्षेत्र भी सीमित है।

भाषा और मनुष्य का इतना घनिष्ठ संबंध होते हुए भी उनके वास्तविक स्वरूप या लक्षण अथवा परिभाषा को लेकर विश्व के विभिन्न विद्वानों के पृथक-पृथक मत दृष्टिगत होते हैं। परिणामस्वरूप अनेक विद्वानों ने अपने अपने ढंग से भाषा के स्वरूप पर प्रकाश डालते हुये उसे पारिभाषित किया है। जिन्हें सुविधा की दृष्टि से दो वर्गों में रख सकते हैं-

(1) पाश्चात्य ।

(2) भारतीय

कुछ मुख्य पाश्चात्य परिभाषाएँ निम्नलिखित हैं-

1. प्लेटो ने सोफिस्ट में विचार और भाषा के सम्बन्ध में लिखते हुए कहा है कि विचार और भाषा में थोड़ा ही अंतर है। विचार आत्मा की मूक या अध्वन्यात्मक बातचीत है और वही शब्द जब ध्वन्यात्मक होकर होठों पर प्रकट होती है तो उसे भाषा की संज्ञा देते हैं।

2. स्वीट के अनुसार "ध्वन्यात्मक शब्दों द्वारा विचारों को प्रकट करना ही भाषा है।"

3. वेन्द्रीय कहते हैं कि भाषा एक तरह का चिह्न है। चिह्न से आशय उन प्रतीकों से है जिनके द्वारा मानव अपना विचार दूसरों के समक्ष प्रकट करता है। ये प्रतीक कई प्रकार के होते हैं जैसे नेत्रग्राह्य, श्रोत्र ग्राह्य और स्पर्श ग्राह्य वस्तुतः भाषा की दृष्टि से श्रोत्रग्राह्य प्रतीक ही सर्वश्रेष्ठ है।

4. ब्लाक तथा ट्रेगर- "भाषा यादृच्छिक भाष् प्रतिकों का तन्त्र है जिसके द्वारा एक सामाजिक समूह सहयोग करता हैं।"

5. स्त्रुत्वा - "भाषा यादृच्छिक भाष् प्रतीकों का तन्त्र है जिसके द्वारा एक सामाजिक समूह के सदस्य सहयोग एवं सम्पर्क करते हैं।"

6. इनसाइक्लोपीडिया ब्रिटैनिका "भाषा को यादृच्छिक भाष् प्रतीकों का तन्त्र है जिसके द्वारा मानव प्राणि एक सामाजिक समूह के सदस्य और सांस्कृतिक साझीदार के रूप में एक सामाजिक समूह के सदस्य संपर्क एवं सम्प्रेषण करते हैं।"

7. ए. एच. गार्डिबर का मन्तव्य है- "The common definition of speech is the use of articulate sound symbols for the expression of thought." अर्थात् विचारों की अभिव्यक्ति के लिए जिन व्यक्त एवं स्पष्ट ध्वनि-संकेतों का व्यवहार किया जाता है, उनके समूह को भाषा कहते हैं।"

8. कोचे "Language is articulate, limited sound, employed in expression" अर्थात् अभिव्यंजना के लिए प्रयुक्त स्पष्ट, सीमित तथा सुसंगठित ध्वनि को भाषा कहते हैं।"

9. "Strutevent". Language is a system of arbitrary vocal symbols by mceans of which mem- ber of a social group cooperate and interact" - भाषा यादृच्छिक ध्वनि प्रतीकों की वह व्यवस्था है. जिससे एक सामाजिक समूह परस्पर सहयोग करता है।"

कुछ मुख्य भारतीय परिभाषाएँ निम्नलिखित हैं-

'भाषा' शब्द संस्कृत के 'भाष् धातु से बना है जिसका अर्थ है बोलना या कहना अर्थात् भाषा वह है जिसे बोला जाए।

1. पंतजलि- "वर्णों में व्यक्त वाणी को भाषा कहते हैं।"

2. डॉ. श्याम सुन्दर दास- "भाषा वह साधन है जिसके द्वारा मनुष्य अपने विचार दूसरों पर भलीभाँति प्रकट कर सकता है और दूसरों के विचार आप स्पष्टतया समझ सकता है।"

3. आचार्य कामता प्रसाद गुरु- "जिन ध्वनि चिन्हों द्वारा मनुष्य परस्पर विचार-विनियम करता है, उसको समष्टि रूप से भाषा कहते हैं।"

4. डॉ. बाबूराम सक्सेना- "जिसकी सहायता से मनुष्य परस्पर विचार विनिमय या सहयोग करता है, उस यादृच्छिक रूढ़ ध्वनि - संकेत - प्रणाली को भाषा कहते हैं।"

5. आचार्य देवेन्द्रनाथ शर्मा- "भाषा उच्चारण अवयवों से उच्चारित मूलतः प्रायः यादृच्छिक ध्वनि प्रतीकों की वह व्यवस्था है, जिसके द्वारा किसी भाषा-समाज के लोग आपस में विचारों का आदान - प्रदान करते हैं।"

6. किशोरीदास बाजपेयी- "विभिन्न अर्थों में सांकेतिक शब्द समूह ही भाषा है।"

7. डॉ. मंगलदेव शास्त्री- "भाषा मनुष्य की उस चेष्टा या व्यापार को कहते हैं, जिससे मनुष्य अपने उच्चारणोपयोगी शरीरवयवों से उच्चारण किए गए वर्णात्मक या व्यक्त शब्दों द्वारा अपने विचारों को प्रकट करते हैं।"

8. डॉ. भोलानाथ तिवारी- "भाषा, उच्चारण अवयवों से उच्चरित, यादृच्छिक ध्वनि प्रतीकों की वह व्यवस्था है, जिसके द्वारा समाज विशेष के लोग आपस में विचारों का आदान प्रदान करते हैं।"

9. पी.डी. गुणे- "शब्दों द्वारा हृदयगत भावों तथा विचारों का प्रकटीकरण ही भाषा है।"

10. सुकुमार सेन"अर्थवान, कण्ठ से निःसृत ध्वनि समष्टि ही भाषा है।"

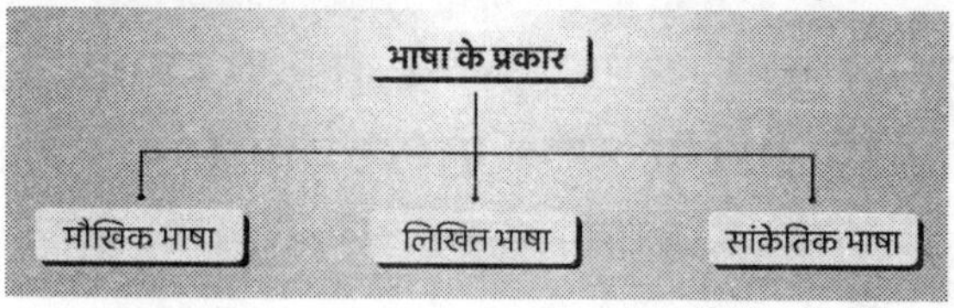

मौखिक भाषा

भाषा के जिस रूप से हम अपने विचार एवं भाव बोलकर प्रकट करते हैं अथवा दूसरों के विचार अथवा भाव सुनकर ग्रहण करते हैं, उसे मौखिक भाषा कहते हैं। उदाहरण के लिए जब हम किसी से फोन पर बात करते हैं तो भाषा के मौखिक रूप का प्रयोग करते हैं।

भाषा का मौखिक रूप सीखने के लिए विशेष प्रयत्न नहीं करना पड़ता है, उदाहरण के लिए हम अपनी-अपनी मातृभाषा को परिवार और समाज से अनुकरण द्वारा स्वयं सीख जाते हैं।

लिखित भाषा

जब हम मन के भावों तथा विचारों को लिखकर प्रकट करते हैं, तो वह भाषा का लिखित रूप कहलाता है। लिखित भाषा के उदाहरण निम्न है- पत्र, लेख, समाचार पत्र, कहानी, जीवनी संस्मरण, तार इत्यादि।

भाषा का लिखित रूप सीखने के लिए विशेष अध्ययन की आवश्यकता होती है। किसी भी भाषा को लिखने के लिए उसके वर्णों, शब्दों, वाक्यों अर्थात व्याकरण का सम्पूर्ण ज्ञान होना जरूरी है।

सांकेतिक भाषा

संकेत भाषा या सांकेतिक भाषा एक ऐसी भाषा है, जिसको हम विभिन्न प्रकार के दृश्य संकेतों (जैसे हस्तचालित संकेत, अंग-संकेत) के माध्यम से व्यक्त करतें हैं। इसमें बोलनें वाले के विचारों को धाराप्रवाह रूप से व्यक्त करने के लिए, हाथ के आकार, विन्यास और संचालन, बांहों या शरीर तथा चेहरे के हाव-भावों का एक साथ उपयोग किया जाता है।

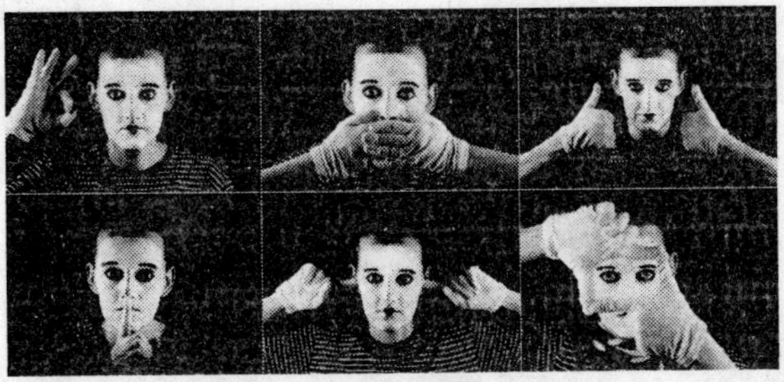

उदाहरण के लिए- छोटे बच्चे और उसकी माँ के बीच की भाषा सांकेतिक भाषा है। छोटा बच्चा अपनी समस्याओं और इच्छाओं को विभिन्न संकेतों के माध्यम से बताता है, जैसे- अधिकतर बच्चों को जब भूख लगती है तो वह रोने लगते हैं।

सांकेतिक भाषा का प्रयोग अधिकतर ऐसे व्यक्तियों के लिए होता जो शारीरिक रूप से दिव्यांग होते है, जैसे- कान और मुख से अपंग।

भाषा के विविध रूप - भाषा को व्यवहार में लाने की दृष्टि से उसके अनेक रूप हैं। जिस तरह भाषा का व्यवहार समाज में होता है, उसी प्रकार उस भाषा को पढ़ाते समय शिक्षक को अपने उद्देश्य, शिक्षण विधियाँ व सहायक सामग्री का प्रयोग करना पड़ता है जैसे अंग्रेजी, हिन्दी व संस्कृत भाषाओं को पढ़ाने में कुछ न कुछ भिन्नता अवश्य होगी। भाषा के वे विविध रूप इस प्रकार है-

1. मूल भाषा - सम्पूर्ण विश्व एक परिवार का ही विस्तार है। सर्वप्रथम उस परिवार की एक ही भाषा थी भौगोलिक परिस्थितियों के कारण वह परिवार अनेक शाखाओं में संवर्धित होता चला गया और अपनी मूल परिवार की भाषा अपने साथ ले गया, किन्तु स्थान तथा काल भेद के कारण उस ही मूल भाषा में अनेक परिवर्तन आ गए।

2. मातृ-भाषा - मातृभाषा वह भाषा है, जो माता की गोद में रहकर सीखी जाती है अर्थात बालक जन्म के साथ ही जिस भाषा को अपने माता-पिता तथा अन्य पारिवारिक सदस्यों द्वारा व्यावहारिक रूप में सुनता है और बिना किसी श्रम के अनायास ही उस भाषा को शुद्ध रूप में स्वयं भी सीख जाता है, क्योंकि भाषा अनुकरण द्वारा सीखी जाती है। किसी बालक की मातृभाषा प्रादेशिक भाषा और राष्ट्र भाषा भी हो सकती है जैसे- जो बालक गुजरात में रह रहा है उसकी मातृभाषा व प्रादेशिक भाषा गुजराती हो सकती है। इसी प्रकार उत्तरप्रदेश में रहने वाले बालक की मातृभाषा व प्रादेशिक भाषा हिन्दी हो सकती है तथा हिन्दी राष्ट्र भाषा के पद पर भी प्रतिष्ठित है।

3. प्रादेशिक भाषा- प्रादेशिक भाषा वह भाषा है, जिसका प्रयोग प्रदेश या प्रान्त के विस्तृत भूभाग के अधिकांश लोगों के द्वारा किया जाता है। 1956 में राज्य पुनर्गठन आयोग द्वारा गठित भाषावार राज्यों की स्थापना से प्रादेशिक भाषाओं का बहुत विकास हुआ है। भारतीय संविधान द्वारा स्वीकृत संस्कृत, हिन्दी, गुजराती, उड़िया, पंजाबी, कश्मीरी, उर्दू, बंगाली, असमिया, मराठी, सिन्धी आदि के अतिरिक्त नेपाली व कोंकणी भी संविधान स्वीकृति प्राप्त कर चुकी हैं। ये भारोपीय परिवार के अन्तर्गत आती हैं तथा तमिल, तेलुगु, मलयालम, कन्नड़ आदि द्रविड़ परिवार के अन्तर्गत आती हैं।

4. राज भाषा - स्वतन्त्रता संघर्ष के समय यह अनुभव किया गया, कि भारत के लिए किसी एक प्रतिनिधि या सम्पर्क भाषा की आवश्यकता है और वह भाषा अपेक्षाकृत अधिक लोगों के द्वारा बोली जाने के कारण हिन्दी हो सकती है। अत: स्वतन्त्रोपरान्त भारत में संविधान के अनुच्छेद 343 में उपबन्ध किया गया कि संघ की राजभाषा हिन्दी और लिपि देवनागरी होगी।

5. राष्ट्र भाषा - भारत एक बहुभाषाभाषी देश है। विभिन्न प्रान्तों में लोगों द्वारा अपनी प्रादेशिक भाषाओं का प्रयोग किया जाता है, किन्तु यह आवश्यक है, कि प्रत्येक बालक अपनी मातृभाषा और प्रादेशिक भाषा जानने के बाद भी एक ऐसी भाषा का ज्ञान अवश्य रखे जिसके माध्यम से वह अपने देश के अन्य भाषाभाषियों के साथ सम्पर्क स्थापित कर सके। यह भाषा ही राष्ट्र भाषा कहलाती है भारतीय संविधान ने हिन्दी को राजभाषा घोषित किया है। हिन्दी भाषी प्रदेशों में हिन्दी मातृभाषा एवं राजभाषा दोनों है किन्तु अहिन्दी प्रदेशों में मातृभाषा एवं राष्ट्रभाषा भिन्न हैं। राष्ट्र भाषा राष्ट्रीय गौरव और सम्मान का प्रतीक है। राष्ट्रभाषा का अभाव उस राष्ट्र को ही हीन बना देता है। भावात्मक एकता की दृष्टि से भी राष्ट्रभाषा का अपना महत्त्व है। यह जनसाधारण के हृदय में परस्पर स्नेह का संचार करने में सहयोग करती है।

6. अन्तर्राष्ट्रीय भाषा - विश्व के सभी राष्ट्रों के आपसी पत्र-व्यवहार, व्यापार तथा विचारविनिमय जिस भाषा के माध्यम से होते हैं वह अन्तर्राष्ट्रीय भाषा कहलाती है। यह भाषा सभी राष्ट्रों को एक दूसरे के निकट लाने की एक कड़ी है। वर्तमान में अंग्रेजी को अन्तर्राष्ट्रीय भाषा का स्थान प्राप्त है।

भाषा अर्जन एवं अधिगम

भाषा अर्जन सरल व स्वाभाविक होता है, अर्थात जब हम अपने आस पास के वातावरण से भाषा को सीखते हैं, किसी दूसरे का सहारा नहीं लेते उसे भाषा अर्जन कहते हैं।

भाषा का अर्जन अनुकरण द्वारा होता है। बालक अपने वातावरण में जिस प्रकार लोगों को बोलते हुए सुनता है लिखते हुए देखता है उसे ही अनुकरण द्वारा सीखने का प्रयास करता है।

- भाषा अर्जन के लिए विशेष तैयारियों की जरूरत नहीं होती केवल बातचीत के माध्यम से ही बच्चा आसानी से अपनी भाषा अर्जित कर सकता है।

भाषा अर्जनः-

1. स्वाभाविक प्रक्रिया
2. वातावरण का प्रभाव
3. सहज प्रक्रिया
4. अचेतन या अवचेतन प्रक्रिया
5. अर्जन का संबंध मातृभाषा से ज्यादा
6. अनौपचारिक प्रक्रिया है।

भाषा अर्जन किस वजह से होता है ?

हमारे अंदर आंतरिक क्षमता है की हम भाषा को स्वाभाविक रूप से अर्जित करलें अपने पर्यावरण से। जैसे - जबसे बच्चा पैदा होता है तब से परिवार वाले उससे बातें करते हैं जैसे बच्चे को भाषा आती है , किन्तु बच्चा इससे ही भाषा अर्जित करता है पर्यावरण से सुनकर, देखकर, बोलकर इत्यादि।

भाषा अधिगम

- भाषा अधिगम- अधिगम शब्द दो शब्द के मेल से बना है ‹अधि' तथा 'गम'। यहाँ 'अधि' का अर्थ है ‹भली प्रकार' तथा 'गम' का अर्थ है 'जानना'। अर्थात किसी बात या विषय के समीप अच्छी तरह जाना और उसकी भली भांति जानकारी प्राप्त करना।

  अर्थात सरल शब्दों में जब किसी भाषा को व्यवस्थित शिक्षण प्रक्रिया द्वारा सीखा जाता है वह भाषा अधिगम कहलाता है.।

भाषा अधिगम से सम्बंधित महत्वपूर्ण बातें

❖ भाषा अधिगम में किताब, शिक्षक, विद्यालय, शिक्षण विधि अदि की भूमिका होती है।

❖ भाषा अधिगम के लिए जागरूक प्रयास करने पड़ते हैं।

❖ भाषा अधिगम के लिए नियम और ग्रामर की जरूरत पड़ती है।

❖ भाषा अधिगम के द्वारा हम पढ़ना लिखना सीखते हैं।

अर्जन और अधिगम में अंतर

अर्जन-

1. भाषा-अर्जन के लिए समृद्ध भाषायी परिवेश (Environment) की आवश्यकता होती है।
2. भाषा अर्जन एक सहज और स्वाभाविक (Natural) प्रक्रिया (Process) है।
3. भाषा अर्जन में भाषा के विभिन्न रूपों का प्रयोग होना आवश्यक है।
4. भाषा अर्जन में परिवेश से प्राप्त भाषिक आंकड़ों के आधार पर सहज रूप से भाषिक नियम बनाये जाते हैं।
5. इसमें समाज-सांस्कृतिक विशेषताओं को सहज रूप से आत्मसात किया जाता है।
6. भाषा-अर्जन में विभिन्न संकल्पनाएँ मातृभाषा में बनती है।

अधिगम-

1. भाषा अधिगम बिना भाषायी परिवेश के बिना भी हो सकता है, क्योंकि यह व्यक्तिगत अवधान (Attention) पर आधारित होता है।
2. भाषा अधिगम प्रयासपूर्ण होता है।
3. भाषा अधिगम में भाषा का व्याकरण, पाठ्यपुस्तक तथा शिक्षण आवश्यक है।

4. **भाषा अधिगम में सीधे-सीधे व्याकरण के नियम सीखे जाते हैं।**
5. **इसमें व्याकरण की अलग-अलग छटाओं (Items) को आत्मसात किया जाता है।**
6. **भाषा अधिगम में संकल्पनाएँ मातृभाषा के साथ-साथ द्वितीय भाषा (Second Language) में भी हो सकती है**

भाषा का विकास चामस्की चाम्सकी, वाइगोत्सकी, पियाजे,...के अनुसार

भाषा मानव संवाद का महत्वपूर्ण हिस्सा है और इसका विकास व्यापक रूप से सामाजिक और मानसिक विकास के साथ जुड़ा हुआ है। चामस्की, वाइगोत्सकी, और पियाजे जैसे महान विचारक ने भाषा के विकास के विभिन्न पहलुओं का अध्ययन किया है।...

नाओम चामस्की के अनुसार :-

नाओम चामस्की भाषा को जन्मजात मानते है अर्थात् बच्चे भाषा सीखने की क्षमता के साथ पैदा होते हैं।

इनका कहना है कि बच्चा भाषा अधिग्रहण यंत्र अर्थात

LAD- Language Aciquisition Device के साथ पैदा होता है, विश्व की सभी भाषाएँ एक ही मूल व्याकरण (Universal Grammar) से संबद्ध हैं जिसे समझने में LAD हमारी सहायता करता है।

भाषा अनेक विधाओं से सीखने की कला है।

भाषा मस्तिष्क का विकास है।

- **व्यवहारिक या अनौपचारिक व्याकारण (Functional Grammar) का विकास चामस्की ने किया है।**

वाइगोत्सकी के अनुसार:-

वाइगोत्सकी ने भाषा और सोच के बीच के संबंध का अध्ययन किया। उनके अनुसार, भाषा विचारों और सोच की प्रगति को बढ़ाती है और सोच को व्यक्त करने में मदद करती है। भाषा का विकास एक प्रगतिशील प्रक्रिया है जो विचारों को एक साझा साधन के रूप में उपयोगी बनाती है।

- **वाइगोत्सकी भाषा के सामाजिक अर्थात् सामाजिक अंतः क्रिया स्वरूप पर बल देते हैं।**
- **अंतः क्रियाएँ (अंतः वाक्) भाषा का विकास करती है।**
- **भाषा एवं चिन्तन एक दूसरे से स्वतंत्र रूप से विकसित होते हैं।**

जीन पियाजे के अनुसार:-

पियाजे ने विकासवादी मानसिकता का अध्ययन किया और भाषा के विकास को सामाजिक संदर्भ में देखा। उन्होंने कहा कि बच्चे अपनी सोच को भाषा के माध्यम से प्रकट करते हैं और वे सामाजिक परियोजनाओं में संचार करके भाषा का उपयोग करते हैं। भाषा के विकास के साथ ही बच्चे सामाजिक, मानसिक और नैतिक विकास का अनुभव करते हैं।

- **पियाजे बच्चे के शारीरिक विकास के साथ भाषा के विकास की बात कहते है।**

Hint

स्किनर	अभ्यास, नकल व रटने से भाषा की क्षमता प्राप्त होती है।
चॉम्स्की	भाषा अर्जन की क्षमता जन्मजात होती है।
वाइगोत्स्की	बच्चे सामाजिक अंतःक्रिया से भाषा सीखते हैं।
पियाजे	भाषा परिवेश के साथ अंतःक्रिया से सीखी जाती है।

बालकों में शब्द भण्डार का विकास Development of Vocabulary in Child

❖ **बालक के भाषा विकास में उस भाषा से सम्बन्धित शब्द तथा उनके भण्डार का बड़ा ही महत्त्वपूर्ण योगदान होता है। शब्दों से ही आगे जाकर वाक्य बनते हैं और वाक्यों से भाषा के उस रूप का निर्माण होता है जिसे विचार तथा भावों के सम्प्रेषण और विनिमय के लिए काम में लाया जाता है।**

❖ **बालक जैसे ही 5 वर्ष की अवस्था के बाद विद्यालय जाने की आयु में प्रवेश करता है विद्यालय की शिक्षा ग्रहण करता है उसके शब्द भण्डार में तेजी से वृद्धि होने लगती है। शब्दों की संख्या में वृद्धि होने के साथ- साथ बालकों के शब्द भण्डार के विकास में कई विशेषताएँ देखने को मिलती हैं।**

बालक में शब्द भंडार का विकास

- ❖ **जन्म से 8 माह तक के बच्चे का शब्द भंडार - 0 होता है।.**
- ❖ **9 माह से 12 माह तक बच्चा- 3 से 4 शब्द बोलना सीख जाता है।**
- ❖ **18 माह तक बच्चा- 10 या 12 शब्द,**
- ❖ **2 वर्ष तक बच्चा - 272 शब्द,**
- ❖ **ढाई वर्ष तक बच्चा - 450 शब्द**
- ❖ **3 वर्ष तक बच्चा - 1000 शब्द,**
- ❖ **साढें 3 वर्ष तक बच्चा - 1250 शब्द,**
- ❖ **4 वर्ष तक बच्चा - 1600 शब्द,**
- ❖ **5 वर्ष तक बच्चा - 2100 शब्द,**
- ❖ **11 वर्ष तक बच्चा- 50000 शब्द,**
- ❖ **14 वर्ष तक- 80000 शब्द,**
- ❖ **16 वर्ष से आगे - 100000 से भी अधिक शब्द बोलना सीख जाता है।**

विगत वर्षों में आए हुए एवं संभावित प्रश्न

1. भाषा से क्या अभिप्राय है?
   (a) भाषा विज्ञान की व्यवस्था है।
   (b) व्यवस्थाओं की व्यवस्था है।
   (c) विकासात्मात्मक व्याकरणात्मक व्यवस्था है।
   (d) अक्षर और ध्वनियाँ हैं।

2. भाषा की परिभाषा है:
   (a) भाषा वह साधन है, जिसके द्वारा मनुष्य सिर्फ पढ़कर अपने मन के भावों या विचारों का आदान-प्रदान करता।
   (b) भाषा वह साधन है, जिसके द्वारा मनुष्य बोलकर, सुनकर, लिखकर व पढ़कर अपने मन के भावों या विचारों का आदान-प्रदान करता है।
   (c) भाषा वह साधन है, जिसके द्वारा मनुष्य बोलकर, सुनकर, लिखकर व पढ़कर अपने मन के भावों या विचारों का आदान- प्रदान नहीं करता है।
   (d) भाषा वह साधन है, जिसके द्वारा मनुष्य सिर्फ बोलकर, अपने मन के भावों या विचारों का आदान- प्रदान करता।

3. वाइगोत्स्की ने भाषा-विकास का किया। परिप्रेक्ष्य प्रस्तुत
   (a) व्यवहारवदी
   (b) समाज-सांस्कृतिक
   (c) व्यवहार-सांस्कृतिक
   (d) संज्ञानवादी

4. भाषा अर्जित करने के संदर्भ में कौन-सा कथन उचित नहीं है?
   (a) यह एक सह प्रक्रिया है।
   (b) यह एक स्वाभाविक प्रक्रिया है।
   (c) बच्चे भाषा के नियमों को आत्मसात् करते हैं।
   (d) बच्चों को नियम बनाना सिखाया जाता है।

5. भाषा सीखने और भाषा अर्जित करने में अंतर का मुख्य आधार है-
   (a) भाषा की पाठ्य-पुस्तकें
   (b) भाषा का लिखित आकलन
   (c) भाषा का उपलब्ध परिवेश
   (d) भाषा की जटिल संरचनाएँ

6. "भाषा सीखने की क्षमता जन्मजात होती है।" यह विचार किसकी देन है?
   (a) चामस्की
   (b) थॉर्नडाइक
   (c) स्किनर
   (d) पावलोव

7. चामस्की के अनुसार ....के कारण बच्चे भाषा सीखते हैं।
   (a) भाषायी समाज
   (b) भाषा-अर्जन क्षमता
   (c) भाषा-आकलन क्षमता
   (d) व्याकरणिक नियमों की जानकारी

8. अन्त:वाक् की संकल्पना किससे सम्बद्ध है?
   (a) चामस्की से
   (b) वाइगोत्स्की से
   (c) पावलॉव से
   (d) स्किनर से

9. भाषा एक औजार है जिसका उपयोग करते हैं-
(a) जीवन-जगत को प्रस्तुत करने के लिए
(b) जिंदगी को समझने के लिए
(c) जिंदगी से जुड़ने के लिए
(d) उपरोक्त सभी

10. बच्चे विद्यालय आने से पहले-
(a) अपनी बोलचाल की भाषा के अनुभवों से लैस होते हैं।
(b) कोई भी भाषा बोल नहीं सकते हैं।
(c) सभी भाषाएँ पढ़ सकते हैं।
(d) सब कुछ लिख सकते हैं।

11. भाषा की प्रकृति के संबंध में कौन-सा कथन उचित नहीं है?
(a) भाषा का जितना अधिक प्रयोग किया जाएगा, उतना ही भाषा पर पकड़ मजबूत होती जाएगी।
(b) भाषा कठोरता से व्याकरणिक नियमों का अनुसरण करती है।
(c) भाषाएँ एक-दूसरे के सानिध्य में फलती-फूलती हैं।
(d) भाषा एक नियमबद्ध व्यवस्था है।

12. भाषा की कक्षाओं में लोकतांत्रिकता बनाए रखने के लिए क्या जरूरी है?
(a) स्वतंत्र एवं मौलिक अभिव्यक्ति के अवसर देना
(b) राज्य भाषा को अनिवार्यतः पढ़ाना
(c) बच्चों को हर समय बोलने के लिए कहना
(d) लोकतंत्र पर निबंध पढ़ाना-लिखवाना

13. बच्चे के व्यक्तित्व-निर्माण में ______ का महत्त्वपूर्ण योगदान है।
(a) विदेशी भाषा
(b) शास्त्रीय भाषा
(c) मातृभाषा
(d) क्षेत्रीय भाषा

14. प्राथमिक स्तर पर हिंदी भाषा सिखाने का सर्वोपरि उद्देश्य है-
(a) भाषा के विभिन्न प्रयोगों की क्षमता का विकास करना
(b) भाषा की कठिन बातों को सरलता से समझना
(c) भाषा के मानक स्वरूप को पूर्णतः आत्मसात् करना
(d) भाषा के व्याकरणिक नियमों को पूर्णतः आत्मसात् करना

15. भाषा में सीखने और भाषा अर्जित करने में अंतर का सर्वप्रमुख कारण है-
(a) भाषा की पाठ्यपुस्तकें
(b) भाषा में आकलन
(c) भाषायी परिवेश
(d) भाषा का व्याकरण

16. प्राथमिक स्तर की शिक्षा में संप्रेषण का माध्यम ____ ही होनी चाहिए, क्योंकि इसी भाषा में ही बच्चे का मस्तिष्क सबसे पहले क्रियाशील होता है।
(a) अंग्रेजी
(b) मातृभाषा
(c) प्रदेश की भाषा
(d) हिंदी

17. चामस्की के अनुसार बच्चों के पास भाषा सीखने की क्षमता जन्मजात होती है। अतः हिंदी भाषा की कक्षा में बच्चों को-

(a) विविध भाषा-प्रयोगों से परिचय प्राप्त करने के अवसर दिए जाने चाहिए।
(b) व्याकरण के नियम समझा दिए जाएँ ताकि वे अपनी इस क्षमता के माध्यम से जल्दी भाषा सीख सकें।
(c) सतत और व्यापक आकलन की प्रक्रिया से मुक्त रखें, उन पर अनावश्यक बोझ न डालें।
(d) कुछ भी न पढ़ाने की आवश्यकता नहीं है।

18. प्राथमिक स्तर पर भाषा-शिक्षण का मुख्य उद्देश्य है-
(a) चार अक्षर वाले शब्द पढ़-लिख लेना।
(b) पाठ्यपुस्तक के अंत में दिए गए सभी अभ्यासों को पूरा करना।
(c) दूसरों की बातों को धैर्य से सुनना और सुनी गई बात पर अपनी टिप्पणी देना।
(d) वर्णमाला को क्रम से याद करना।

19. शिक्षार्थी उपलब्धियों के उन स्तरों को दूसरों की सहायता से प्राप्त कर सकते हैं जिन्हें वह अकेले अपने-आप नहीं प्राप्त कर पाते। भाषा अधिगम में यह धारणा किस रूप में जानी जाती है?
(a) निवेश परिकल्पना
(b) निर्गम परिकल्पना
(c) अन्तःक्रिया परिकल्पना
(d) सहारा देने सम्बन्धी परिकल्पना

20. शिक्षार्थी सुविचारित साधनों के माध्यम से भाषा सीखते हैं, यह क्या कहलाता है?
(a) भाषा का अधिगम
(b) भाषा का अर्जन
(c) भाषायी व्यवस्था का अधिगम
(d) व्याकरण का अधिगम

21. शिक्षार्थी भाषा अर्जित करते हैं
(a) भाषा की संरचना का विश्लेषण करके
(b) भाषा के साहित्य का अध्ययन करके
(c) उस भाषा को बोलने वालों की संस्कृति के बारे में सीखकर
(d) प्राकृतिक अन्तःक्रियात्मक वातावरण में भाषा का उपयोग करके

22. "भाषा और चिन्तन में सम्बन्ध होता है।" यह कथन
(a) पूर्णतः सही है
(b) आंशिक रूप से सही है
(c) पूर्णतः गलत है
(d) व्यर्थ का है

23. भाषा-अर्जन में बच्चे भाषा को
(a) सहज और स्वाभाविक रूप से सीखते हैं
(b) अभ्यास और यान्त्रिकता से सीखते हैं
(c) स्वाभाविक और प्रयासपूर्ण तरीक से सीखते हैं
(d) सहजता और अभ्यास से सीखते हैं

24. अंतर्निहित भाषा क्षमता का संबंध .... के साथ है।
(a) चामस्की
(b) पियाजे
(c) स्किनर
(d) वाइगोत्स्की

25. उच्च प्राथमिक स्तर पर भाषा सीखने-सिखाने का एक उद्देश्य है-
(a) व्याकरण के सभी नियमों को कंठस्थ करना

(b) साहित्य की गद्य एवं पद्य विधाओं की रचना
(c) हिंदी भाषा के समग्र इतिहास के बारे में जानना
(d) भाषा की नियमबद्ध प्रकृति की पहचान और उसका विश्लेषण करना

26. हिंदी भाषा सीखने के संदर्भ में कक्षा आठ में पढ़ने वाले बच्चे से यह अपेक्षित है कि वह-
(a) हिंदी भाषा की समस्त नियमावली को जान सके
(b) हिंदी भाषा के मुहावरों और लोकोक्तियों को जान सके
(c) विभिन्न संदर्भों में हिंदी भाषा का प्रभावी प्रयोग कर सके
(d) तत्समप्रधान भाषा का प्रभावी प्रयोग कर सकें

27. आप छठी कक्षा के बच्चों के लिए हिन्दी भाषा सीखने-सिखाने की किस पद्धति का समर्थन करेंगे?
(a) जिसमें बच्चे परस्पर अन्त:क्रिया करते हैं।
(b) जिसमें बच्चे केवल लेखन कार्य करते हैं।
(c) जिसमें बच्चों को बोलने के अवसर मिलें।
(d) जिसमें बच्चों को पाठ्य-पुस्तक बिल्कुल न पढ़नी हो।

28. भाषा सीखने-सीखाने की प्रक्रिया में सबसे कम महत्त्वपूर्ण है-
(a) भाषा की पाठ्यपुस्तक
(b) भाषा का आकलन
(c) भाषा-शिक्षण की पद्धति
(d) भाषा का परिवेश

29. देबीना अपने विद्यार्थियों को निम्नलिखित अनुच्छेद देती है "आज मैं .... गई और कुछ फल व सब्जियाँ खरीदीं। मैं जानती थी कि बारिश होगी पर मैंलेना भूल गई और रास्ते में भीग गई।"
वह विद्यार्थियों को सर्वाधिक उपयुक्त शब्दों के माध्यम से रिक्त स्थान की पूर्ति करने के लिए कहती है।
रिक्त स्थान की पूर्ति के लिए देबीना के विद्यार्थियों को क्या करना होगा?
(a) सन्दर्भ को समझकर सर्वाधिक उपयुक्त शब्द जानना होगा
(b) केवल व्याकरण के नियमों को समझना होगा
(c) वाक्य के वाक्य विन्यास को समझना होगा
(d) पाठ की विषयवस्तु को समझना होगा

30. दूसरी भाषा (अंग्रेजी) की तुलना में प्रथम भाषा का अर्जन अपेक्षाकृत आसान है, क्योंकि
(a) अंग्रेजी जटिल भाषा है
(b) हमें हमारी प्रथम भाषा के बेहतर अवसर प्राप्त होते हैं
(c) प्रथम भारतीय भाषा है
(d) अंग्रेजी औपनिवेशिक भाषा है

31. यह किसने कहा कि "बच्चों में सहजात भाषिक क्षमता होती है और बच्चों में भाषा का विकास ठीक उसी प्रकार से होता है, जैसे कि शेष जैवकीय कार्यों का विकास"

(a) बी. एफ. स्किनर
(b) नॉम चॉमस्की
(c) लेव वायगोत्स्की
(d) जीन पियाजे

32. बच्चे अनुकरण से भाषा सीखते हैं। यह कथन-
(a) पूर्णतः सत्य है।
(b) आंशिक रूप से ही सत्य है।
(c) पूर्णतः असत्य है।
(d) सारहीन है।

33. उच्च प्राथमिक स्तर पर कौन-सा भाषा-शिक्षण का उद्देश्य नहीं है?
(a) निजी अनुभवों के आधार पर भाषा का सृजनशील प्रयोग।
(b) भाषा के सौंदर्य को समझने की क्षमता का विकास।
(c) मुहावरों, लोकोक्तियों और कहावतों का सुचिंतित प्रयोग करने की प्रवृत्ति का विकास।
(d) कठिन शब्दों के अर्थ पूछना।

34. भाषा-शिक्षण की प्रक्रिया-
(a) विभिन्न विषयों की कक्षाओं में भी संभव है।
(b) अत्यंत जटिल प्रक्रिया है।
(c) भाषा की कक्षा में ही संभव है।
(d) घर में भी संभव नहीं है।

35. भाषा अनुकरण के माध्यम से ही सीखी जाती है। यह विचार किससे संबद्ध है?
(a) स्किनर से
(b) वाइगोत्स्की से
(c) चॉमस्की से
(d) पियाजे से

36. 'अहं-केंद्रित भाषा› की संकल्पना किसके साथ घनिष्ठ रूप से जुड़ी है?
(a) चॉमस्की
(b) पियाजे
(c) स्किनर
(d) वाइगोत्स्की

37. भाषा सीखना और भाषा के बारे में सीखना-
(a) विद्यालयी आकलन का सर्वाधिक महत्त्वपूर्ण हिस्सा है।
(b) भाषा-विमर्श का हिस्सा नहीं है।
(c) दो भिन्न संकल्पनाएँ हैं।
(d) दो भिन्न संकल्पनाएँ नहीं हैं।

38. विद्यालय आने से पूर्व बच्चे-
(a) सभी भाषाओं में पूर्ण दक्षता रखते हैं।
(b) भाषा के व्याकरण की सचेत समझ रखते हैं।
(c) भाषा का बिलकुल भी ज्ञान नहीं रखते हैं।
(d) अपनी भाषा में समझने-समझाने की कुशलता से लैस होते हैं।

39. बच्चा स्वाभाविक रूप से अपने घर और समाज के वातावरण से अर्जित करता है।
(a) वाक्य
(b) शब्द
(c) व्याकरण
(d) भाषा

40. कक्षा आठ में एक बच्ची 'लड़का' को 'लरका' बोलती है। इसका संभावित कारण है-
(a) उसे उच्चारण का ज्ञान बिलकुल नहीं है।
(b) यह उसकी मातृभाषा का प्रभाव है।

(c) यह बोलने में लापरवाही बरतती है।

(d) उसे उच्चारण दोष है।

41. प्राथमिक स्तर पर हिंदी भाषा सिखाने के लिए सबसे अधिक जरूरी है-

(a) भाषा शिक्षण का भाषा-ज्ञान

(b) कक्षा में रंगीन पाठ्य-पुस्तकें

(c) कक्षा में प्रिंट समृद्ध परिवेश

(d) कक्षा में लिखित आकलन

42. बच्चे बोल-चाल की भाषा का अनुभव लेकर विद्यालय आते हैं। इसका निहितार्थ है कि-

(a) बच्चों को बोल-चाल की भाषा न सिखाई जाए

(b) बच्चों की बोल-चाल की भाषा को सुधारा जाए

(c) बच्चों के भाषायी अनुभवों का उचित प्रयोग किया जाए

(d) बच्चों के भाषायी अनुभवों को कक्षा के बाहर रखा जाए

43. भाषा सीखने-सिखाने में आप किसे सबसे अधिक महत्त्वपूर्ण मानते हैं?

(a) संज्ञानात्मक विकास

(b) सामाजिक अंत: क्रिया

(c) दृश्य-श्रव्य सामग्री

(d) बाल साहित्य

44. निम्नलिखित कारकों में से कौन सा कारक द्वितीय भाषा अधिगम को प्रभावित नहीं करता है?

(a) भाषा शिक्षक का व्यवहार

(b) अनुकरण एवम् अभ्यास

(c) मातृभाषा के अतिरिक्त अन्य भाषा ज्ञान

(d) अभिप्रेरणा

45. प्राथमिक स्तर की शिक्षा में सम्प्रेषण का माध्यम ________ ही होनी चाहिए, क्योंकि इसी भाषा में ही बच्चे का मस्तिष्क सबसे पहले क्रियाशील होता है।

(a) अंग्रेज़ी

(b) मातृभाषा

(c) प्रदेश की भाषा

(d) हिन्दी

46. जब एक शिक्षार्थी को नई भाषा सिखाते हैं लेकिन वह उसे बोलता नहीं है, इस अवधि को .... कहते हैं।

(a) वाक् उदीयमान

(b) मूक

(c) प्रारंभिक उत्पादन

(d) उदीयमान

47. .... में अप्रत्यक्ष रूप से भाषा सीखी जाती है

(a) भाषा अधिगम

(b) भाषा अधिग्रहण

(c) भाषा अर्जन

(d) अनौपचारिक शिक्षा

48. 6 साल का एक बच्चा मातृभाषा के साथ परिवेश में बोले जाने अन्य भाषा के शब्दों का भी प्रयोग करता है। उसकी माता इसका कारण अनुकरण मानती हैं। वह किस मनोवैज्ञानिक का समर्थन करती हैं?

(a) बी.एफ. स्किनर

(b) चॉमस्की

(c) वाइगोत्स्की

(d) पियाजे

49. भाषा अर्जन से तात्पर्य है:

(a) किसी भी भाषा की लिपि की जानकारी।

(b) किसी भी भाषा की वर्णमाला की जानकारी।

(c) परिवेश में मौजूद किसी भाषा को सहजता से ग्रहण करने की क्षमता।

(d) किसी भी भाषा के व्याकरण की समझ।

50. 'भाषा अर्जन' और 'भाषा अधिगम' के संदर्भ में कौन-सा कथन सत्य नहीं है?

(a) रोजगार प्राप्त करने के लिए ही भाषा सीखी जाती है।

(b) 'भाषा-अर्जन' के लिए समृद्ध भाषायी परिवेश की आवश्यकता होती है।

(c) 'भाषा अधिगम' में संप्रेषण-कुशलता पर भी बल रहता है।

(d) भाषा अर्जन सहज और स्वाभाविक होता है, जबकि भाषा अधिगम प्रयासपूर्ण होता है।

51. भाषा शिक्षण में सहायक है-

(a) निदानात्मक व उपचारात्मक कार्य

(b) शुद्ध भाषा पर बल

(c) साहित्य-शिक्षण

(d) व्याकरणिक नियमों की जानकारी

52. भाषा की पढ़ाई-

(a) समूची पाठ्यचर्या में व्याप्त है।

(b) समूची पाठ्यचर्या का केवल एक हिस्सा है।

(c) बेहद जटिल और संवेदनशील है।

(d) भाषा की पाठ्यपुस्तक से ही संभव है।

53. हिंदी भाषा-शिक्षण के संदर्भ में आप किस कथन से सहमत नहीं है?

(a) कक्षा में बच्चों को विविध प्रकार का बाल-साहित्य उपलब्ध कराया जाना चाहिए।

(b) कक्षा में बच्चों को अधिकाधिक लिखित कार्य दिया जाना चाहिए।)

(c) कक्षा में बच्चों की भाषा का सम्मान किया जाना चाहिए।

(d) कक्षा में बच्चों को अपनी बात कहने की स्वतंत्रता दी जानी चाहिए।

54. बच्चों को अपने लेखन के प्रति आत्मविश्वास जगाने के लिए जरूरी है कि-

(a) उनके द्वारा लिखी गई बात का सम्मान किया जाए।

(b) उनके लिखने की गति पर ध्यान दिलाया जाए।

(c) उनके अक्षरों की बनावट की प्रशंसा की जाए।

(d) उनकी वर्तनी की शुद्धता को सराहा जाए।

55. पहली दूसरी कक्षा के बच्चों को साथ भाषा सिखाने के लिए जरूरी है कि उन्हें-

(a) बात कहने के तरीकों का अभ्यास करवाया जाए।

(b) कविता गाने के अधिकाधिक अवसर दिए जाएँ।

(c) पारस्परिक संवाद के लिए प्रोत्साहित किया जाए।

(d) अपने उच्चारण पर विशेष ध्यान देने के लिए कहा जाए।

56. हिंदी भाषा के संदर्भ में एक महत्त्वपूर्ण उद्देश्य है कि बच्चे-
(a) अपना शब्द-भंडार विकसित कर सकें
(b) व्याकरण के नियमों को याद कर सकें
(c) कही या लिखी गई बात आलोचनात्मक दृष्टि से परख सकें
(d) कही या लिखी गई बात को शब्दशः कह और लिख सकें

57. प्राथमिक स्तर पर हिंदी भाषा का शिक्षण करते समय आप किस बिंदु पर सर्वाधिक बल देंगे?
(a) हिंदी भाषा के मुहावरे और लोकोक्तियाँ
(b) हिंदी भाषा की विभिन्न वाक्य-संरचनाएँ
(c) हिंदी भाषा का सौंदर्य और आंचलिकता
(d) हिंदी भाषा की मानक वर्तनी

58. भाषा अर्जन और भाषा अधिगम में मुख्य अंतर है
(a) पाठ्य पुस्तक के अभ्यासों का अभ्यास करने का।
(b) स्वाभाविकता का।
(c) भाषा के नियमों को स्मरण करने का।
(d) भाषा लेखन के अभ्यास का।

59. भाषा अर्जित करने की प्रक्रिया में किसका महत्व सर्वाधिक है-
(a) भाषा-कक्षा का
(b) भाषा-प्रयोगशाला का
(c) समाज का
(d) पाठ्य पुस्तक का

60. भाषा-अर्जन-
(a) सहज, स्वाभाविक होता है।
(b) प्रयासपूर्ण होता है।
(c) शिक्षक की आवश्यक उपस्थिति की माँग करता है।
(d) भाषा की कक्षा में ही संभव है।

61. भाषा अर्जन .... है।
(a) सचेतन और सुचिंतित
(b) स्वाभाविक और सुचिंतित
(c) स्वाभाविक और अवचेतन
(d) भाषा प्रकमण

62. भाषा अधिगम की अचेतन प्रक्रिया कौन-सी है?
(a) भाषा अर्ज़न
(b) भाषा अधिगम
(c) भाषा शिक्षा
(d) भाषा शिक्षण

63. बताइये कि सीखने और अर्जन के संदर्भ में क्या सत्य नहीं है?
(a) अर्जन एक स्वाभाविक प्रक्रिया है
(b) सीखना एक सतत प्रक्रिया है
(c) सीखने से विषय में दक्षता आती है
(d) अर्जन संज्ञानात्मक क्षमताओं में मदद करता है

64. किसी भाषा का 'अर्जित तंत्र' या अधिग्रहण है
(a) औपचारिक कौशल विकास
(b) अवचेतन प्रक्रिया
(c) इनपुट-आउटपुट प्रक्रिया
(d) सीखने की स्व-निगरानी...

65. विद्यार्थी प्रथम भाषा सीखते हैं
(a) मैत्रीपूर्ण वातावरण में
(b) पढ़ाए जाने वाले वातावरण में
(c) औपचारिक वातावरण में
(d) प्राकृतिक वातावरण में

66. वे मनोवैज्ञानिक कारक जो बच्चे की भाषा सीखने की प्रक्रिया को प्रभावित करते हैं। निम्नांकित में से हैं-
(1) बच्चे की भाषा में रुचि
(2) माता-पिता का प्रोत्साहन और उत्साहवर्धन
(3) बच्चे के आसपास का परिवेश
(4) पुरस्कार एवं दंड
(a) केवल (1) एवं (2)
(b) केवल (2) ,(1) एवं (3)
(c) केवल (3) ,(2) एवं (4)
(d) केवल (3) ,(1) एवं (4)

67. जब हम .... के बारे में अध्ययन करते हैं तो भाषा अर्जन उपकरण शब्दावाली से परिचय प्राप्त करते हैं।
(a) वायगोत्सकी
(b) पावलॉव
(c) चामस्की
(d) पियाजे

68. निम्नलिखित में से कौन-सा प्रथम भाषा के अर्जन में महत्वपूर्ण कारक है?
(a) शिक्षक
(b) विद्यालय
(c) अवसरों की प्रकृति
(d) पहचान तथा प्रोत्साहन

69. पियाजे के अनुसार भाषाअर्जन की प्रक्रिया है -
(a) साहचर्यजन्य
(b) सुमेलन
(c) युक्तिजन्य
(d) सामाजिक

70. भाषा-अर्जन और भाषा-अधिगम के संदर्भ में कौन-सा कथन सही नहीं है?
(a) भाषा-अर्जन में विभिन्न संकल्पनाएँ मातृभाषा में बनती हैं
(b) भाषा-अधिगम में कभी भी अनुवाद का सहारा नहीं लिया जाता है।
(c) भाषा-अर्जन सहज और स्वाभाविक होता है जबकि भाषा-अधिगम प्रयासपूर्ण होता है
(d) सांस्कृतिक विभिन्नता भाषा-अर्जन और भाषा अधिगम को प्रभावित करने वाला महत्त्वपूर्ण कारक है

71. भाषा की कक्षा में विभिन्न संचार माध्यमों (मुद्रित और अमुद्रित) का प्रयोग-
(a) शिक्षक को बाकी शिक्षकों से अलग और श्रेष्ठ सिद्ध करता है।
(b) भाषा-शिक्षक की कर्त्तव्यनिष्ठा का द्योतक है।
(c) समावेशी कक्षा की आवश्यकताओं को पूरा करने में सहयोग देता है।
(d) बच्चों की भाषा के आकलन में अनिवार्य है।

72. भाषा शिक्षण के संदर्भ में कौन-सा कथन उचित है?
(a) भाषा-शिक्षण के लिए अधिकाधिक कठिन अभ्यासों का प्रयोग किया जाए।
(b) आजकल भाषा-शिक्षण में अधिकाधिक उच्च स्तरीय ई-मेल तकनीक का प्रयोग अनिवार्य है।
(c) भाषा-शिक्षण में सिनेमा को शामिल नहीं किया जाना चाहिए।

(d) प्रथम भाषा-अर्जन की तरह द्वितीय भाषा के रूप में हिंदी के सहज अर्जन के लिए प्रिन्ट समृद्ध वातावरण जरूरी है।

73. प्लेटो के अनुसार निम्न में से कौन-सा कथन सही है-

(a) विचार और भाषा में थोड़ा ही अंतर है

(b) विचार और भाषा में कोई सम्बन्ध नहीं है

(c) विचार और भाषा एक दूसरे के पूरक

(d) केवल विचार ही महत्त्वपूर्ण हैं भाषा नहीं

74. मातृभाषा के संबंध में कौन-सा कथन सही है-

(a) यह बालक की माँ द्वारा बोली जाने वाली भाषा है।

(b) यह बालक के क्षेत्र में बोली जाने वाली भाषा है।

(c) यह माँ द्वारा बालक के लिए प्रयोग की जाने वाली लाड़-प्यार की भाषा है।

(d) इनमें से कोई नहीं

75. हिंदी के विषय में क्या सही है?

(a) हिंदी भारत की राष्ट्र भाषा है।

(b) हिंदी भारत की राजभाषा है।

(c) हिंदी सम्पूर्ण भारत की मातृभाषा है।

(d) इनमें से कोई नहीं।

76. निम्न में से कौन-सा कथन सही है?

(a) भाषा अर्जन एक सहज प्रक्रिया है।

(b) भाषा अधिगम एक प्रयासपूर्ण प्रक्रिया है।

(c) (a) व (b) दोनों सही हैं।

(d) (a) व (b) दोनों गलत हैं

77. भाषा अधिगम और अर्जन के बारे में कौन-सा सही नहीं है?

(a) यदि अवसर और परिवेश दिया जाए तो सभी बच्चे अनेक भाषाएँ सीख सकते हैं।

(b) प्रथम भाषा दूसरी भाषा के अधिगम में व्यवधान डालती है।

(c) भाषा अधिगम अर्थ से शुरू होना याहिए और फिर उसके स्वरूप को समझने की बात होनी चाहिए।

(d) प्रथम भाषा द्वितीय भाषा के अधिगम को समर्थित करती है।

78. निम्नलिखित में से कौन-सा सामाजिक बोली को परिभाषित करता है

(a) व्यक्तियों के समूह अथवा समुदाय की भाषा की वाक् विशेषताएँ

(b) एक महाद्वीप अथवा एक देश अथवा एक राज्य की भाषा

(c) एक क्षेत्र की भाषाओं के भीतर एक भाषा की वाक् विशेषताएँ

(d) क्षेत्र की लिखित भाषा तथा साहित्य

79. उच्च प्राथमिक स्तर पर भाषा सीखने में, पाठ्य-पुस्तक के अतिरिक्त कौन-सी संसाधन सामग्री सर्वाधिक महत्वपूर्ण है ?

(a) कविता पाठ

(b) आयु अनुरूप साहित्य

(c) समाचार-पत्र

(d) रेडियो नाटक

80. एक तरफ भाषा .... हमारी है, तो दूसरी तरफ यह हमें, ... को व्यवस्थित करती भी करती है और हमें ज्ञान और कल्पना की अनखोजी दुनिया में ले जाती है।

(a) जानकारी; मुक्त

(b) विचार-प्रक्रिया; मुक्त

(c) संस्कृति; नियंत्रित

(d) विचार-प्रक्रिया; सुसंस्कृत

81. नेहा अपनी बात कहते समय अपनी मातृभाषा के शब्दों का प्रयोग करती है। आप क्या करेंगे?
   (a) लक्ष्य भाषा के शब्द का प्रयोग करते हुए सहजता से उसके वाक्य को दोहराएँगे
   (b) उसे डाँटेंगे कि वह अपनी भाषा के शब्दों का प्रयोग न करे
   (c) उसे बताएँगे कि किसी शब्द-विशेष को क्या कहते हैं
   (d) उसे बताएँगे कि ये शब्द ग़लत हैं

82. उच्च प्राथमिक स्तर पर हिंदी सीखने-सिखाने की प्रक्रिया में किसकी महत्त्वपूर्ण भूमिका नहीं है?
   (a) पाठ्य-पुस्तक
   (b) अभ्यास पत्रक
   (c) प्रश्न-पत्र
   (d) संचार-माध्यम

83. क्षेत्रीय बोली है.........
   (a) क्षेत्र की भाषा की वाक् विशेषताएँ
   (b) देश अथवा राज्य की भाषा
   (c) क्षेत्र की लिपि के साथ भाषा
   (d) क्षेत्र की लिखित भाषा तथा साहित्य

84. निम्नलिखित में से कौन-सा संकेत भाषा के सम्बन्ध में सत्य है?
   (a) संसार में केवल एक संकेत भाषा है।
   (b) संकेत भाषा प्राकृतिक भाषा नहीं है।
   (c) संकेत भाषा प्राकृतिक भाषा है।
   (d) संकेत भाषा भाव-भंगिमाओं का समूह है।

85. शिक्षार्थियों में भाषा जागरूकता .... की ओर संकेत करता है।
   (a) भाषा प्रयोग करने वाले का व्याकरणिक ज्ञान
   (b) भाषा के रूप और प्रकार्य के प्रति सचेतनता तथा संवेदनशीलता को बढ़ाने
   (c) भाषा के चारों कौशलों की समझ
   (d) भाषा में पढ़ने-लिखने के प्रति सचेतनता और संवेदनशीलता को बढ़ाने

86. भाषा अधिगम के सन्दर्भ में परियोजना कार्य का स्वरूप किस प्रकार का होगा?
   (a) अलग-अलग विद्यार्थी द्वारा किसी मुद्दे या विषय पर पठन, लेखन और फिर पूरी कक्षा में उसे साझा करना।
   (b) समूह में पठन, आँकड़ों/सूचनाओं का संग्रहण, उनका विश्लेषण और रिपोर्ट लेखन।
   (c) आँकड़ों का संग्रहण और रिपोर्ट लेखन।
   (d) भिन्न-भिन्न थीमों पर अलग-अलग विद्यार्थी को अध्यापक द्वारा भिन्न-भिन्न कार्यों की श्रृंखला लिखने के लिए देना।

87. एक अध्यापिका व्याकरण की कक्षा में एक पाठ्य सामग्री तथा एक वाक्य के माध्यम से व्याकरण के कुछ प्रश्न देती है और अनेक उदाहरणों के माध्यम से शिक्षार्थियों का ध्यान इसके प्रयोग की ओर आकर्षित करती है और अनेक गतिविधियाँ करवाती है। जब शिक्षार्थी संदर्भ में भाषा का प्रयोग करने योग्य बन जाते हैं, यह नियमों को सिखाने के लिए व्याकरणिक नियमों से परिचित करवाती है। व्याकरण के इस शिक्षण अधिगम को क्या कहते हैं?

(a) कार्यविधिक ज्ञान

(b) घोषणात्मक ज्ञान

(c) विषयवस्तु का ज्ञान

(d) प्रक्रिया का ज्ञान

88. विद्यालय आने से पूर्व बच्चों के पास अपनी भाषा-संपदा तो होती है, लेकिन .... की सचेत जानकारी नहीं होती।

(a) वर्णमाला

(b) व्याकरण

(c) सुनने-बोलने

(d) पढ़ने-लिखने

89. विद्यालय में बच्चे को अपने घर की भाषा प्रयोग करने से मना करना उनके अधिगम के लिए क्यों हानिकारक है?

(a) घर की भाषा का प्रयोग अधिगम को नकारात्मक रूप से प्रभावित करता है।

(b) यह उनके अधिकारों का हनन है।

(c) विद्यालय में घर की भाषा के प्रयोग का निषेध करना असंवैधानिक है।

(d) इससे विद्यार्थी स्वयं को हाशिए पर महसूस कर सकते हैं तथा कक्षा में स्वयं को खोया हुआ महसूस करते हैं।

उत्तर कुंजी

1	(b)	2	(b)	3	(b)	4	(d)	5	(c)	6	(a)	7	(b)	8	(b)	9	(d)	10	(a)
11	(b)	12	(a)	13	(c)	14	(a)	15	(c)	16	(b)	17	(a)	18	(c)	19	(d)	20	(a)
21	(d)	22	(a)	23	(a)	24	(a)	25	(d)	26	(c)	27	(a)	28	(a)	29	(a)	30	(b)
31	(b)	32	(b)	33	(d)	34	(a)	35	(a)	36	(b)	37	(c)	38	(d)	39	(d)	40	(b)
41	(c)	42	(c)	43	(b)	44	(b)	45	(b)	46	(b)	47	(a)	48	(a)	49	(c)	50	(a)
51	(a)	52	(a)	53	(b)	54	(a)	55	(a)	56	(c)	57	(c)	58	(b)	59	(c)	60	(a)
61	(b)	62	(a)	63	(d)	64	(b)	65	(d)	66	(b)	67	(c)	68	(c)	69	(c)	70	(b)
71	(c)	72	(d)	73	(c)	74	(b)	75	(b)	76	(c)	77	(b)	78	(a)	79	(b)	80	(b)
81	(a)	82	(c)	83	(a)	84	(c)	85	(d)	86	(b)	87	(a)	88	(b)	89	(d)		

भाषा शिक्षण के सिद्धांत

शिक्षा, शिक्षण एवं सीखना

भूलवश लोग शिक्षा, शिक्षण एवं सीखना तीनों का एक ही अर्थ निकालते हैं। जिसका मुख्य कारण है कि ये तीनों सोद्देश्य प्रक्रियाएं हैं और मनुष्य के व्यवहार से सम्बन्धित हैं लेकिन तीनों अलग-अलग हैं। इनकी भिन्नता को समझने के लिए इन तीनों के अर्थ को अलग-अलग समझना होगा।

शिक्षा (Education)

शिक्षा किसी समाज में लगातार चलने वाली वह सामाजिक प्रक्रिया है जिसके द्वारा मनुष्य की जन्मजात शक्तियों का विकास उसके ज्ञान एवं कौशल में वृद्धि एवं व्यवहार में परिवर्तन किया जाता है और इस तरह उसे सभ्य सुसंस्कृत एवं योग्य नागरिक बनाया जाता है। इसके द्वारा व्यक्ति तथा समाज दोनों निरन्तर विकास करते हैं।

शिक्षण (Teaching)

शिक्षण वह प्रक्रिया है जिसमें सिखाने वाले, सीखने वालों के लिए विभिन्न विधियों, युक्तियों एवं साधनों द्वारा सीखने की परिस्थितियों का निर्माण करते हैं और सीखने वाले इसकी सहायता से सीखते हैं। शिक्षण का तब तक कोई अर्थ नहीं जब तक सीखने वाले सीख नहीं जाते, उनके व्यवहार में वांछित परिवर्तन नहीं हो जाता है।

वाइगोत्स्की के अनुसार, "बालकों के भाषा सीखने में समाज तथा परिवार एक महत्त्वपूर्ण भूमिका निभाते हैं।" भाषा, बाल विकास में सहायक होती है तथा शिक्षक द्वारा बालक की इसी प्रवृत्ति का ध्यान रखते हुए शिक्षण नीति अपनाई जानी चाहिए।

शिक्षण एक त्रियामी प्रक्रिया

त्रिध्रुवीय या तीन आयामी प्रक्रिया के रूप में शिक्षा: आधुनिक दृष्टि: शिक्षा की आधुनिक संकल्पना को "तीन-आयामी" कहा जाता है। **इस प्रकार में तीन चीजें शामिल होती है - शिक्षक, विद्यार्थी और पाठ्यक्रम।**

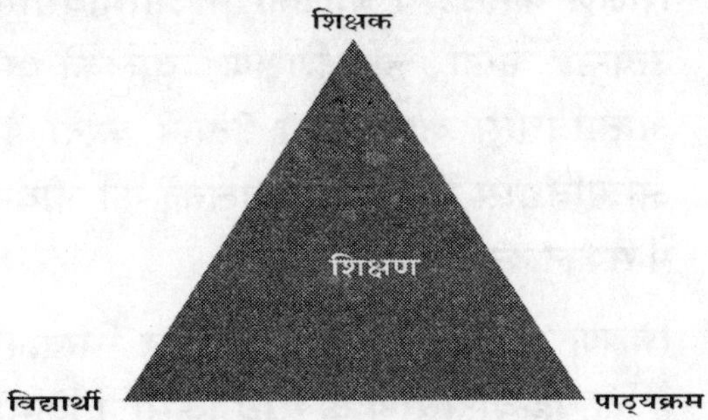

भाषा शिक्षण के महत्वपूर्ण उद्देश्य :-

शिक्षण के सामान्य उद्देश्यों को निम्नलिखित प्रकार से देखा जा सकता है:-

1. शिक्षण का उद्देश्य बालकों को उनके जीवन से सम्बन्धित उपयोगी ज्ञान प्रदान करना है। 1
2. शिक्षण का उद्देश्य बालक की मानसिक शक्तियों का विकास करना है। मानसिक शक्तियों के विकास से ही बालक उत्तम नागरिक बन सकता है।
3. शिक्षण का उद्देश्य बालकों को सीखने के लिये प्रेरित करना है। यदि बालकों में सीखने के प्रति प्रेरणा नहीं होगी तो वे अपने कार्य में रुचि नहीं लेंगे।
4. बालकों की प्रवृत्तियाँ पशुवत् होती हैं। शिक्षण का उद्देश्य इनका शोधन करना होता है।
5. शिक्षण का उद्देश्य बालकों की कठिनाइयाँ दूर करना होता है।
6. शिक्षण का उद्देश्य बालकों का मार्ग प्रर्शन करना है। बालकों का उचित मार्गदर्शन करना, उनकी रुचियों को ठीक मार्ग ले जाने के लिये आवश्यक होता है। शिक्षक अपने ज्ञान तथा अनुभव से बालकों का मार्ग प्रदर्शन करता है।
7. शिक्षण का उद्देश्य बालकों में आत्मविश्वास उत्पन्न करना है। शिक्षण बालकों में आत्मविश्वास की भावना उत्पन्न करता है। आत्मविश्वास की भावना बालकों को जीवन में सफल बनाती है।
8. शिक्षण का उद्देश्य बालक को यह सिखाना है कि वह वातावरण के साथ किसी न किसी प्रकार की प्रतिक्रिया अवश्य करता है। शिक्षण बालक को वातावरण से समायोजन करना सिखाता है।
9. शिक्षण का उद्देश्य बालकों के संवेगों को प्रशिक्षित करना है। शिक्षण संवेगों को स्पष्ट करता है तथा संवेगों पर नियन्त्रण रखना सिखाता है।
10. शिक्षण का उद्देश्य बालकों को क्रियाशीलता के अवसर प्रदान करना है। शिक्षण में क्रियाशीलता का विशेष महत्त्व है। शिक्षक को विद्यालय में क्रियाशीलता का वातावरण बनाये रखना चाहिये।
11. शिक्षण का उद्देश्य बालकों को प्रगति मार्ग पर ले जाना है। शिक्षण प्रगतिशील होता है। शिक्षण के माध्यम से बालक की व्यक्तिगत और मानसिक प्रगति का प्रयास किया जाता है।

शिक्षण के कुछ सामान्य सिद्धांत

- रूचि जागृत करने का सिद्धांत: छात्र के लिए शिक्षण तब तक सफल नहीं हो पायेगा, जब तक वह उसमे रूचि नहीं लेगा। पहले दंड या अनुशासन के माध्यम से ज्ञानार्जन कि प्रेरणा दी जाती थी। किन्तु अब रूचि जागृत करने पर अधिक बल दिया जाता है, जिससे छात्र स्वेच्छा से, पूरा ध्यान केंद्रित कर शिक्षा ग्रहण करें। तभी वे पाठ्य वस्तु के सही उद्देश्य और मूल भाव को समझकर शिक्षण सफल बनाएंगे।
- प्रेरणा का सिद्धांत: यह भाषा अधिगम हेतु सबसे महत्वपूर्ण सिद्धांत है। रूचि, आवश्यकता और प्रयोजन शिक्षण में प्रमुख प्रेरक होते हैं।

उद्देश्यहीन, प्रयोजन-रहित कार्य शिक्षण कार्य में शिथिलता उत्पन्न करते हैं। अतः हर संभव प्रयास द्वारा छात्रों को ज्ञानार्जन हेतु प्रेरित करना शिक्षक के लिए अत्यंत महत्वपूर्ण होता है।

- क्रिया द्वारा सीखने (व्यवहारिक ज्ञान) का सिद्धांत:- **यह शिक्षण हेतु सबसे प्रभावी सिद्धांत है, जो छात्रों में रूचि और प्रेरणा भी जागृत करता है। इसके अनुसार जो भी बालक को सिखाया जाए, उसे बालक एक निष्क्रिय श्रोता नहीं, अपितु सक्रीय प्रतिभागिता द्वारा पूर्ण ध्यान केंद्रित करते हुए सीखने का प्रयास करता है।**
- बोलचाल का सिद्धांत: **इसके अनुसार बातचीत के माध्यम से भाषा सरलता और स्थायी रूप से सीखी जाती है, जो लम्बे समय तक याद रहती है। यह भाषा के व्यावहारिक पक्ष पर केंद्रित है। सामजिक अंतःक्रिया द्वारा भाषा प्रयोग के सही सन्दर्भ में अधिकाधिक अवसर मिलते हैं और एक समृद्ध परिवेश की उपलब्धता होती है।**
- चयन का सिद्धांत: **भाषा शिक्षण हेतु यह सिद्धांत अति महत्वपूर्ण है। कक्षा में किस प्रकार के छात्रों को कब, क्या और कैसे पढ़ना है, इसमें सही विधि, समय, पठन सामग्री और विषय का चयन बहुत महत्त्व रखता है। शिक्षक को हर समय मूल्यांकन करते रहना चाहिए कि कौनसी विधि सही काम कर रही है और बच्चों की आवश्यकताओं के अनुसार सही दृश्य-श्रव्य सामग्री उपलब्ध है या नहीं।**
- बाल केन्द्रितता का सिद्धांत: **शिक्षक को यह समझना होगा कि शिक्षण के केंद्र में छात्र है। उसी के शिक्षण हेतु सभी प्रयास किये जा रहे हैं। इसलिए छात्र वर्ग की रूचि, उसका मानसिक स्तर, उसकी विशेष आवश्यकताओं, स्वभाव, विशेषताओं आदि का ज्ञान होना शिक्षण को सही दिशा प्रदान करता है। पठन सामग्री और विधि का चयन उसी आधार पर होना चाहिए।**
- शिक्षण सूत्रों का सिद्धांत: **भाषा की शिक्षा देने के लिए शिक्षक कई विधियां या सूत्र अपनाता है, जैसे - सरल से जटिल की ओर, विशेष से सामान्य की ओर, ज्ञात से अज्ञात की ओर, अंश से पूर्ण की ओर आदि। छात्रों की विविधता और आवश्यकताओं तथा चयनित विषय की गंभीरता को देखते हुए सही सूत्र का चयन बहुत महत्वपूर्ण रहता है।**
- विविधता का सिद्धांत: **भारत एक बहुभाषिक देश है और शिक्षक को इस बहुभाषिकता को कठिनाई नहीं अपितु संसाधन के रूप में इस्तेमाल करना चाहिए। विविधता प्रतिभा, शारीरिक क्षमता, विचारों के आधार पर भी हो सकती है। शिक्षक का कर्तव्य है कि वह सभी पक्षों को ध्यान में रखते हुए सही पठन सामग्री का चयन कर एक समावेशी कक्षा का आयोजन करने में समर्थ हो, जहाँ हर प्रकार के छात्रों को भाषा सीखने के सामान अवसर मिलें।**
- अनुपात एवं क्रम का सिद्धांत: **भाषा कौशल विशेषत- चार प्रकार के होते हैं - सुनना, बोलना, पढ़ना और लिखना। सही कौशलों का सही से क्रमबद्ध एवं साथ -साथ विकास होना बहुत आवश्यक है। एक कौशल में कमी हो, तो भाषा विकास अधूरा ही माना जाएगा।**

भाषा शिक्षण का मूल उद्देश्य छात्रों में सभी भाषा कौशलों में निपुणता हासिल करवाना है, जिससे वे भाषा का प्रभावी और संदर्भयुक्त प्रयोग कर सकें।

- क्रियाशीलता का सिद्धांत: **यह सिद्धांत भाषा प्रयोगों के अधिकाधिक अवसरों और सृजनात्मकता की ओर ध्यान देता है। इसके अनुसार कक्षा में परिचर्चा करना, प्रश्न पूछना आदि सहगामी क्रियायें बच्चों को सक्रीय, पठन के प्रति सजग, प्रोत्साहित और आनंदित रखती है। इससे भाषा शिक्षण बहुत सरल हो जाता है।**
- अभ्यास का सिद्धांत: **किसी भी चीज़ को सीखने के लिए अभ्यास सबसे महत्वपूर्ण होता है क्यूंकि उसी से वह हमारे व्यवहार में आती है और निपुणता भी आती है। भाषा प्रयोग के अधिकाधिक लिखित, मौखिक या वैचारिक अवसर मिलने से बच्चों का भाषा विकास सही प्रकार से होना संभव है।**
- साहचर्य (संगति) का सिद्धांत: **बच्चे सर्वप्रथम भाषा अपने परिवार और समाज अर्थात अपनी संगति से सीखते हैं। इसलिए यह बहुत आवश्यक है कि बच्चों को भाषा सीखने के लिए एक समृद्ध भाषिक परिवेश मिले, जिससे अपने हर तरह भाषा का प्रयोग होते देख बच्चा सहज रूप से भाषा को अधिक सीखने लगेगा। और सही संगति से भाषा के मानक रूप को भी सीखने में सक्षम होगा। यह संगति व्यक्ति, वस्तु (चार्ट, पुस्तक) या पर्यावरण किसी भी प्रकार की हो सकती है।**
- विभाजन का सिद्धांत: **इसके अनुसार शिक्षक को ध्यान रखना चाहिए की चयनित पाठ को छोटे भागों में विभाजित कर बच्चों को एक-एक करके पढ़ाया जाए, जिससे बच्चे सरलता से उसे समझकर आगे बढ़ सकें। यह सिद्धांत सरल से जटिल के शिक्षण सूत्र को पोषित करता है।**
- पुनरावृति का सिद्धांत: **यह अभ्यास को सबसे महत्वपूर्ण मानते हुए शिक्षक को निर्देश देता है कि पढ़े गए पाठ या विषय की सही अंतराओं पर लिखित-मौखिक परीक्षाओं या कक्षा सहगामी क्रियाओं द्वारा पुनरावृत्ति होते रहने से बच्चे का भाषा अधिगम अधिक सुदृढ़ होता है और उसके विचारों और ज्ञान में परिपक्वता भी आती है।**

शिक्षण सूत्र का अर्थ (Meaning of Teaching Maxims)-

कामेनियस एवं हरबर्ट स्पेन्सर आदि ने अपने अनुभवों के आधार पर शिक्षण के कुछ सामान्य नियम निर्धारित किये थे, जिन्हें बाद में शिक्षण सूत्रों के नाम से जाना जाने लगा।

कक्षा कक्ष में प्रत्येक विषय शिक्षक के सामने महत्वपूर्ण प्रश्न होते हैं कि-

मूल पाठ का प्रारम्भ कैसे किया जाये ?

शिक्षण कब और किस क्रम में किया जाये ?

बच्चों का ध्यान कैसे आकर्षित किया जाये ?

पाठ व विषय में उनकी रुचि कैसे उत्पन्न की जाये ?

शिक्षण अधिगम सामग्री का प्रयोग कब, कैसे और कहाँ पर किया जाये ?

शिक्षकों की उपरोक्त कठिनाइयों का समाधान करने के लिए मनोवैज्ञानिकों व शिक्षाशास्त्रियों ने अपने अनुभवों व विचारों को सूत्र रूप में प्रस्तुत किया है जिन्हें शिक्षण के सूत्र कहा जाता है। ये सूत्र उस मार्ग की ओर संकेत करते हैं जिस पर चलकर शिक्षण अधिगम की प्रक्रिया सुगम, रुचिकर, प्रभावशाली व वैज्ञानिक बन जाती है। ये सूत्र 'बाल प्रकृति' पर आधारित हैं। अत: प्रत्येक अध्यापक को शिक्षण कला में सफलता व दक्षता प्राप्त करने के लिए अपने विषयज्ञान के साथ-साथ शिक्षण सूत्रों का ज्ञान होना भी आवश्यक है कि किस सूत्र का प्रयोग उसे किस स्थान पर और कैसे करना है ताकि उसके छात्र विषयवस्तु को सरलता से समझ सकें।

शिक्षण सूत्र की परिभाषा (Definition of Teaching Maxims)-

रेमण्ट के अनुसार- " शिक्षण सूत्र पथ प्रदर्शन करते हैं जिसमें सिद्धांत से व्यवहार में सहायता के लिए अपेक्षा की जाती है।" ऑक्सफोर्ड डिक्शनरी के अनुसार- "सूत्र एक आम सच्चाई है जो विज्ञान एवं अनुभव से ली जाती है। ये सूत्र अध्यापक को सुचारु रूप से शिक्षण में मदद करते हैं। विशेष रूप से प्रारम्भिक कक्षाओं में पठन-पाठन की क्रिया आसान हो जाती है, क्योंकि ये सभी सूत्र छात्र को ध्यान में रखकर बनाये गये हैं।»

शिक्षण के विभिन्न सूत्र (Different Formula of Teaching)-

1. सरल से जटिल की ओर

इस सूत्र का आशय यह है कि छात्रों को पहले सरल व फिर जटिल बातों की जानकारी दी जाये जिससे पाठ व विषय में उनकी रुचि व ध्यान लगा रहे। यह क्रम बाल विकास के अनुकूल व मनोवैज्ञानिक है क्योंकि बच्चा आयु बढ़ने व मानसिक विकास के साथ जटिल बातों को भी समझने लगता है। यदि अध्यापक प्रारम्भ में ही कठिन बातों/ तथ्यों को छात्रों को बताने लगें तो वे उसे समझने में असमर्थ रहेंगे। इससे शिक्षक का प्रयास व्यर्थ हो जायेगा।

उदाहरणार्थ- हासिल के जोड़ व घटाना सिखाने से पहले बच्चों को गिनती व साधारण जोड़, घटाना सिखाना चाहिए। हमारे देश का इतिहास छोटी-छोटी कहानियों के रूप में बच्चों को सरल प्रतीत होगा परन्तु युद्धों, घटनाओं, सन्धियों व शासन प्रबन्ध के विस्तृत रूप में यह अत्यन्त कठिन लगेगा।

2. ज्ञात से अज्ञात की ओर

इस सूत्र के अनुसार शिक्षक को बालकों के पूर्व ज्ञान को जाँचकर उसी के आधार पर उन्हें नया ज्ञान देना चाहिए अर्थात् उसे पहले वे बातें बतानी चाहिए जिन्हें वह जानता है फिर उस विषयवस्तु पर आना चाहिए जिन्हें वह नहीं जानता क्योंकि सर्वथा नवीन तथ्य बच्चे के लिए कठिन होते हैं। किसी पाठ में छात्रों की रुचि व ध्यान तभी संभव है जब उसमें जानकारी व नयापन दोनों सम्मिलित हों। अतः शिक्षक को पढ़ाने से पूर्व छात्रों का पूर्वज्ञान अवश्य जान लेना चाहिए।

उदाहरणार्थ - भाषा शिक्षण में वर्णमाला की जानकारी कराते समय प्रत्येक वर्ण से

सम्बन्धित वस्तु की जानकारी करायें तत्पश्चात् उसी वर्ण से सम्बन्धित एक से अधिक वस्तुओं की जानकारी कराई जा सकती है। जैसे- क से कमल, कलम, कलश, कबूतर तथा ख से खरगोश, खत, खड़ाऊं आदि

3. स्थूल से सूक्ष्म की ओर

बच्चों के शारीरिक विकास के साथ-साथ उनका मानसिक विकास भी होता है। शैशवावस्था में वह सूक्ष्म/अमूर्त वस्तुओं के बारे में नहीं जानता परन्तु स्थूल/मूर्त पदार्थों को सरलता से जान लेता है। आयु बढ़ने के साथ-साथ उसमें सूक्ष्म भावों/तथ्यों/ वस्तुओं को समझने की क्षमता का विकास होता जाता है। अतः शिक्षकों को छोटे बच्चों को पढ़ाते समय प्रारम्भ में केवल मूर्त वस्तुओं का ही प्रयोग करना चाहिए और उनकी सहायता से सूक्ष्म बातों को बताना चाहिए।

उदाहरणार्थ- गणित में जोड़, घटाना सिखाने के लिए गेंद, गोली, कंकड़ आदि का प्रयोग किया जा सकता है।

भूगोल में नदी, पर्वत, समुद्र, झीलों, तालाबों, कुओं आदि का ज्ञान प्रत्यक्ष प्रदर्शन (भ्रमण) या फिर मॉडल, चित्र, चार्ट आदि के माध्यम से सरलतापूर्वक कराया जा सकता है।

4. पूर्ण से अंश की ओर-

इस सूत्र का आधार गेस्टॉल्टवाद (अवयवीवाद) है। गेस्टॉल्ट मनोवैज्ञानिकों के अनुसार हम किसी वस्तु को उसके पूर्ण रूप में ही देखते हैं। बालक के सामने कोई वस्तु आने पर वह सर्वप्रथम पूर्ण वस्तु को ही देखता, जानता व समझता है उसके विभिन्न अंगों/अंशों को नहीं। जैसे- बालक सर्वप्रथम किसी वृक्ष को उसके पूर्ण रूप में ही देखता है उसके भागों के बारे में अलग- अलग नहीं। शिक्षक को उसके इस पूर्व ज्ञान से लाभ उठाकर उसे वृक्ष के अंगों जड़, तना, डाली, पत्ती, फल, फूल आदि के बारे में जानकारी देना चाहिए।

उदाहरणार्थ- कम्प्यूटर का ज्ञान कराने के लिए पहले कम्प्यूटर व फिर उसके भागों जैसे- मॉनीटर, की बोर्ड, सी०पी०यू०, माउस, प्रिन्टर का ज्ञान कराया जाये।

भूगोल में पहले भारत का मानचित्र दिखाकर फिर राज्यों का ज्ञान कराया जाये।

5. अनिश्चित से निश्चित की ओर

बालकों के बौद्धिक विकास का क्रम अनिश्चित से निश्चित की ओर होता है। मानसिक विकास (ज्ञानेन्द्रियों के विकास) व अनुभव के साथ-साथ उसके विचारों में स्पष्टता व निश्चित आती है। प्रारम्भ में बच्चों को किसी घटना, तथ्य, वस्तु का स्पष्ट व निश्चित ज्ञान नहीं होता है। अनुभव, परिपक्वता के अभाव व कल्पना की अधिकता के कारण वह उनके बारे में अपने मन में कुछ विचार बना लेते हैं जो अस्पष्ट, अनिश्चित व कई बार गलत भी होते हैं। अतः शिक्षक को चाहिए कि वह उनके अनिश्चित ज्ञान को स्पष्ट व निश्चित करे तथा गलत धारणाओं/ जानकारियों में भी सुधार करें।

उदाहरणार्थ- किसी देश/प्रदेश, प्रमुख स्थल व वहां की विशिष्टताओं से सम्बन्धित छात्रों के अस्पष्ट व अनिश्चित ज्ञान को शिक्षक वहाँ के

मानचित्र, चित्र, मॉडल, चार्ट व उदाहरणों के माध्यम से निश्चित व स्पष्ट कर सकता है।

6. प्रत्यक्ष से अप्रत्यक्ष की ओर-

इस सूत्र के अनुसार छात्रों को सबसे पहले उनके द्वारा देखी गई वस्तुओं के बारे बताना चाहिए तत्पश्चात् उन वस्तुओं के बारे में, जिन्हें वह नहीं देख सकता है। अर्थात् उन्हें पहले उनके वर्तमान की जानकारी कराई जाये फिर उसी की सहायता से भूत या भविष्य की, क्योंकि जो वस्तुएं हमारे सामने होती हैं उनका ज्ञान हम आसानी से प्राप्त कर लेते हैं। अतः शिक्षण के समय शिक्षकों को छात्रों को अप्रत्यक्ष वस्तुओं/तथ्यों/घटनाओं की जानकारी देने के लिए पहले प्रत्यक्ष वस्तुओं, घटनाओं के उदाहरण प्रस्तुत करना चाहिए।

उदाहरणार्थ - भाषा में चित्र पठन व अन्य विषयों में सहायक सामग्री (चार्ट, चित्र, मॉडल, मूर्त वस्तुओं) के माध्यम से बच्चों को अप्रत्यक्ष वस्तुओं के बारे में सरलता से जानकारी दी जा सकती है।

सामाजिक विषय में ग्लोब, मॉडल, चित्र आदि के माध्यम से संसार के विविध भागों के बारे में बताया जा सकता है।

7. विशिष्ट से सामान्य की ओर

इस सूत्र के अनुसार अध्यापक को छात्रों के सामने पहले किसी प्रकरण से सम्बन्धित कई उदाहरण प्रस्तुत करना चाहिए फिर उन्हीं की सहायता से सिद्धान्त व नियम स्पष्ट करना चाहिए। स्वयं उदाहरण प्रस्तुत करके उन्हें निष्कर्ष निकालने के लिए प्रेरित करना चाहिए। यह सूत्र बालकों को निरीक्षण, परीक्षण, विचार, चिन्तन आदि के अवसर प्रदान करता हैं। अतः इसमें बच्चे रुचिपूर्वक सीखते हैं जिससे प्राप्त ज्ञान स्थायी होता है। विज्ञान, गणित तथा व्याकरण शिक्षण में यह सूत्र विशेष उपयोगी है।

उदाहरणार्थ- संज्ञा, सर्वनाम, क्रिया, विशेषण पढ़ाते समय पहले इनके एक से अधिक उदाहरण प्रस्तुत करना चाहिए फिर उन्हीं उदाहरणों को समेकित करते हुए इनकी परिभाषा को स्पष्ट करना चाहिए।

संस्कृत/हिन्दी में सूक्ति एक विशिष्ट विचार से सम्बन्धित होती है परंतु उसकी व्याख्या सामान्य सन्दर्भों में की जाती है।

8. विश्लेषण से संश्लेषण की ओर

विश्लेषण बालक को किसी बात को भली प्रकार समझने में सहायक होता है तो संश्लेषण उस बात के ज्ञान को निश्चित रूप प्रदान करता है। इस सूत्र के अनुसार किसी घटना या तथ्य की जानकारी पहले समग्र रूप में कराकर फिर उसके विविध भागों को व्याख्या व विश्लेषण द्वारा स्पष्ट किया जाना चाहिए तत्पश्चात उन भागों या खण्डों को आपस में जोड़कर पूरी जानकारी कराकर निष्कर्ष तक पहुंचना चाहिए। शिक्षण में विश्लेषण व संश्लेषण दोनों आवश्यक हैं।

उदाहरणार्थ- छात्रों को यदि उत्तर प्रदेश के विभिन्न जिलों की जानकारी देना है तो सर्वप्रथम उत्तर प्रदेश फिर उसके सभी जिलों की स्थिति व विशेषताओं की जानकारी करायी जा सकती है और अन्त में सभी को पुनः

समेकित करते हुए उत्तर प्रदेश की जानकारी की जा सकती है।

ठोस अनुभव से युक्तियुक्त की ओर- छात्रों में किसी वस्तु को देखने, परखने में उसकी अनुभूति पहले होती है तथा उसके बारे में तर्क देने की योग्यता बाद में आती है। युक्तियुक्त दृष्टिकोण ठोस अनुभवों का ही फल है। ‹ठोस, सत्य या मूर्त प्रमाणों से रहित मात्र विचारों से कभी भी युक्तियुक्त चिंतन की क्रिया संपन्न नहीं हो सकती। इसलिए शिक्षक को छात्रों के सम्मुख प्रत्यक्ष या अप्रत्यक्ष अनुभवों, उदाहरणों, घटनाओं, तथ्यों या प्रमाणों को प्रस्तुत करना पड़ता है।

शिक्षण सहायक सामग्री

शिक्षण सहायक सामग्री विशेष उपकरण हैं जिनका उपयोग शिक्षक हम सभी के लिए सीखने को रोमांचक और समझने योग्य बनाने के लिए करते हैं। वे मित्रवत मार्गदर्शकों की तरह हैं जो हमें दृश्य रूप से, ध्वनियों के माध्यम से या यहाँ तक कि हमें वस्तुओं को छूने और महसूस करने देकर चीजें दिखाते हैं। कल्पना कीजिए कि आप जानवरों के बारे में सीख रहे हैं, और आपका शिक्षक आपको अलग-अलग जानवरों की तस्वीरों वाला एक बड़ा, रंगीन पोस्टर दिखाता है। आप देख सकते हैं कि वे कैसे दिखते हैं, उनके नाम क्या हैं और वे कहाँ रहते हैं। यह एक शिक्षण सहायक सामग्री है - जो आपको जानकारी को बेहतर ढंग से समझने और याद रखने में मदद करती है!

ये सहायक सामग्री विभिन्न रूपों में आती हैं। कुछ दृश्य सहायक सामग्री हैं, जैसे रंगीन चार्ट, आरेख और तस्वीरें। वे हमें जटिल अवधारणाओं को बेहतर ढंग से देखने और समझने में मदद करते हैं, ठीक वैसे ही जैसे खजाने के नक्शे को देखने से हमें किसी साहसिक कार्य में अपना रास्ता खोजने में मदद मिलती है!

शिक्षण सहायक सामग्री के प्रकार

(1) श्रव्य सामग्री
(2) दृश्य सामग्री
(3) श्रव्य दृश्य सामग्री
(4) शिक्षण सहायक सामग्री की विशेषता
(5) शिक्षण सहायक सामग्री की उपयोगिता
(6) कंप्यूटर

(1) श्रव्य सामग्री

यह वह सामग्री होती है जिसके माध्यम से छात्रों को सुनाकर ज्ञान प्रदान किया जाता है जैसे रेडियो टेप रिकॉर्डर

रेडियो

रेडियो के माध्यम से छात्रों के ध्यान को एकाग्र चित्त किया जाता है जिससे उनकी अधिगम प्रक्रिया को प्रभावशाली बनाया जाता है यह

वही यंत्र है जिसके माध्यम से छात्रों को ऐसे लोगों की आत्मकथा एवं भाषण सुनाया जाते हैं जो उनके जीवन में बदलाव लाने का कार्य करते हैं यह छात्रों के व्यक्तित्व एवं उनके चरित्र निर्माण हेतु महत्वपूर्ण होता है यह सूचनाओं के प्रसारण का एक उत्तम मार्ग है जिसका उपयोग शिक्षा के क्षेत्र में किया जाता है

टेप रिकॉर्डर

टेप रिकॉर्डर के माध्यम से संचालित की गई आवासों का प्रसारण के माध्यम से आवश्यकतानुसार किया जाता है जिसके माध्यम से छात्रों को किसी प्रकरण को स्पष्ट करने एवं शिक्षण प्रक्रिया में बदलाव लाने हेतु किया जाता है जिससे कक्षा में छात्रों को सक्रिय कर शिक्षण अधिगम प्रक्रिया को प्रभावशाली बनाया जाता है

2. दृश्य सामग्री

इस प्रकार की सामग्रियों के माध्यम से छात्रों को दिखाकर शिक्षा प्रदान की जाती है इसमें प्रकरण से संबंधित वस्तुओं को छात्र के सम्मुख रख शिक्षण प्रक्रिया को पूर्ण किया जाता है इसकी सहायता से शिक्षण को रुचिकर बनाने का प्रयास किया जाता है जैसे ग्लोब चार्ट श्यामपट्ट मानचित्र मॉडल प्लेन बोर्ड बुलिटिन बोर्ड पावरप्वाइंट

ग्लोब

ग्लोब शिक्षण में व्याख्यान प्रक्रिया का एक महत्वपूर्ण साधन है जिसका उपयोग छात्रों को दिशाओं एवं स्थान का ज्ञान करवाने हेतु किया जाता है इसका अधिक उपयोग भूगोल की कक्षाओं हेतु किया जाता है यह शिक्षण सहायक सामग्री का एक महत्वपूर्ण भाग

चार्ट

चार्ट का उपयोग शिक्षण को रुचिकर एवं सरल बनाने के लिए किया जाता है इसके माध्यम से किसी जटिल प्रकरण को सरल बनाने के लिए चार्ट का प्रयोग किया जाता है

मॉडल

मॉडल का सर्वाधिक उपयोग विज्ञान भूगोल एवं पर्यावरण संरक्षित प्रकरण को समझाने हेतु किया जाता है इसके अंतर्गत प्रकरण के महत्वपूर्ण बिंदुओं का चयन कर कागज गद्दार अपराधी का उपयोग कर उसके जैसा दिखाने वाला रूप प्रदान किया जाता है जिससे छात्रों को की चिंतन शक्ति का विकास होता है और वह कक्षा में उत्तम एवं स्थाई अधिगम कर पाते हैं

फ्लैनल बोर्ड

फ्लैनल बोर्ड का निर्माण एक कपड़े से होता है जिसका आकार लिखने में लगभग श्यामपट्ट जैसा भी दिखाई देता है जिसमें अनेक छोटी-छोटी वस्तुओं को उस कपड़े में चिपकाकर कक्षा को रुचिकर बनाया जाता है फल बोर्ड का अत्यधिक उपयोग छोटे की वस्तुओं हेतु कर छात्रों का संज्ञानात्मक विकास किया जाता है

बुलेटिन बोर्ड

इस बोर्ड का उपयोग छात्रों को सूचना प्रदान करने हेतु किया जाता है इसमें महत्वपूर्ण सूचनाओं की चस्पा कर एवं महत्वपूर्ण सूचनाओं को अंकित कर छात्रों के ज्ञान में वृद्धि व सूचना प्रदान करने का कार्य करता है

पावर पॉइंट

पावर पॉइंट आधुनिक युग में नवीन उपयोग है इसमें स्लाइड का उपयोग कर छात्रों को नवीन मार्ग से शिक्षण प्रक्रिया हेतु उपाय किया जाता है यह छात्रों को आकर्षित करने में अपनी महत्वपूर्ण भूमिका निभाता है।

(3) श्रव्य दृश्य सामग्री

इस प्रकार की शिक्षण सामग्री के माध्यम के रूप में ऐसी वस्तुओं का उपयोग किया जाता है जिसके माध्यम से छात्रों का को आवाज के साथ साथ दृश्य दिखाकर शिक्षण के उद्देश्यों की पूर्ति की जाती है जैसे टीवी दूरदर्शन नाटक

टीवी

टीवी आधुनिक शिक्षण प्रक्रिया का विभाग है जो छात्रों का सर्वाधिक विकास करने में सहायक है टेलीविजन के माध्यम से छात्रों को प्रेरणा देने वाले भाषणों एवं वैश्विक सूचनाओं से अवगत होने के अवसर प्राप्त होते हैं

दूरदर्शन

दूरदर्शन के माध्यम से अनेकों कार्यक्रमों का आयोजन करवाया जाता है जिसके माध्यम से छात्र घर बैठे अधिगम प्रक्रिया में हिस्सा लेते हैं दूरदर्शन चैनल के माध्यम से छात्रों का भावात्मक नैतिक चारित्रिक एवं ज्ञानात्मक विकास किया जाता है

नाटक

नाटक सह पाठयक्रम गतिविधियों के अंतर्गत आने वाला विभाग है जिसके माध्यम से छात्रों को सुरक्षित प्रक्रिया में सम्मिलित होकर नवीन तरीकों से ज्ञान प्राप्त करवाया जाता है इसमें प्रकरण से संबंधित पात्रों का निर्माण करें प्रकरण के आधार पर नाटक करवाया जाता है जो उस प्रकरण के महत्वपूर्ण बिंदुओं का स्मरण रखने में सहायता प्रदान करता है और यह छात्रों का भावात्मक एवं कल्पनात्मक विकास करता है

शिक्षण सहायक सामग्री का महत्व

1. ये विद्यार्थियों को पुनर्बलन प्रदान करती हैं।
2. ये विद्यार्थियों में वैज्ञानिक दृष्टिकोण को बढ़ावा देती हैं।
3. ये कक्षा में अनुशासन बनाये रखती हैं क्योंकि ये बच्चों में रुचि पैदा करती है।
4. ये पठन-पाठन में नवीनता लाती है।
5. इनके प्रयोग से समय और शक्ति की बचत होती है।
6. ये रटने की प्रवृत्ति को कम करती है।
7. शिक्षण सहायक सामग्रियां से अभिप्रेरणा मिलती है।
8. ये कठिन से कठिन विषय-वस्तु को सरल, स्पष्ट, रुचिकर एवं सार्थक बना देती है।
9. सीखने में अपेक्षाकृत कम समय लगता है। प्राप्त ज्ञान स्थायी होता है।
10. शिक्षण प्रक्रिया में क्रियाशीलता बनी रहती है।
11. आत्म विश्वास में वृद्धि होती है।
12. बच्चों में एक दूसरे का सहयोग करने की भावना बढ़ती है।
13. कक्षा नियोजन की प्रक्रिया सरल हो जाती है।
14. बच्चों को एक-दूसरे से विचार-विमर्श का अवसर मिलता है।
15. कक्षा में नियमित उपस्थिति बढ़ जाती है।
16. शिक्षक शिक्षण के अन्य पहलुओं पर ध्यान दे पाता है।
17. नया प्रवेश पाये छात्र कक्षा में जल्दी घुल-मिल जाते हैं।

विगत वर्षों में आए हुए एवं संभावित प्रश्न

1. नीचे दो कथन दिए गए हैं :

कथन (I) : शिक्षण के प्रगामी प्रगतिशील दृष्टिकोण का एक मूलभूत सिद्धान्त है कि शिक्षा केवल आजीविका की तैयारी नहीं अपितु यह अपने आप में सम्पूर्ण जीवन होनी चाहिए।

कथन (II) : शिक्षा के पुनर्निर्माणवादी विचार धारा के अनुसार नयी सामाजिक व्यवस्था निश्चित रूप से प्रजातांत्रिक होनी चाहिए।

उपरोक्त कथन के आलोक में, नीचे दिए गए विकल्पों में से सही उत्तर का चयन कीजिए :

(a) कथन (I) और (II) दोनों सत्य हैं।
(b) कथन (I) और (II) दोनों असत्य हैं।
(c) कथन (I) सत्य है, लेकिन कथन (II) असत्य है।
(d) कथन (I) असत्य है, लेकिन कथन (II) सत्य है।

2. छात्रों के लिए एक अवधारणा के शिक्षण की सबसे अच्छी विधि ______ की ओर आगे बढ़ना है।

(a) कठिन से सरल
(b) ज्ञात से अज्ञात
(c) अज्ञात से ज्ञात
(d) अमूर्त से मूर्त

3. मान लीजिए कि कोई छात्र अपनी समस्याओं को अपने शिक्षक के साथ साझा करना चाहता है और वह इस उद्देश्य के लिए शिक्षक के घर जाता है, तो शिक्षक को करना चाहिए:

(a) छात्र के माता-पिता से संपर्क करें और उसकी समस्या का समाधान करें।
(b) उसे सुझाव दें कि उसे कभी भी उनके (शिक्षक) के घर नहीं जाना चाहिए।
(c) उसे प्राचार्य से मिलने और समस्या का समाधान करने का सुझाव दें।
(d) उचित मदद करें और उसका मनोबल बढ़ाएं।

4. शिक्षण सिद्धांत का ज्ञान एक अच्छे शिक्षक के लिए होना चाहिए, क्योंकि

(a) यह सामग्री को रोचक बनाने में मदद करता है
(b) यह अनुशासन बनाए रखने में मदद करता है
(c) यह सरल तरीकों से सामग्री को समझने में मदद करता है
(d) इससे समय की बचत होती है

5. वह कौन-सी वस्तु या तथ्य है जो व्यवहार को निर्देशित या उत्तेजित करती है?

(a) अन्त:प्रेरणा
(b) प्रोत्साहन
(c) आवश्यकता
(d) प्रेरणा

6. ठोस सत्य या मूर्त प्रमाणों से रहित मात्र विचारों से कभी भी युक्तियुक्त चिंतन की क्रिया संपन्न नहीं हो सकती। इसलिए

(a) अनिश्चित से निश्चित की ओर चलना चाहिए।
(b) ठोस अनुभव से युक्तियुक्त की ओर बढ़ना चाहिए
(c) छात्रों के समक्ष सत्य प्रमाण प्रस्तुत करने चाहिए
(d) ठोस सत्य की उपेक्षा होनी चाहिए

7. भाषा शिक्षण की प्रक्रिया तब तक सफल नहीं हो सकती जब तक शिक्षण के उद्देश्य की जानकारी नहीं हो जाती। इस आधार पर कह सकते हैं कि-
(a) उद्देश्य की स्पष्टता शिक्षण को प्रभावशाली बनाने में सहायक है
(b) हमें एक ही उद्देश्य की पूर्ति के लिए प्रयास करने चाहिए
(c) एक साथ अनेक उद्देश्यों को लेकर चलना चाहिए
(d) उद्देश्यहीन चलने से एक भी उद्देश्य पूरा नहीं होता

8. उद्देश्य के चयन के बाद छात्र-शिक्षक के मध्य सकारात्मक क्रिया के लिए आवश्यक है -
(a) पाठ-योजना का निर्माण
(b) पाठ्य सामग्री का एकत्रीकरण
(c) विषय वस्तु से संबंधित प्रश्नावली का निर्माण
(d) विषय-वस्तु का विभाजन

9. भाषा के लिखित एवं उच्चारित रूप में आशातीत सफलता के लिए अभ्यास जरूरी है। अभ्यास का प्रमुख लाभ है-
(a) इससे संकोच एवं त्रुटियों में कमी आती है।
(b) आत्म विश्वास उत्पन्न होता है।
(c) कठिन शब्दों का वाचन एवं लेखन सरल होता है।
(d) उपर्युक्त सभी

10. भाषा संबंधी सुधारों के लिए आवश्यक है:
(a) हिंदी शिक्षक भाषा की शुद्धता पर बल दें।
(b) अन्य विषयों के अध्यापक भी भाषायी शुद्धता के लिए प्रयास करें।
(c) सभी शिक्षकों व छात्रों के सम्मिलित प्रयास अनिवार्य है।
(d) सहशैक्षिक गतिविधियाँ करवाई जाएँ।

11. भाषा की पुस्तकें साधन एवं साध्य दोनों रूपों में प्रयुक्त होती हैं। यह साध्य रूप में प्रयुक्त होती है जब इनका प्रयोग-
(a) बच्चों के शब्द सूक्ति कोष में वृद्धि के लिए किया जाता है।
(b) नाटक के रसास्वादन हेतु किया जाता है।
(c) उच्चारण के शुद्ध करने के लिए किया जाता है।
(d) छात्रों को पठन कला में निपुण करने के लिए किया जाता है।

12. पाठ्य-पुस्तकें शिक्षक एवं विद्यार्थी दोनों के लिए प्रतिदिन कार्य-योजना निर्धारित करती हैं ताकि पता लगता रहे कि-
(a) विषय का कितना अंश पढ़ा दिया है
(b) विषय का कितना अंश पढ़ाना चाहिए।
(c) अतिरिक्त सामग्री कौन सी है
(d) विषय को रुचिकर बनाने के लिए कौन सी योजना अपनानी चाहिए

13. पाठ्य-पुस्तकें स्वाध्याय को प्रोत्साहित करती हैं क्योंकि-

(a) बालकों को पुनः स्मरण में सहायता मिलती है।
(b) संपूर्ण विषय-सामग्री एक ही स्थान पर प्राप्त हो जाती है।
(c) पाठ्य-पुस्तकों की भाषा अन्य पुस्तकों की तुलना में अधिक सरल एवं रुचिकर होती हैं।
(d) इनके विश्लेषण की आवश्यकता नहीं होती।

14. भाषा पाठ्य-पुस्तकों का उद्देश्य है-
(a) भाषा एवं साहित्य का ज्ञान कराना
(b) विविध विषयों से संबधित विषयों का चयन
(c) रुचिकर पाठ्यक्रम का संकलन
(d) नैतिकता एवं जीवन मूल्यों को प्रेरित करना

15. पाठ्य-पुस्तकों का निर्माण बालकों का कक्षा स्तर तथा मानसिक स्तरों को ध्यान में रखकर किया जाना चाहिए ताकि-
(a) उन्हें भाषा-तत्त्वों का ज्ञान भली प्रकार हो सके।
(b) छात्र उन्हें अच्छी तरह आत्मसात कर सकें।
(c) छात्रों की पढ़ने में रुचि उत्पन्न हो
(d) उनमें साहित्य के प्रति रुचि जागृत हो।

16. सामान्य से कम योग्यता वाले विद्यार्थियों के लिए सहायक सामग्री महत्त्वपूर्ण है क्योंकि-
(a) उनके लिए केवल मौखिक उदाहरण पर्याप्त नहीं होते।
(b) यह उनकी स्मृति को अधिक दृढ़ एवं स्थाई बनाती हैं।
(c) उन्हें सामान्य स्तर तक लाने के लिए कठिन परिश्रम करना पड़ता है।
(d) सहायक सामग्री योग्यता में अंतर को हटा देती है।

17. पाठ्य सामग्री को सरस, रोचक और बोध गम्य बनाने में सहायक है-
(a) व्याकरण
(b) मौखिक उदाहरण
(c) साहित्यिक विधाएँ
(d) सहायक सामग्री

18. शिक्षण अधिगम प्रक्रिया में दृश्य-श्रव्य सम्प्रेषण माध्यम है-
(a) पुस्तकें
(b) रेडियो
(c) स्लाइड
(d) टेलीविजन

19. शिक्षण क्रियाओं एवं अभिप्रायों के लिए सुव्यवस्थित चिंतन एवं ज्ञान का लिखित रूप है-
(a) पाठ्य-पुस्तकें
(b) पाठ्यक्रम
(c) आत्मानुभव
(d) विचाराभिव्यक्ति

20. एक भाषा शिक्षक का परम कर्तव्य है कि वह
(a) भाषा प्रयोग के अवसर दे।
(b) भाषा की पाठ्यपुस्तक का कम-से-कम प्रयोग करे।
(c) भाषा की कक्षा में केवल लक्ष्य भाषा का प्रयोग करें।
(d) उपरोक्त सभी

21. शिक्षण सिद्धांतों, सूत्रों, विधियों का प्रयोग होना चाहिए-

(a) पाठ योजना निर्माण में

(b) उद्देश्यों के निर्धारण में

(c) शिक्षण में

(d) उपरोक्त सभी में

22. जब छात्र शिक्षक की भाषा का अनुकरण करे, तो उसे कहते हैं-

(a) प्रयत्न का सिद्धांत

(b) अनुकरण का सिद्धांत

(c) क्रियाशीलता का सिद्धांत

(d) अभ्यास का सिद्धांत

23. 'भाषा शिक्षक के लिए जरूरी है कि वे भारतीय भाषाओं की ....को स्वीकार करें और समृद्ध साहित्य को ... की दृष्टि से देखें'

(a) जटिलताओं, साहित्यिक

(b) जटिलताओं, सराहना

(c) विषमताओं, सराहना

(d) विविधता, सराहना

24. एक भाषा के अध्यापक को बच्चों में-

(a) भाषा सिद्धांतों की समझ विकसित करने पर बल देना चाहिए।

(b) आलंकारिक भाषा-प्रयोग की समझ विकसित करने पर बल देना चाहिए।

(c) विविध संदर्भों में भाषा प्रयोगों की क्षमता विकसित करने पर बल देना चाहिए।

(d) शुद्ध भाषा-प्रयोग की क्षमता विकसित करने पर बल देना चाहिए।

25. आप मानते हैं कि अलग-अलग तरह की सामग्री पढ़ने के अवसर मिलने से-

(a) भाषा को विविध संदर्भों में प्रयोग करने की समझ बनती है।

(b) व्याकरण-सम्मत भाषा सीखने को मिलती है।

(c) किताबों के बारे में जानकारी मिलती है।

(d) लेखकों के बारे में जानकारी मिलती है।

26. आपकी दृष्टि में अभ्यास-

(a) पाठ को समझने में मदद करते हैं।

(b) बच्चों को तार्किक बनाते हैं।

(c) बच्चों को भाषा के बारे में बताते हैं।

(d) बच्चों को उत्तर देना सिखाते हैं

27. कक्षा में प्रिंट समृद्ध वातावरण से आशय है-

(a) कक्षा में रंगीन चार्ट, पोस्टर आदि लगाना।

(b) कक्षा की दीवारों पर रंगीन कविता आदि पेंट कराना।

(c) कक्षा में बड़े आकार में वर्णमाला के चार्ट लगाना।

(d) कक्षा में पढ़ाई जा रही विषय-वस्तु के अनुरूप लिखित सामग्री प्रदर्शित करना।

28. भाषा-शिक्षक के रूप में आपके लिए महत्त्वपूर्ण है-

(a) बच्चों द्वारा त्रुटिरहित भाषा-प्रयोग करवाना।

(b) बच्चों से पाठ्यपुस्तक पढ़वाना।

(c) बच्चों द्वारा बेझिझक भाषा-प्रयोग करवाना।

(d) बच्चों से विस्तार गृह कार्य करवाना।

29. निम्न में से कौन-सी एक दृश्य शिक्षण सहायक सामग्री नहीं है-

(a) बुलेटिन बोर्ड

(b) नक्शा

(c) चलचित्र

(d) टेप रिकॉर्ड

30. निम्न में से कौन-सा एक शिक्षण सूत्र नहीं है?

(a) सरल से कठिन की ओर

(b) ज्ञात से अज्ञात की ओर

(c) घर से विद्यालय की ओर

(d) विश्लेषण से संश्लेषण की ओर

31. शिक्षण प्रक्रिया के तीन ध्रुव हैं-

(a) शिक्षक, विद्यालय, छात्र

(b) शिक्षक, छात्र, विषयवस्तु

(c) विद्यालय, शिक्षण-विधि, छात्र

(d) इनमें से कोई नहीं

32. निम्नलिखित में से कौन-सी श्रव्य शिक्षण अधिगम सामग्री नहीं है?

(a) फ्लैश कार्ड

(b) दूरभाष पर वार्तालाप

(c) रेडियो प्रसारण

(d) ग्रामोफ़ोन रिकार्ड

33. श्रव्य - दृश्य सामग्री नहीं है

(a) छायाचित्र

(b) दूरदर्शन

(c) चलचित्र

(d) ड्रामा

34. दृश्य-श्रव्य सामग्री का प्रयोग तब उपयोगी होता है जब बच्चे -

(a) उसे बहुत सरलता से समझ सके

(b) उस पर अपनी बौद्धिक प्रतिक्रिया दे सके

(c) उसकी भाषा का अनुकरण कर सकें

(d) उसके बनने की प्रक्रिया को बता सके

35. निम्नलिखित में से कौन एक शिक्षण सहायक सामग्री में मल्टीमीडिया साधन नहीं है ?

(a) चलचित्र

(b) दूरदर्शन

(c) रेडियो

(d) पाठ्यपुस्तक

36. यदि आपकी कक्षा में दृष्टिबाधित बच्चे हैं, तो आप-

(a) उन्हें विशेष सहानुभूति से पढ़ाएँगे

(b) उन्हें पढ़ने के उपयुक्त साधन देंगे

(c) उन्हें सभी बच्चों से अलग गतिविधि देंगे

(d) उनसे कम गतिविधियाँ कराएँगे

उत्तर कुंजी

1	(a)	2	(b)	3	(d)	4	(a)	5	(d)	6	(b)	7	(a)	8	(d)	9	(d)	10	(c)
11	(b)	12	(d)	13	(b)	14	(a)	15	(b)	16	(b)	17	(d)	18	(d)	19	(a)	20	(a)
21	(d)	22	(b)	23	(d)	24	(c)	25	(a)	26	(a)	27	(d)	28	(c)	29	(d)	30	(c)
31	(b)	32	(a)	33	(a)	34	(a)	35	(d)	36	(b)								

भाषा कौशल (Language Skills)

भाषा का उचित प्रकार से व्यवहार करने के लिए आवश्यक कौशल भाषा कौशल कहलाते हैं। यहाँ पर उचित प्रकार से व्यवहार करने का तात्पर्य है- अपने विचारों को ठीक-ठीक तरीके से श्रोता तक पहुँचाना तथा वक्ता द्वारा अभिव्यक्त किए गए विचारों को ठीक-ठीक प्रकार से समझ पाना। इस दृष्टि से चार कौशलों की बात की जाती है-

- सुनना - श्रवण कौशल
- बोलना - मौखिक कौशल
- पढ़ना - पठन कौशल
- लिखना - लेखन कौशल

कोई व्यक्ति अपनी बात कितने सामर्थ्यपूर्ण तरीके से रख पाएगा? यह उसके बोलने और लिखने के कौशल पर निर्भर करता है। एक ही विषय पर जब दो लोग अपनी बात रखते हैं तो एक व्यक्ति द्वारा कही गई बात श्रोताओं को आसानी से समझ में आ जाती है, जबकि दूसरे व्यक्ति द्वारा कही गई बात श्रोताओं को सरलता से समझ में नहीं आती, और वे बार-बार प्रश्न करते हैं। यह बात अभिव्यक्ति कौशल (बोलना या लिखना) से संबंधित है।

इसी प्रकार किसी एक ही व्यक्ति द्वारा कही गई बात को कोई व्यक्ति ठीक तरीके से सुनकर समझ लेता है, जबकि दूसरा व्यक्ति उसी को कई बार पूछता है। यह बोधन कौशल (सुनना और पढ़ना) से संबंधित बात है।

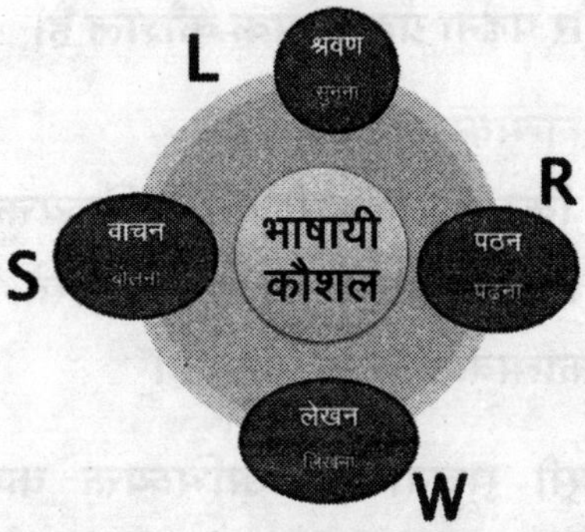

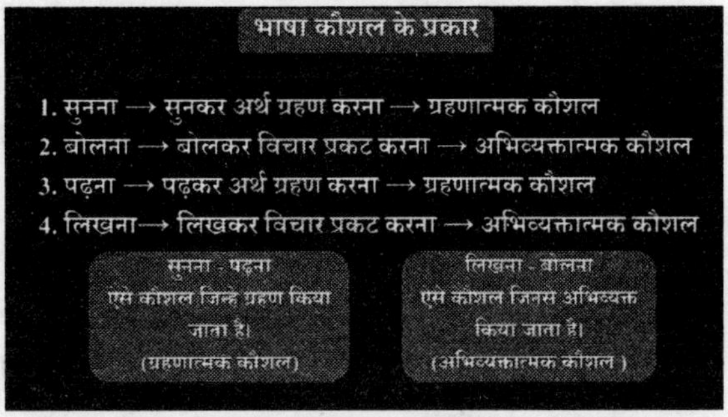

भाषा कौशलों का वर्गीकरण

भाषा के चार कौशल को दो समूह में वर्गीकृत किया गया है-

ग्रहणात्मक कौशल - अर्थ को ग्रहण करने का कौशल

अभिव्यक्तात्मक कौशल या उत्पादक कौशल - विचारों को अभिव्यक्त करने का कौशल

ग्रहणात्मक कौशल

जब हम किसी जानकारी को ग्रहण करने के लिए जिन कौशलों की सहायता का प्रयोग करते हैं उन्हें ग्रहणात्मक कौशल कहते हैं,

जैसे किसी जानकारी श्रवण कौशल के द्वारा सुनकर एवं वाचन कौशल के द्वारा पढ़कर उसे विषय वस्तु की जानकारी प्राप्त करते हैं, अत: सुनना और पढ़ना ग्रहणात्मक कौशल है।

अभिव्यक्तात्मक कौशल

जब हम किसी जानकारी को अभिव्यक्त करने के लिए जिन कौशलों का प्रयोग करते हैं उन्हें अभिव्यक्तात्मक कौशल कहते हैं।

जैसे किसी सूचना को अभिव्यक्त करने के लिए मौखिक अभिव्यक्ति कौशल या लिखित अभिव्यक्ति कौशल का प्रयोग करते हैं।

अत: बोलना और लिखना अभिव्यक्तात्मक कौशल के उदाहरण है।

1. श्रवण कौशल (सुनना)

- **श्रवण का अर्थ" सुनना" होता है अत: श्रवण कौशल का संबंध "कर्ण" (कान) से है।**
- **ध्वनियों या उच्चारण को सुनना और सुनकर उसके अर्थ को समझना और उसे ग्रहण करने की योग्यता श्रवण कौशल कहलाता है।**
- **श्रवण एवं पठन कौशल को ग्रहणात्मक \ ग्राहित कौशल कहते हैं।**
- **श्रवण कौशल अन्य भाषीय कौशलों को आधार प्रदान करता है।**
- **छात्र कविता, कहानी, भाषण, वाद विवाद आदि का ज्ञान सुनकर ही प्राप्त करता है।**
- **श्रवण कौशल के लिए मस्तिष्क की एकाग्रता एवं इंद्रियों का संयम आवश्यक होता है।**

श्रवण-कौशल का महत्त्व :-

1. **बालक के व्यक्तित्व के विकास में श्रवण कौशल का अधिक महत्त्व है। बालक जिन ध्वनियों को बड़ों से सुनता है वह उसके मन-मस्तिष्क में अंकित हो जाती हैं। ये अंकित ध्वनियाँ ही बच्चे के भाषा-ज्ञान का आधार बनती हैं। श्रवण कौशल अन्य भाषायी कौशलों को विकसित करने की प्रमुख आधारशिला है।**
2. **बालक श्रवण के प्रति जागरुक बनता है। उसकी श्रवणेन्द्रियों का उपयोग होता है।**
3. **भाषा अनुकरण द्वारा सीखी जाती है। नये-नये शब्दों को सुनकर बालक अपने शब्द भण्डार में वृद्धि करता है।**
4. **बालक परिवार के सदस्यों तथा अध्यापकों की बात सुनकर स्वयं अपने उच्चारण हाव-भाव, उतार-चढ़ाव उचित स्वरगति के अनुसार बोलने का प्रयास करता है। इस प्रकार उसकी मौखिक अभिव्यक्ति का विकास होता है।**
5. **शान्त रहकर दूसरों की बात सुनकर एवं समझकर ही व्यक्ति अपने विचारों के प्रतिपादन हेतु ठोस तर्क प्रस्तुत कर सकता है।**
6. **साहित्य की विभिन्न विधाओं का अध्ययन तथा उनकी व्याख्या को सुनकर ही उसकी विषय वस्तु को ग्रहण किया जा सकता है। बालक कविता का रसास्वादन, कहानी का आनन्द सुनकर ही कर सकता है**

श्रवण कौशल विकसित करने की शिक्षण विधियां

- कहानी सुनाना: **कहानी के द्वारा बच्चों का ध्यान सुनने की तरफ आकर्षित किया जा सकता है**
- प्रश्नोत्तर विधि: **कक्षा में शिक्षण के दौरान अध्यापक पठन सामग्री को आधार बनाकर प्रश्न पूछता है छात्र यदि सही से पाठ को सुनेगा तभी उत्तर दे पाएगा। पठित सामग्री के आधार पर प्रश्न पूछने से छात्र कक्षा में पढ़ाई गई बातों को ध्यान पूर्वक सुनेंगे।**
- भाषण विधि: **प्राय: यह मौखिक कौशल को विकसित करने का साधन है। किंतु छात्रों को पहले यह बता दिया जाता है, कि भाषण को ध्यान से सुने।**
- कविता सुनाना: **श्रवण कौशल को विकसित करने के लिए छात्रों को कविता सुनाई जाती है।**

2. सस्वर वाचन

शिक्षक द्वारा किए गए आदर्श वाचन से छात्र शुद्ध उच्चारण, गति, विराम चिह्नों आदि का ज्ञान करते हैं। शिक्षक को चाहिए कि वह छात्रों से अनुकरण वाचन कराए। इससे यह पता चल सकेगा कि छात्र ध्यान से पाठ्यवस्तु को सुन रहे हैं या नहीं। अतः छात्रों द्वारा सस्वर वाचन कराने से उनमें श्रवण कौशल का विकास किया जा सकता है।

5. श्रुत-लेख

श्रुत लेखन मे शिक्षक किसी गद्यांश आदि को बोलता जाता है और छात्र सुनकर लिखते चलते हैं जो छात्र ध्यानपूर्वक सुनेगा वह संपूर्ण सामग्री की शुद्ध लिख लेगा तथा उसका कोई अंग भी शेष नहीं छूटेगा एवं जो छात्र ध्यान-पूर्वक नही सुनेगा उसके बीच-बीच में कुछ शब्द या वाक्यांश छूट जाएंगे। इस प्रकार भी बालकों में श्रवण कौशल का विकास किया जा सकता हैं।

6. वाद-विवाद

श्रवण कौशल का प्रशिक्षण देने के लिए वाद-विवाद भी एक महत्वपूर्ण क्रिया हैं। वाद-विवाद में छात्र को प्रत्येक बात ध्यान-पूर्वक सुननी होती है क्योंकि बिना सुने वे

दूसरे पक्ष की बात का उत्तर नहीं दे सकेंगे और न अपने तर्क को प्रस्तुत कर सकेंगे। शिक्षक को सभी छात्रों को वाद-विवाद के लिए प्रोत्साहित करना चाहिए तथा वाद- विवाद की समाप्ति पर सभी छात्रों से प्रश्न पूछकर यह जाँच करनी चाहिए कि वे वाद-विवाद के तर्कों को ध्यान-पूर्वक सुन रहे थे या नहीं।

7. दृश्य-श्रव्य सहायक सामग्री का प्रयोग

श्रवण कौशल को विकसित करने तथा उच्चारण संबंधी दोषों को दूर करने के लिए ग्रामोफोन, टेपरिकार्डर, रेडियों, चलचित्र, दूरदर्शन तथा विडियों की सहायता ली जा सकती हैं। इन साधनों की सहायता से कहानी, कविता, महापुरूषों के भाषण, नाटक तथा विभिन्न शैक्षिक व मनोरंजन कार्यक्रम सुने जा सकते हैं।

श्रवण कौशल के शिक्षण हेतु श्रवण दृश्य सहायक सामग्री

1. टेप रिकॉर्डर

2. रेडियो
3. चलचित्र
4. ग्रामोफोन
5. वीडियो
6. कंप्यूटर

2. मौखिक अभिव्यक्ति कौशल-

वाणी एवं लिखित रूप - जब व्यक्ति ध्वनियों के माध्यम से, मुख के अवयवों की सहायता से, उच्चारित भाषा का प्रयोग करते हुए अपने विचारों को प्रकट करता है तब उसे मौखिक अभिव्यक्ति कहा जाता है। अतः कहा जा सकता है कि मुख से व्यक्त होने वाली भाषा मौखिक भाषा है एवं मुख के अवयवों के माध्यम से भावों एवं विचारों की अभिव्यक्ति मौखिक अभिव्यक्ति है।

मौखिक अभिव्यक्ति कौशल (बोलना)

वाणी एवं लिखित रूप - जब व्यक्ति ध्वनियों के माध्यम से, मुख के अवयवों की सहायता से, उच्चारित भाषा का प्रयोग करते हुए अपने विचारों को प्रकट करता है तब उसे मौखिक अभिव्यक्ति कहा जाता है। अतः कहा जा सकता है कि मुख से व्यक्त होने वाली भाषा मौखिक भाषा है एवं मुख के अवयवों के माध्यम से भावों एवं विचारों की अभिव्यक्ति मौखिक अभिव्यक्ति है।

मौखिक कौशल का महत्व

- विचारों के आदान-प्रदान के लिए।
- सरल, स्पष्ट एवं सहज बातचीत के लिए।
- मौखिक भाषा के प्रयोग में कुशल व्यक्ति, अपनी वाणी से जादू जगा सकता है।
- सामाजिक जीवन में सामंजस्य तथा सामाजिक संबंधों के मुद्रण बनाने में वाचन कौशल प्रमुख भूमिका में होती है।

मौखिक कौशल के उद्देश्य

- बालकों का उच्चारण शुद्ध होना चाहिए।
- छात्रों को उचित स्वर, उचित गति के साथ बोलना सिखाना।
- छात्रों को सही व्याकरण वाली भाषा का प्रयोग करना सिखाना।
- बोलने में विराम चिन्हों का ध्यान रखना सिखाना।
- छात्रों को धारा प्रवाह, प्रभावपूर्ण वाणी में बोलना सिखाना।
- अवसर अनुकूल भाषा का प्रयोग करना सिखाना।
- सरल सुबोध तथा मुहावरे दार भाषा का प्रयोग सिखाना।
- स्पष्टता वाचन कौशल का एक महत्वपूर्ण गुण होता है। बालकों को स्पष्ट भाषा प्रयोग करना सिखाना।

मौखिक अभिव्यक्ति में प्रभाव की उत्पादकता:

अपने भावो को सार्थक शब्दों में बोलकर व्यक्त करना इसमें शामिल होता है | इसमें शुद्ध उच्चारण, उचित गति, हाव-भाव, विचार क्रमबद्धता, और नि:संकोच भाव-अभिव्यक्ति जैसे पक्ष होते है।

मौखिक अभिव्यक्ति से तात्पर्य मन के विचारों को स्वतंत्र रूप से बोल कर अभिव्यक्त करने से है।

व्यक्तित्व विकास के लिए सरल, स्पष्ट व प्रभावशाली मौखिक अभिव्यक्ति का होना आवश्यक होता है।

मौखिक अभिव्यक्ति का आवश्यक गुण 'प्रभावोत्पादकता' अर्थात प्रभावी रूप से वक्ता द्वारा श्रोताओं तक सूचनाओं को संप्रेषित करना है।

प्रभावोत्पादकता एक ऐसा गुण है जो अपने आप में मौखिक अभिव्यक्ति के अन्य गुणों जैसे गतिशीलता, उच्चारण की शुद्धता, क्रमिकता आदि को समेटे हुए है।

मौखिक अभिव्यक्ति कौशल की शिक्षण विधियाँ (Teaching Methods Expression Skill of Oral)

वार्तालाप

- शिक्षण सामग्री या पाठ्य विषय पढ़ाते हुए या अन्य मौकों पर छात्रों के साथ अध्यापक वार्तालाप करते हैं। अतः शिक्षक को चाहिए कि वह प्रत्येक छात्र को वार्तालाप में भाग लेने के लिए प्रेरित करें। वार्तालाप का विषय छात्रों के मानसिक, बौद्धिक स्तर के अनुसार ही होना चाहिए।

सस्वर वाचन

- पाठ पढ़ाते समय पहले शिक्षक को स्वयं आदर्श वाचन करना चाहिए, बाद में कक्षा के छात्रों से अनुकरण वाचन या सस्वर वाचन करना चाहिए। सस्वर वाचन से छात्रों की झिझक व संकोच खत्म होता है।

प्रश्नोत्तर

- सामान्य विषयों पर या पाठ्य पुस्तकों से सम्बन्धित पाठों पर प्रश्न पूछने चाहिएँ। अगर छात्रों का उत्तर अपूर्ण या अशुद्ध है, तो सहानुभूति पूर्ण ढंग से उत्तर को पूर्ण व शुद्ध कराया जाए।

कहानी सुनाना

- मौखिक भाव प्रकाशन विकसित करने की एक विधि कहानी सुनाना भी है। छोटे बच्चे कहानियाँ सुनना पसन्द करते हैं। अतः अध्यापक पहले स्वयं कहानी सुनानी चाहिए। बाद में छात्रों से कहानी सुननी चाहिए।

चित्र वर्णन

- प्रायः छोटी कक्षाओं के बच्चे चित्र देखने में रुचि लेते है। उदाहरणार्थ 'गाय' का चित्र दिखा कर गायों के बारे में छात्रों से पूछा जा सकता है व छात्रों को बताया जाता है। इसी प्रकार चित्र की सहायता सकती है।

कविता सुनना व सुनाना

- छोटे बच्चे कविता या बालोचित गीत सुनाने व सुनने में काफी रुचि लेते हैं अतः कविताएँ कण्ठस्थं कराके उन्हें कविता पाठ के लिए प्रेरित करना चाहिए। अतः कविता पाठ मौखिक भाव- प्रकाशन की शिक्षा देने का अन्य उपयोगी साधन है।

वाद-विवाद

- बालकों के मानसिक स्तर व बौद्धिक स्तर को ध्यान में रखकर वाद-विवाद करवाया जा सकता है। अपने विचारों का तर्कपूर्ण प्रतिपादन करने का प्रशिक्षण देने के लिए वाद-विवाद एक उत्तम साधन है।

सत्संग

- सत्संग का हमारे मौखिक भाव-प्रकाशन पर बहुत प्रभाव पड़ता है। साधारणतः बालक जैसे वातावरण में रहेगा। उसका इसी प्रकार का भाव प्रकाशन होगा।

पाठ का सार

- पाठ्य पुस्तक के किसी पाठ या रचना को

पढ़कर छात्र से उस पाठ का सार सुनना मौखिक अभिव्यक्ति का अन्य उपयोगी साधन है।

भाषण

- 'भाषण' भाव-प्रकाशन का एक सशक्त साधन है परन्तु 'भाषण' छात्रों के मानसिक एवं बौद्धिक स्तर के अनुकूल होना चाहिए।

नाटक प्रयोग

- नाटक द्वारा भावाभिव्यक्ति का अच्छा अभ्यास हो जाता है। रंगशाला में बालक को आंगिक, वाचिक एवं भावों के अभिनय की दीक्षा सफलतापूर्वक मिल सकती है।

स्वतन्त्र आत्मप्रकाशन

- बालकों को विभिन्न घटनाओं दृश्यों या व्यक्तिगत जीवन से जुड़े अनुभव सुनाने का अवसर देकर अध्यापक मौखिक भाषा का अभ्यास करा सकता है।

मौखिक भाव प्रकाशन से सम्बन्धित शिक्षक की सावधानियाँ

- बच्चों की त्रुटियों को ठीक कराने के लिए स्वर यन्त्रों को साधा जाए।
- यदि प्राकृतिक कारणों से बालक शुद्ध उच्चारण नहीं कर पाता है, तो उसके माता-पिता को सूचित करना चाहिए एवं डॉक्टरों से उचित चिकित्सा करवानी चाहिए।
- शिक्षक स्वयं बोलने का दृष्टान्त पेश करें, जिसमें तेजी, शीघ्रता व क्रोध न हो।
- बालकों में किसी प्रकार का संकोच न आने पाए।

3. पठन कौशल (पढ़ना)

- साधारण अर्थ में पठन कौशल से तात्पर्य है कि लिखित भाषा को पढ़ना।
- भाषा कौशल में पठन कौशल का अर्थ है लिखी हुई भाषा को उच्चारित करना तथा भाग को ग्रहण करना।
- भाषा शिक्षण में पठन कौशल पर सबसे अधिक ध्यान दिया जाता है। पठन ज्ञान प्राप्त करने का सबसे आसान एवं सरल तरीका है।

पठन कौशल के प्रकार

पठन कौशल के दो प्रकार होते हैं जो कि इस प्रकार है।

- सस्वर पठन
- मौन पठन

- सस्वर पठनः स्वर सहित पढ़ते हुए अर्थ ग्रहण करने को सस्वर पठन कहा जाता है वर्णमाला में लिपिबद्ध वर्णों की पहचान सस्वर पठन के द्वारा ही कराई जाती है यह पठन की प्रारंभिक अवस्था होती है।

सस्वर पठन के गुण

- सस्वर पठन करते समय शुद्धता एवं स्पष्ट ता का ध्यान रखना चाहिए।
- पठन भावानुकूल करना चाहिए।
- विराम चिन्हों का ध्यान रखना चाहिए।
- सस्वर पठन में आत्मविश्वास होना चाहिए।

सस्वर पठन को पुनः दो भागों में बांटा गया है।

- वैयक्तिक पठन (individual reading)
- सामूहिक पठन (Group reading

वैक्तिक पठन- वैक्तिक वाचन का अभिप्राय है वैयक्तिक रूप से किया जाने वाला वाचन। वैयक्तिक वाचन शिक्षक द्वारा भी किया जाता

है तथा छात्र के द्वारा भी किया जाता है। जब शिक्षक द्वारा छात्रों के सम्मुख वाचन किया जाता है, तो वह "आदर्श वाचन" के रूप में जाना जाता है।

और जब छात्र द्वारा वाचन किया जाता है तो उसे "अनुकरण वचन" कहते हैं

सामूहिक पठनः-

सामूहिक पठन तब होता है जब छात्र पूरी कक्षा या समूह में एक साथ मिलकर जोर से पढ़ते हैं। सामूहिक पठन से प्रवाह, आत्मविश्वास और प्रेरणा का निर्माण होता है। जब छात्र एक साथ जोर से पढ़ते हैं, तो वे छात्र जो आमतौर पर जोर से पढ़ने के बारे में आत्म-जागरूक या घबराहट महसूस करते हैं, उन्हें अंतर्निहित समर्थन मिलता है।

सस्वर वाचन में ध्यान रखने की बातें:

1. सस्वर वाचन भावानुकूल करना चाहिए।
2. सस्वर वाचन करते समय विरामादि चिह्नों का ध्यान रखना चाहिए।
3. वाचन आरोह-अवरोह एवं बल के साथ सम्पादित करना चाहिए।
4. उच्चारण एवं स्थानीय बोलियों का पुट यथासंभव नहीं आना चाहिए।
5. उच्चारण करते समय शुद्धता एवं स्पष्टता होना चाहिए।
6. श्रोता एवं कक्षा के बालकों की संख्या का ध्यान होना चाहिए।
7. आत्मविश्वास का रहना आवश्यक है।

✍ **मौन पठनः** लिखित सामग्री को चुपचाप बिना आवाज निकाले मन ही मन में पढ़ना मौन पठन कहलाता है।

महत्व एवं गुण-

- थकान कम होती है तथा मन नेत्र एवं मस्तिक से सक्रिय रहते हैं।
- मौन पठन में पाठक एकाग्रता तथा ध्यान केंद्रित करके पड़ता है।
- यह कक्षा में अनुशासन बनाए रखने में सहायक है।
- स्वाध्याय की रुचि जागृत करने में सहायक।
- चिंतन करने तथा गहन अध्ययन करने में भी सहायक है।

मौन पठन के भेद - मौन पठन के दो भेद होते हैं

- गंभीर पठन (serious)
- द्रुत पठन (quick)

गंभीर पठन

- भाषा पर अधिकार करना।
- केंद्रीय भाव की खोज करना।
- विषय वस्तु पर अधिर करना।
- नवीन सूचना एकत्र करना।

द्रुत पठन

- सीखी हुई भाषा का अभ्यास करना।
- खाली समय का सदुपयोग करना।
- आनंद प्राप्त करना।
- सूचनाएं एकत्रित करना तथा साहित्य का परिचय प्राप्त करना।

मौन पठन के उद्देश्य :

(1) द्रुत गति से पठन का अभ्यास करना।

(2) छात्रों की बोध शक्ति विकसित करना।

(3) छात्रों में स्वाध्याय की आदत विकसित करना।

(4) छात्रों में सोच, मनन, तर्क करने की शक्ति बढ़ाना।

(5) भाषा लिपि संबंधी नियमों का ज्ञान कराना।

(6) शब्द भंडार, भाषा भंडार, मुहावरे-लोकोक्तियाँ, लक्ष्यार्थ व व्यंग्यार्थ शब्द शक्तियाँ छात्र में विकसित करना।

(7) साहित्य की विभिन्न विधाओं तथा लेखन शैलियों से छात्रों को परिचित कराना।

(8) स्वयं संदर्भ स्रोतों से शब्दार्थ आदि ज्ञात करने की क्षमता छात्र में उत्पन्न करना।

(9) अध्ययन में आत्मनिर्भरता का गुण छात्रों में उत्पन्न करना।

(10) ध्यान केन्द्रित करने की क्षमता छात्रों में उत्पन्न करना।

पठन का महत्त्व

पठन का जीवन में अत्यधिक महत्त्व है। मनुष्य में ज्ञानार्जन की जिज्ञासा स्वभावतः होती है और वह ज्ञान-वृद्धि के लिये सतत् प्रयल भी करता रहता है।

ज्ञानार्जन और ज्ञान-वृद्धि के तीन साधन हैं-

(1) प्रत्यक्ष निरीक्षण तथा स्वानुभव।

(2) विचार विनिमय एवं दूसरों से शिक्षा ग्रहण।

(3) स्वाध्याय तथा पठनाभ्यास।

श्री धर मुखर्जी -

पठन के महत्त्व पर प्रकाश डालते हुए डॉ. श्रीधर मुखर्जी लिखते हैं-"पठन एक कला है। यह ज्ञानार्जन की कुन्जी है। वाचन शक्ति ठीक रहने पर ही मनुष्य जटिल से जटिल विषय पढ़कर समझ सकता है तथा पढ़े हुए अंश का सार बोलकर या लिखकर व्यक्त कर सकता है। सुवाचन के बिना न तो कोई अच्छा वक्ता बन सकता है और न ही लेखक। पठन मृत्यु-पर्यन्त मनुष्य का साथी होता है। आप अकेले घर में बैठे हैं, रेल यात्रा कर रहे हैं अथवा बीमार पड़े हैं,ऐसे समय में आप एक पुस्तक उठाइये और उसके पठन का आनन्द लीजिये।"

पठन शिक्षण की प्रमुख विधियाँ

पठन का शिक्षण किस प्रकार किया जाय? इस पर विद्वानों के विभिन्न मत हैं। कुछ विद्वानों का कहना है कि छात्रों को अक्षरों का ज्ञान वाक्यों से आरम्भ कराना उचित है, परन्तु कुछ के अनुसार शब्दों से किया जाए। पठन शिक्षण की विधियाँ में निम्नलिखित प्रणालियाँ प्रचलित हैं-

1. अक्षर-बोध विधि

यह पठन शिक्षण की विधियों में सबसे प्राचीन प्रणाली है, इसमें छात्र सर्वप्रथम स्वर अ, आ, अं, अः, क, ख, ग, च, छ आदि व्यंजनों को पढ़ने में दत्तचित होते हैं। स्वर शिक्षा से छात्र के उच्चारण वाले यान्त्रिक अंगों में लोच आ जाती है। तत्पश्चात् छात्र व्यंजन और स्वर का मिलान सीखता है; जैसे-क + अ = का। यही मिलान शब्दों को जोड़ने और वाक्यों को संजोने में काम आता है; जैसे- काम-काम।

2. ध्वनि साम्य विधि

ध्वनि साम्य के आधार पर छात्रों को उन शब्दों से परिचित कराना चाहिये जिनकी ध्वनियाँ समान होती हैं; यथा-आम, राम, काम, धाम, चाम आदि।

3. देखो और कहो प्रणाली

यह विधि अंग्रेजी विधि का हिन्दी में अनुकरण होते हुए भी मनोवैज्ञानिक है। पठन शिक्षण की विधियों में इस विधि के अनुसार छात्रों का शिक्षण शब्दों से प्रारम्भ होता है। शब्दों को सीखने के बाद वे अक्षरों को स्वतः ही सीख जाते हैं। कुछ ऐसी वस्तुओं के चित्र बनाकर जिनसे छात्र परिचित होते हैं, टाँग दिये जाते हैं या बना दिये जाते हैं। जिस वस्तु का चित्र होता है, उसे चित्र में किसी स्थान पर लिख दिया जाता है। छात्र चित्र को देखकर समझता और बोलता है।

4. अनुकरण विधि

यह विधि देखो और कहो विधि का परिवर्तित रूप है। इस विधि में अध्यापक एक-एक शब्द का उच्चारण करता जाता है। यह विधि अंग्रेजी भाषा के शिक्षण में अधिक लाभकारी सिद्ध होती है। कारण यह है कि अंग्रेजी भाषा का उच्चारण अनिश्चित होता है, जैसे-put का उच्चारण पुट किन्तु but का उच्चारण बट होता है, बुट नहीं।

5. यन्त्र प्रणाली

यह एक नवीन प्रणाली है। इस प्रणाली में जिस पाठ को छात्रों को पढ़ाना होता है उसे पहले रिकॉर्ड में भर लिया जाता है और फिर छात्रों के सम्मुख सुनाया जाता है। छात्र उसका अनुकरण करते जाते हैं। इससे उच्चारण में एकरूपता और पढ़ने के क्रम में समता आ जाती है, किन्तु यह प्रणाली व्यय साध्य और दुर्लभ है। अतः इसे त्याज्य कह सकते हैं।

6. संगत विधि

इस विधि का आविष्कार मैडम मॉण्टेसरी ने किया था। यह एक पाश्चात्य प्रणाली है। इस प्रणाली में छात्रों को कुछ वस्तुओं के सम्पर्क में लाया जाता है। वस्तुओं के सामने उनके नाम के कार्ड रख दिये जाते हैं। कार्डों को मिलाकर छात्रों में वितरित कर दिया जाता है। छात्र संगति के अनुसार अपनी प्रज्ञा का उपयोग कर कार्डों को यथास्थान रखने का प्रयास करता है। यन्त्र प्रणाली की भाँति यह प्रणाली भी सरलता से नहीं अपनायी जा सकती क्योंकि इसके द्वारा केवल कुछ ही शब्दों का ज्ञान कराया जा सकता है। दूसरे खिलवाड़ समझकर छात्र इस ओर अधिक ध्यान नहीं देते।

7. वाक्य शिक्षण विधि

यह एक मनोवैज्ञानिक प्रणाली है। मनोवैज्ञानिकों का कहना है कि छात्र अपने मनोभावों को न तो अक्षरों से प्रकट कर सकता है और न ही अक्षरों को जोड़-जोड़कर शब्दों के द्वारा। छात्र तो मनोभावों को सम्पूर्ण वाक्यों में ही भली-भाँति प्रकट कर सकता है। अतः इस विधि के समर्थकों का कहना है कि वाक्य-शिक्षण विधि को ही शिक्षा का आधार बनाया जाय।

8. समवेत पाठ विधि

इस विधि का प्रयोग छात्रों को छोटे-छोटे गीत या पद्य लिखने के लिये किया जाता है। पहले अध्यापक सस्वर पाठ करता जाता है और बाद

में छात्र उसका अनुकरण करते हैं। इस प्रणाली से स्वर ठीक होता है और वाचन संस्कार दृढ़ होता है। रुचि जाग्रत करने के कारण इस प्रणाली को लाभकारी माना जाता है।

9. कहानी विधि

इस विधि को वाक्य-शिक्षण विधि का विकसित रूप कहा जा सकता है। छात्र कहानी सुनने तथा चित्र देखने की ओर अधिक आकर्षित होते हैं। अतः इस प्रणाली में छात्रों की रुचि का ध्यान रखते हुए बने चित्रों के आधार पर मूलभूत लिखे हुए वाक्यों का सहारा लेते हुए कहानी सुनायी जाती है। इस विधि में छात्र अधिक रुचि लेने लगते हैं।

10. शब्द-शिक्षण विधि

इस प्रणाली में छात्रों को सार्थक एवं सरल शब्दों को कहने की शिक्षा दी जाती है। यह एक मनोवैज्ञानिक विधि है। इसलिये छात्र इसमें रुचि लेते हैं, परन्तु इसके लिये कुशल शिक्षक की आवश्यकता पड़ती है।

4. लेखन कौशल

मौखिक रूप के अन्तर्गत भाषा का ध्वन्यात्मक रूप एवं भावों की मौखिक अभिव्यक्ति है। जब इन ध्वनियों को प्रतीकों के रूप में व्यक्त किया जाता है और इन्हें लिपिबद्ध करके स्थायित्व प्रदान करते हैं, तो वह भाषा का लिखित रूप कहलाता है। भाषा के इस प्रतीक रूप की शिक्षा, प्रतीकों को पहचान कर उन्हें बनाने की क्रिया अथवा ध्वनि को लिपिबद्ध करना लिखना है।

लेखन कौशल का महत्त्व

भाषा पर पूर्ण अधिकार कराने एवं अभिव्यक्ति कौशल को पूर्णतः विकसित करने के लिए लेखन कौशल आवश्यक है। अपनी सभ्यता और संस्कृति के हस्तांतरण में लेखन कौशल की महत्त्वपूर्ण भूमिका है। शिक्षा ग्रहण करते समय पठित सामग्री को संगठित करने, प्रश्नों का उत्तर तैयार करने, पाठ का सार तैयार करने, गृह कार्य करने आदि में लेखन कौशल की आवश्यकता होती है। लेखन कौशल बालक के हाथ एवं मस्तिष्क में संतुलन बनाकर रखता है और भाषा में एकरूपता लाता है। इससे हम विचारों का संरक्षण एवं संवर्द्धन कर सकते हैं। दैनिक जीवन का विवरण एवं पारस्परिक संबंध लिखित भाषा के माध्यम से ही संभव है। इससे साहित्य के भंडार में वृद्धि होती है एवं विचारों में क्रमबद्धता की क्षमता विकसित होती है। व्यावसायिक व औद्योगिक प्रगति का आधार भी लिखित भाषा है।

लिखित अभिव्यक्ति के उद्देश्य

1. छात्रों को लिपि, शब्द, मुहावरों का ज्ञान कराना।
2. छात्रों को शुद्ध वर्तनी, वाक्य रचना के नियम, विराम चिह्नों के प्रयोग का ज्ञान कराना।
3. छात्रों को मानव जीवन से परिचित कराना।
4. ध्वन्यात्मक शब्दों को लिपिबद्ध करना।
5. छात्रों को सुन्दर लेख लिखने, व्याकरण सम्मत वाक्य रचना करने में निपुण करना।
6. प्रसंगानुसार आवश्यक गति से लिखने का अभ्यास कराना।

लेखन कौशल के गुण Merits of Writing Skill

- लेखन, सुन्दर, स्पष्ट एवं सुडौल हो।
- उसमें प्रवाहशीलता एवं क्रमबद्धता हो।
- विषय (शिक्षण) सामग्री उपयुक्त अनुच्छेदों में विभाजित हो।
- भाषा एवं शैली में प्रभावोत्पादकता हो।
- भाषा व्याकरण सम्मत हो।
- अभिव्यक्ति संक्षिप्त, स्पष्ट तथा प्रभावोत्पादक हो

लेखन शिक्षण की प्रविधियाँ Techniques of Writing Skill

- मॉण्टेसरी विधि: माण्टेसरी ने लिखना सिखाने में आँख, कान और हाथ तीनों के समुचित प्रयोग पर बल दिया है। उनके मतानुसार, पहले बालक को लकड़ी अथवा गत्ते या प्लास्टिक के बने अक्षरों पर ऊँगली फेरने को कहा जाए, फिर उन्हें पेन्सिल को उन्ही अक्षरों पर घुमवाना चाहिए। पेन्सिल प्राय: रंगीन होनी चाहिए। इसी प्रकार बालक अक्षरों के स्वरूप से परिचित होकर उन्हें लिखना सीख जाता है।
- रूपरेखानुकरण विधि: इस विधि में शिक्षक श्यामपट्ट या स्लेट पर चॉक या 18 पेन्सिल से बिन्दु रखते हुए शब्द या वाक्य लिख देता और छात्रों से उन निशानों पर पेन्सिल से लिखने के लिए बोलता है, जिससे शब्द, वाक्य या वर्ण उभर आए। इस प्रकार अभ्यास के माध्यम से वह वर्गों को लिखना सीख जाता है।
- स्वतन्त्र अनुकरण विधि: शिक्षण इस प्रविधि में श्यामपट्ट, अभ्यास पुस्तिका या स्लेट पर अक्षरों को लिख देता है। छात्रों को कहा जाता है कि उन अक्षरों को देखकर उनके नीचे स्वयं इसी प्रकार के अक्षर बनाए। प्रारम्भ में बच्चे इस विधि से लिखना सीखते हैं।
- जेकॉटॉट विधि: इस प्रणाली (विधि) में शिक्षक बालकों द्वारा पढ़े हुए वाक्य को स्वयं लिखकर छात्रों को लिखने के लिए दे देता है। छात्र एक-एक शब्द लिखकर अध्यापक द्वारा लिखित शब्द से मिलाते हुए स्वयं संशोधन करते चलते हैं और पूरा वाक्य लिखने के पश्चात् शिक्षक मूल वाक्य को बिना देखे हुए उन्हें लिखने को कहता है, छात्र स्वयं लिखते हैं।

लेखन अभ्यास Writing Practice

लेखन अभ्यास को आगे तीन श्रेणियों में विभाजित किया जाता है - सुलेख, अनुलेख एवं श्रुतलेख।

सुलेख

- सुन्दर लेख को सुलेख कहते हैं। लिखना सिखाते वक्त इस बात का ध्यान रखना चाहिए, छात्रों की लिखावट खराब न होने पाए। सुलेख शिक्षित व्यक्ति का आवश्यक लक्षण है।

अनुलेख

- सुन्दर लिखावट के लिए प्रतिलेख और अनुलेख का भी आश्रय लिया जाता है।
- अनुलेख का अर्थ है किसी लिखावट के पीछे या बाद में लिखना है अनुलेख के लिए अभ्यास पुस्तिका की प्रथम पंक्ति में मोटे और सुन्दर ढंग के अक्षर, शब्द या वाक्य लिखे होते हैं, उनके

नीचे की पंक्तियाँ रिक्त रहती हैं। विधि में छात्र छपे हुए अक्षरों के नीचे देखकर स्वयं अक्षर बनाता है। अनुलेख का प्रारम्भिक कक्षाओं में विशेष महत्त्व है। कक्षा तीन तक अनुलेख का अभ्यास कराना चाहिए।

श्रुतलेख

- 'श्रुतलेख' सुना हुआ लेख है। इस विधि में अध्यापक बोलता जाता है, छात्र सुनकर अभ्यास- पुस्तिका या तख्ती पर लिखता जाता है। श्रुतलेख में सुन्दर लिखावट का महत्त्व नहीं है। महत्त्व भाषा की शुद्धता का हो जाता है। श्रुतलेख वर्तनी शिक्षण के लिए आवश्यक है। सुनकर लिखने में एक निश्चित गति से लिखने का अभ्यास हो जाता है।

लिखना सिखाने में ध्यान देने योग्य बातें

बैठने का ढंग

- लिखते समय छात्रों की रीढ़ की हड्डी सीधी रहे। झुककर लिखने की आदत न पड़ने पाए।

अभ्यास पुस्तिका की आँखों से दूरी

- छात्र अभ्यास पुस्तिका को आँखों से लगभग 1 फुट की दूरी पर रखकर लिखें।

कलम पकड़ने की विधि

- पहली और दूसरी उँगली के बीच में कलम रखकर उसे अँगूठे से पकड़ना चाहिए, कलम की निब को लगभग एक इंच से ऊपर पकड़ना चाहिए

पढ़ना

- लिखने के साथ-साथ पढ़ना भी हो, नहीं तो लिखना निरर्थक हो जाएगा।

उपयुक्त वातावरण

- समय, स्थान आदि की उपयुक्तता पर शिक्षक को ध्यान रखना चाहिए । सुडौल अक्षर छात्र अक्षरों को सुन्दर बनाने का प्रयत्न करें। अक्षर पूरे. लिखे जाएँ, तभी वह सुडौल होंगे।

शिरोरेखा

- शिरोरेखा अक्षर का आवश्यक अंग है। अतः इस का प्रयोग किया जाना चाहिए ।

बाएँ से दाएँ

- सभी वर्गों, वाक्यों के लिखने का क्रम बाएँ से दाएँ रहे। सीधी लिखाई अध्यापक को इस बात का ध्यान रखना चाहिए कि वर्णों की खड़ी रेखाएँ तिरछी ना होकर सीधी हों। नमूना उपयुक्त हो
- अध्यापक द्वारा बनाए गए शब्द व अक्षर (मॉडल) आदर्श हो, जिनके आधार पर छात्र लिख सके।

लिपि प्रतीक

- अनुस्वार, विकृत हो जाता है। विसर्ग, हलन्त, मात्राओं के प्रयोग में सावधानी रखनी चाहिए। छोटे-छोटे लिपि प्रतीकों की भूल से लेख विकृत हो जाता है।

अभ्यास

- लिखना एक कला है, अतः छात्रों के बौद्धिक एवं मानसिक स्तर को ध्यान में रखते हुए अभ्यास करवाएं

विगत वर्षों में आए हुए एवं संभावित प्रश्न

1. सुनना एवं पढ़ना यदि अर्थ ग्रहण के माध्यम हैं तो लिखना एवं बोलना-
   (a) अभिव्यक्ति के
   (b) अर्थ व्यंजना के
   (c) लेखन कौशल के
   (d) वाचन के

2. भाषा शिक्षण का कौशलात्मक उद्देश्य है, छात्रों में क्षमता उत्पन्न करना-
   (a) अर्थ ग्रहण की
   (b) अभिव्यक्ति की
   (c) अभिव्यक्ति एवं अर्थ ग्रहण की
   (d) अर्थ ग्रहण एवं लेखन की

3. सर्वप्रथम बालक सुनकर अर्थ ग्रहण करने की कोशिश करता है। सुनना तभी सार्थक होता है जब-
   (a) छात्र सुनकर उसका अनुकरण करें।
   (b) छात्र उसे अत्यंत ध्यानपूर्वक सुनें।
   (c) मौखिक अभिव्यक्ति अर्थपूर्ण हो।
   (d) वक्ता की विचाराभिव्यक्ति के अनुरूप अर्थ ग्रहण करें।

4. प्रारंभिक स्तर पर यदि शिक्षक ध्वनियों एवं वर्णों का उच्चारण शुद्ध रूप से नहीं करता है तो-
   (a) उच्चारण अशुद्धता लेखन कौशल को प्रभावित करती है।
   (b) बालक भी अशुद्ध उच्चारण सीख जाता है।
   (c) छात्र उनके अर्थ को सही ढंग से समझने में असमर्थ होता है।
   (d) यह शिक्षक की अयोग्यता को सिद्ध करता है।

5. भाषा ज्ञान का आधार है-
   (a) ध्वनि
   (b) अनुकरण
   (c) जिज्ञासा
   (d) कौशल

6. सभी भाषायी कौशलों को विकसित करने की प्रमुख आधारशिला है-
   (a) श्रवण कौशल
   (b) वाचन कौशल
   (c) लेखन कौशल
   (d) मौखिक अभिव्यक्ति कौशल

7. भाषा के बुनियादी कौशल का सही क्रम क्या है?
   (a) सुनना, बोलना, लिखना और पढ़ना
   (b) लिखना, पढ़ना, बोलना और सुनना
   (c) सुनना, बोलना, पढ़ना और लिखना
   (d) समझना, सुनना, बोलना, लिखना और पढ़ना

8. एक बालक व्याख्या सुनकर तथा दूसरा पढ़कर जानकारी एकत्रित करता है। ये दोनों बालक कौन-सा भाषा कौशल प्रयोग में ला रहे है?
   (a) श्रवण कौशल
   (b) पठन कौशल
   (c) ग्रहणात्मक कौशल
   (d) अभिव्यक्तात्मक कौशल

9. उच्च प्राथमिक स्तर पर पठन कौशल विकसित करने का अर्थ है-
(a) वर्णमाला पढ़ने की क्षमता का विकास करना।
(b) कठिन वर्तनी पढ़ने की क्षमता का विकास करना।
(c) उपरोक्त दोनों।
(d) पढ़कर समझने की क्षमता का विकास करना।

10. बच्चों में ______ और ______ के माध्यम से लेखन कौशल का विकास किया जा सकता है।
(a) रेखांकन, चित्रांकन
(b) चित्रांकन, लिपि-चिन्हों
(c) रेखांकन, लिपि-चिन्हों
(d) लिपि-चिन्हों, अक्षर बनावट

11. पठन के समय अर्थ न समझने का कारण क्या हो सकता है?
(a) अशुद्ध उच्चारण
(b) कठिन पाठ्य सामग्री
(c) नेत्र संबंधी दोष
(d) इनमे से कोई नहीं

12. इनमे से किस श्रवण के प्रकार में श्रोता श्रुत सामग्री में प्रस्तुत विचारो, भावो आदि पर तुलनात्मक दृष्टि से विचार करता है
(a) रसात्मक श्रवण
(b) विश्लेषणात्मक श्रवण
(c) अव्धानात्मक श्रवण
(d) इनमे से कोई नहीं

13. समग्र भाषा से तात्पर्य है -
(a) शब्दों को अक्षरों में तोड़ना और अक्षरों का संयोजन
(b) अक्षर-ध्वनि संबंध स्थापित करना
(c) शब्दों को भाषा के समग्र टुकड़ों के रूप में समझना
(d) ध्वनि-विज्ञान पर ध्यान केन्द्रित करना

14. अपने आरंभिक वर्षों में बच्चे दीवार, फ़र्श, और कॉपी/उत्तरपुस्तिका में आड़ी तिरछी रेखाएँ बनाते हैं। भाषा सीखने में यह अवस्था क्या कहलाती है?
(a) स्क्रिब्लिंग
(b) प्रारंभिक साक्षरता
(c) लेखन कौशल
(d) ग्राफ़िक विकास

15. भाषा के कौन से कौशल ग्राह्य कौशल हैं ?
(a) पठन और लेखन
(b) श्रवण और पठन
(c) श्रवण और बोलना
(d) बोलना और लेखन

16. विद्यार्थियों की पढ़ने में रुचि जगाने एवं भाषा-ज्ञान में वृद्धि के लिए पाठ्य-पुस्तक के अतिरिक्त.
(a) पाठ्यचर्चा सहगामी क्रियाओं का अधिकाधिक आयोजन किया जाना चाहिए।
(b) समाचार-पत्र, पोस्टर का निर्माण करवाया जाना चाहिए।
(c) पठन सामग्री विकसित की जा सकती है।
(d) शैक्षिक भ्रमण का अधिकाधिक आयोजन किया जाना चाहिए।

17. उच्च प्राथमिक स्तर पर समझकर पढ़ने के संदर्भ में सर्वाधिक महत्तवपूर्ण है

(a) तीव्र गति से पढ़ जाना
(b) लिखित सामग्री में शब्दों की पहचान करना
(c) किसी लिखित सामग्री का निहितार्थ समझना
(d) बोल-बोलकर शुध्द उच्चारण के साथ पढ़ना

18. लिखित सामग्री को मन ही मन बिना आवाज किए चुपचाप पढ़ना कहलाता है
(a) सस्वर वाचन
(b) अनुकरण वाचन
(c) मौन वाचन
(d) समवेत वाचन

19. पढ़ने का संबंध ....से है।
(a) शुद्धता
(b) तीव्र गति
(c) अक्षर ज्ञान
(d) अर्थ

20. प्राथमिक स्तर पर पढ़ना सीखने में सबसे कम महत्त्वपूर्ण है
(a) अनुमान लगाना
(b) संदर्भानुसार अर्थ
(c) अक्षरों की पहचान
(d) पढ़ने का उद्देश्य

21. लिखने की क्षमता का विकास बोलने, सुनने और पढ़ने की क्षमता की संगति में होना चाहिए। यह विचार-
(a) पूर्णतः असत्य है।
(b) पूर्णतः सत्य है।
(c) आंशिक रूप से सत्य है।
(d) पूर्णतः निराधार है।

22. श्रवण में क्या शामिल है ?
(a) विषय के पूर्व ज्ञान का इस्तेमाल करना
(b) ध्वनियों की पहचान करना और उनसे अर्थ निकालना
(c) ध्वनि सुनना, ध्वनियाँ जैसी हैं, तदनुसार डिकोड करना
(d) विषयवस्तु के बारे में अनुमान लगाना

23. भाषा के उत्पादक कौशल हैं______
(a) पठन तथा लेखन
(b) पठन तथा श्रवण
(c) वाचन तथा लेखन
(d) वाचन तथा श्रवण

24. लिखना पढ़ना संप्रेषण प्रवाह
(a) शिक्षक एवं छात्र के बीच होता है।
(b) छात्र एवं छात्र के बीच होता है।
(c) छात्रों के समूह में होता है।
(d) शिक्षक द्वारा व्यक्तिगत अभिव्यक्ति है।

25. बोलना सुनना संप्रेषण प्रवाह में अधिगम की दृष्टि से महत्त्वपूर्ण है-
(a) शिक्षक की भूमिका
(b) छात्र का क्रियाशील होना
(c) बोधगम्य विषय
(d) सहायक सामग्री का प्रयोग

26. मौखिक अभिव्यक्ति शुद्ध, बोधगम्य एवं शिष्ट होनी चाहिए क्योंकि-
(a) मौखिक भाषा अभिव्यक्ति का सरलतम माध्यम है।
(b) मौखिक भाषा लिखित भाषा की आधारशिला है।
(c) मौखिक भाषा सामाजिक संबंधों को सुदृढ़ बनाने में सहायक है।

(d) **दैनिक जीवन में मौखिक भाषा ही प्रयुक्त होती है।**

27. बालकों से कक्षा में कविता पाठ करवाते समय पहले-
(a) **व्यक्तिगत गान करवाना चाहिए।**
(b) **सामूहिक गान करवाना चाहिए।**
(c) **कविता का अर्थ समझाना चाहिए।**
(d) **कविता का वाचन करवाना चाहिए।**

28. बच्चों की अंगुलियों की मांसपेशियों को कलम पकड़ने तथा विभिन्न दिशाओं में घूमने का अभ्यास कराने के पश्चात् ही वर्णों की रचना सिखानी चाहिए क्योंकि-
(a) **लिखना पढ़ने से ज्यादा कठिन है।**
(b) **लिखने में अरुचि लेखन कौशल को कठिन बनाती है।**
(c) **अभ्यास वर्ण लेखन को आसान बनाता है।**
(d) **अभ्यास से बच्चे की मांसपेशियाँ मजबूत होती है।**

29. श्रवण कौशल में निपुणता के लिए आवश्यक है:
(a) **रोचक कथाएँ**
(b) **श्रुतलेख**
(c) **सस्वर वाचन**
(d) **वाद-विवाद प्रतियोगिता**

30. पाठ पढ़ाते समय बीच-बीच में प्रश्न पूछने से छात्र
(a) **सजग रहते हैं**
(b) **उत्तर रट लेते हैं**
(c) **विषय वस्तु पढ़ कर आते हैं।**
(d) **कम शरारतें करते हैं।**

31. शिक्षक यदि वाद-विवाद प्रतियोगिता की समाप्ति पर छात्रों से प्रश्न पूछता है तो वह चाहता है-
(a) **छात्रों की सतर्कता का मापन**
(b) **छात्रों की सजगता का मूल्यांकन**
(c) **श्रवण कौशलता का आलोचनात्मक विश्लेषण**
(d) **विषय पर छात्रों की पकड़**

32. लिखित सामग्री को पढ़ते हुए अर्थग्रहण की क्रिया कहलाती है-
(a) **लेखन कौशल**
(b) **वाचन कौशल**
(c) **श्रवण कौशल**
(d) **मौखिक अभिव्यक्ति कौशल**

33. पठन को एक सोद्देश्य, सार्थक एवं चिंतन प्रधान क्रिया माना गया है-
(a) **साहित्य की सभी विधाएँ चिन्तन प्रधान होती है।**
(b) **पठन में वाचन के साथ अर्थ एवं भाव ग्रहण भी होते हैं।**
(c) **साहित्यिक कृतियों पर चिंतन संभव है।**
(d) **बिना उद्देश्य के किया गया पठन, पठन नहीं होता।**

34. लिपिबद्ध भाषा को बिना ध्वनि के मन ही मन शांतिपूर्वक पढ़कर अर्थ ग्रहण करने की क्रिया कहलाती है-
(a) **मौनवाचन**
(b) **सस्वर वाचन**
(c) **चिंतन**
(d) **ध्यान**

35. मौन वाचन में
(a) आँखें एवं मस्तिष्क दोनों सक्रिय होते हैं।
(b) हृदय से ही मनन होता है।
(c) शांत वातावरण अनिवार्य है।
(d) पाठ्य सामग्री शीघ्रता से पढ़ी जाती है।

36. यदि अध्ययन एक तपस्या है तो माना जाता है कि मौन पठन के समय किया गया अध्ययन स्थायी होता है क्योंकि-
(a) इसमें अध्ययन, चिंतन एवं मनन की क्रियाएँ इकट्ठी होती है।
(b) मौन पठन में छात्र को दत्तचित्त होकर ध्यान केन्द्रित करना पड़ता है।
(c) उच्चारण अवयव सक्रिय नहीं होते।
(d) मौन पठन में मस्तिष्क अत्यंत शांत होता है।

37. गहन अध्ययन वही व्यक्ति कर सकता है जिसने-
(a) मौन वाचन का अभ्यास किया हो।
(b) सस्वर वाचन में अत्यंत कुशल हो।
(c) प्रतिदिन अनुकरण वाचन किया हो।
(d) सभी प्रकार की साहित्यिक विधाओं का अध्ययन किया हो।

38. अध्यापक द्वारा आवाज करते हुए किया गया वाचन कहलाता है-
(a) सस्वर वाचन
(b) मौन वाचन
(c) आदर्श वाचन
(d) अनुकरण वाचन

39. प्राथमिक अवस्था में बच्चे में वाचन कौशल को विकसित करने के लिए आरंभिक प्रयास को कहते हैं-
(a) मौन वाचन
(b) सस्वर वाचन
(c) सामूहिक वाचन
(d) समवेत वाचन

40. जो बच्चा सस्वर वाचन में कुशल होता है वह मौखिक अभिव्यक्ति में भी कुशल होता है क्योंकि-
(a) सस्वर वाचन उसकी रुचि वाचन में बढ़ा देता है।
(b) सस्वर वाचन में शुद्ध उच्चारण पर बल दिया जाता है।
(c) उसे आरोह-अवरोह के साथ पढ़ने का अभ्यास होता है।
(d) सस्वर वाचन में उसकी हिचक एवं संकोच समाप्त हो जाते हैं।

41. छात्रों में पठन कौशल उत्पन्न करने के लिए आवश्यक है, छात्रों को सर्वप्रथम करवाया जाए:
(a) पद परिचय
(b) शब्द विचार
(c) वाक्य रचना
(d) वर्ण परिचय

42. हम छात्रों ने वाचन कौशल विकसित करने के लिए अक्षर बोध विधि का प्रयोग करते हैं जब हम उन्हें कराते हैं-
(a) समान ध्वनि वर्णों का एक साथ प्रयोग
(b) मात्राओं का ज्ञान एवं शब्द पढ़ना
(c) एक-एक वर्ण को श्यामपट्ट पर लिखकर उसका उच्चारण
(d) वस्तु या चित्र दिखा कर शब्द का ज्ञान

43. जिस विधि में विभिन्न विधियों के मिश्रित रूप का प्रयोग कर वाचन-शिक्षण को रुचिकर बनाने का प्रयास किया जाता है, वह विधि कहलाती है-

(a) साहचर्य विधि
(b) संयुक्त विधि
(c) अनुकरण विधि
(d) वाक्य विधि

44. मुख के अवयवों के माध्यम से भावों एवं विचारों की अभिव्यक्ति कहलाती है-

(a) मौखिक अभिव्यक्ति
(b) मौखिक भाषा
(c) मौखिक भाव
(d) मौखिक विचार

45. किसी भाषा कक्षा में कहानी कथन की आवश्यकता के सन्दर्भ में कौन-सा तर्क उचित नहीं है?

(a) सभी बच्चों को भाषा सुनने का परिवेश मिलता है
(b) सभी बच्चों की क्षमता को ध्यान में रखते हुए यह उचित नहीं है
(c) बच्चों को शब्द-भण्डार के विकास के अवसर प्राप्त होते हैं
(d) सभी बच्चों की क्षमता अनुसार कल्पना-शक्ति का विकास होता है

46. लिखित कार्य की जाँच में बच्चों की सहायता लेने से

(a) केवल पठन-कौशल का अभ्यास होता है
(b) बच्चे अधिक गलतियाँ ढूंढना सीख जाते हैं
(c) बच्चों को दूसरों के हस्तलिखित सामग्री को पढ़ने का अवसर और अवलोकन क्षमता के विकास का अवसर मिलता है
(d) बच्चे दूसरों के विचारों से परिचित होते हैं

47. सपना अपनी कक्षा के बच्चों को मौखिक अभिव्यक्ति के अवसर देने के लिए अनेक क्रिया-कलाप करती है। आप निम्नलिखित में से सबसे अधिक प्रभावी किसे मानते हैं?

(a) विभिन्न परिस्थितियों में संवाद-अदायगी करना
(b) शब्दों को जोर-जोर से बोलना
(c) कहानी को बोल बोलकर पढ़ना
(d) समाचार-पत्र का वाचन करना

48. भाषा की कक्षा में समाचार पत्र-पत्रिकाओं का उपयोग यह सुनिश्चित करता है कि

(a) शिक्षण-सामग्री का उपयोग हो रहा है
(b) बच्चों की भाषा पर समाचार पत्र-पत्रिकाओं का प्रभाव पड़े
(c) बच्चों को मुख्य शीर्षक याद है
(d) बच्चे प्रमाणित लेख, समाचार आदि पर अपनी प्रतिक्रिया देने की क्षमता रखते हैं

49. भाषा-कौशलों के सन्दर्भ में कौन-सा कथन सही है?

(a) सुनना, बोलना, पढ़ना और लिखना एक क्रम से सीखे जाते हैं
(b) सुनना और पढ़ना निष्क्रिय कौशल है
(c) पढ़ना और लिखना कौशल में कोई सम्बंध नहीं है
(d) सभी कौशल एक-दूसरे के साथ अन्तः सम्बन्धित होते हैं

50. मुदिता आठवीं कक्षा में हिन्दी भाषा पढ़ाती है। कविता के भाव के बारे में बातचीत करते समय आप उन्हें किस बात के प्रति सचेत रहने की सलाह देंगे?

(a) कविता को गद्य में परिवर्तित करवाने वाली गतिविधि कविता-शिक्षण का अनिवार्य पक्ष है

(b) कविता की भाषा, व्याकरण पर विशेष बल दिया जाए

(c) कविता में अलंकार, रस पर विशेष बल दिया जाए

(d) कविता का एक निश्चित भावअर्थ नही हो सकता।

51. निम्नलिखित में से कौन-सी एक गहन पठन की विशेषता मानी जा सकती है?

(a) प्रवाहपूर्ण पढ़ने के लिए रूचिकर बड़ी-बड़ी पाठ्य सामग्रियों को शामिल किया जाना चाहिए

(b) सही ढंग से पढ़ने के लिए शिक्षक के मार्गदर्शन का अनुगमन करना चाहिए

(c) सूचना को पता लगाने के लिए पाठ्य सामग्री को तीव्र गति से पढ़ना चाहिए

(d) पाठ्य सामग्री का सारांश प्राप्त करने के लिए तीव्र गति से पढ़ना चाहिए

52. निम्नलिखित में से कौन-से भाषायी कौशल अभिव्यक्ति से सम्बन्धित है?

(a) पढ़ना, सुनना

(b) सुनना, लिखना

(c) बोलना, लिखना

(d) पढ़ना, बोलना और लिखना

53. निम्नलिखित में से कौन-सी एक विषय उन्मुख लेखन शैली है जो किसी मुद्दे, विषय उस पर प्रकाश डालने का प्रयास करती है?

(a) वर्णनात्मक लेखन

(b) विवरणात्मक

(c) वृत्तांत लेखन

(d) तार्किक लेखन

54. प्रभावशाली सम्प्रेषण के लिए प्रेषक को किस बात पर ध्यान नहीं देना चाहिए?

(a) सुनने वाले की सामाजिक-आर्थिक स्थिति।

(b) सुनने वाले का ज्ञान

(c) सुनने वाले की रूचि

(d) सुनने वाले की संस्कृति और सामाजिक रीतियाँ

55. चित्र बोध किसे बढ़ावा देने के लिए प्रभावशाली है?

(a) सुनने का कौशल

(b) बोलने का कौशल

(c) पढ़ने का कौशल

(d) लिखने का कौशल

56. निम्नलिखित में से किस स्थिति में आप कहेंगे कि 'पठन' हो रहा है?

(a) अनुमान के साथ भाव ग्रहण

(b) उचित गति एवं प्रवाह

(c) प्रत्येक शब्द का सही उच्चारण

(d) ध्वनि का उतार-चढ़ाव

57. बच्चों की सशक्त लेखन क्षमता का परिचायक है

(a) सुन्दर लिखावट

(b) अलंकारिक भाषा.

(c) सशक्त वाक्य

(d) मौलिक विचार

58. पढ़ना सीखने के लिए आवश्यक है कि

(a) घर की भाषा सुनने-बोलने को मिले

(b) लक्ष्य भाषा की अर्थपूर्ण और रोचक सामग्री सुनने-पढ़ने को मिले

(c) चार्ट अधिक-से-अधिक कक्षा में लगाए जाएँ

(d) केवल लक्ष्य भाषा सुनने का माहौल हो

59. कहानी के सन्दर्भ में कौन-सा कथन उपयुक्त लगता है?

(a) कहानी में शुरुआत का होना आवश्यक है

(b) कहानी में शुद्ध भाषा का होना आवश्यक है

(c) कहानी में कथानक का होना आवश्यक है

(d) कहानी में संवाद का होना आवश्यक है

60. कहांनियों की विभिन्न शैलियों पर की गई चर्चा बच्चों में .... सहायता करती हैं।

(a) कहानी के तत्त्वों को याद करने

(b) कहानियों की कमियाँ बताने

(c) व्याकरण समझने

(d) कहानियाँ रचने

61. भाषण, परिचर्चा, संवाद, बच्चों की क्षमता का विकास करने में सहायक हैं।

(a) कल्पनाशीलता

(b) अनुकरण

(c) लिखित अभिव्यक्ति

(d) मौखिक अभिव्यक्ति

62. मेघा ने एक ओवन खरीदा। वह उसके चलाने का तरीका जानना चाहती थी। कौन-से बटन से ओवन चलेगा, विशेषकर यह जानने के लिए उसने निर्देशों को पढ़ना शुरू किया। पठन के इस उपकौशल को किस नाम से जाना जाता है?

(a) बारीकी से पढ़ना

(b) अनुमान लगाना

(c) सरसरी दृष्टि से पढ़ना

(d) अर्थ ग्रहण करना

63. निम्नलिखित में से कौन-सा भाषायी अभिव्यक्ति का विकास नहीं हो सकता है?

(a) स्थानिक मान को समझने में कठिनाई का होना

(b) भाषण की सीमितता का होना

(c) नए शब्दों को सीखने में कठिनाई होना

(d) सही शब्दों की खोज में कठिनाई होना

64. सस्वर पठन का मुख्य उद्देश्य है

(a) मौन पठन करना

(b) बच्चों की पढ़ने-सम्बन्धी झिझक को समाप्त करना

(c) बोल-बोलकर पढ़ना

(d) द्रुत गति से पठन करना

65. भाषा के आधारभूत कौशल

(a) क्रमबद्ध रूप से चलते हैं

(b) हमेशा अर्जित किए जाते हैं

(c) सर्वथा पृथक् हैं

(d) अन्तः सम्बन्धित होते हैं

66. एकांकी पाठ मुख्यतः किसमें सहायता करते हैं?

(a) वाक्य संरचना की जानकारी

(b) अभिनय की कुशलता

(c) लेखन-कौशल का विकास

(d) सन्दर्भ के अनुसार उचित उतार-चढ़ाव के साथ बोलना

67. शिक्षक की स्वयं की भाषा प्रयोग की कुशलता है

(a) बच्चों के भाषा-प्रयोग के लिए आदर्श रूप प्रस्तुत करती है

(b) बच्चों के भाषा-प्रयोग पर कोई प्रभाव नहीं डालती है

(c) बच्चों को आलंकारिक भाषा-प्रयोग के लिए प्रेरित करती है

(d) बच्चों को भाषा का अनुकरण करने के लिए बाध्य करती है

68. लेखन-क्षमता का विकास करने के सन्दर्भ में आपके लिए सबसे अधिक महत्त्वपूर्ण है

(a) सुन्दर लेखन का अभ्यास

(b) मानक वर्तनी का प्रयोग

(c) सुनी, पढ़ी और समझी हुई बातों की स्वाभाविक लिखित अभिव्यक्ति

(d) दिए हुए बिन्दुओं और निर्देशों के आधार पर निबन्ध लिखना

69. बोलना कौशल के विकास के लिए सबसे अधिक महत्त्वपूर्ण सिद्ध हो सकता है

(a) श्रुतलेख

(b) कथा श्रवण

(c) परस्पर वार्तालाप

(d) सुनी गई सामग्री का ज्यों का त्यों प्रस्तुतीकरण

70. परस्पर बातचीत मुख्यतः

(a) सुनने और बोलने के कौशलों के विकास में सहायक है

(b) पढ़ने-लिखने में सहायक है

(c) समय की बर्बादी है

(d) अनुशासनहीनता को उत्पन्न करती है

71. निम्नलिखित में से कौन-सा मौखिक अभिव्यक्ति का महत्त्व नहीं है?

(a) रोजमर्रा के कार्य-कलापों में मौखिक भाषा प्रयुक्त होती है

(b) भाषा की शिक्षा मौखिक भाषा से प्रारम्भ होती है।

(c) मौखिक भाषा के द्वारा नई-नई जानकारियाँ मिलती हैं, भले ही वह विचारों के आदान-प्रदान में सहायक नहीं हो

(d) अशिक्षित व्यक्ति बोलचाल के द्वारा ही ज्ञान अर्जित करता है

72. एक शिक्षार्थी लिखना सीखने के लिए इन प्रक्रियाओं से गुजरता है, जैसे कि विचारों को नोट कर लेना, एक रूपरेखा तैयार करना, पहला प्रारूप बनाना आदि, लेखन की इस तकनीक को किस रूप में जाना जाता है?

(a) लेखन के लिए उत्पाद उपागम

(b) लेखन के लिए प्रतिक्रिया उपागम

(c) लेखन के लिए वैज्ञानिक उपागम

(d) लेखन का रचनात्मक तरीका

उत्तर कुंजी

1	(a)	2	(c)	3	(d)	4	(c)	5	(a)	6	(a)	7	(c)	8	(c)	9	(d)	10	(a)
11	(b)	12	(b)	13	(c)	14	(b)	15	(b)	16	(c)	17	(c)	18	(c)	19	(d)	20	(c)
21	(b)	22	(b)	23	(c)	24	(a)	25	(b)	26	(c)	27	(b)	28	(c)	29	(b)	30	(a)
31	(b)	32	(b)	33	(b)	34	(a)	35	(a)	36	(b)	37	(a)	38	(c)	39	(b)	40	(d)
41	(d)	42	(b)	43	(b)	44	(a)	45	(b)	46	(c)	47	(a)	48	(d)	49	(d)	50	(d)
51	(a)	52	(c)	53	(a)	54	(a)	55	(d)	56	(a)	57	(d)	58	(b)	59	(c)	60	(d)
61	(d)	62	(a)	63	(a)	64	(b)	65	(d)	66	(d)	67	(a)	68	(c)	69	(c)	70	(a)
71	(c)	72	(b)																

शिक्षण में व्याकरण की भूमिका

भाषा एवं व्याकरण Language and Grammar

- भाषा के शुद्ध प्रयोग के लिए चार कौशलों की आवश्यकता होती है पढना, लिखना, बोलना एवं सुनना। इन चारों कौशलों से भाषा में शुद्धता आती है। शुद्ध भाषा सिखाने के लिए व्याकरण का ज्ञान एवं प्रयोग मुख्य आधार है।

  भाषा संबंधी नियम सम्मिलित रूप से व्याकरण कहलाते हैं।

  व्याकरण शब्द की व्युत्पत्ति (वि + आ + कृ +धातु + ल्युट् प्रत्यय से होती है। इसका अर्थ होता है "व्याक्रियन्ते शब्दा येन" अर्थात् जिसके द्वारा अर्थ-स्वरूप से शब्द सिद्धि हो। भाषा को नियमों में बांध कर उसके स्वरूप को निर्धारित करने का काम व्याकरण का है। वह भाषा के शुद्ध रूप को बनाए रखने में एक साधन का कार्य करता है।

- मनुष्य एक सामाजिक प्राणी है, विचारों के आदान-प्रदान के लिए कुछ सार्थक ध्वनि प्रतीकों को अपनाया। ये ध्वनि प्रतीक ही भाषा कहलाए । कालान्तर में भाषाओं के सर्वमान्य रूपों का विश्लेषण कर उनमें कुछ नियम निकाले गए। ये नियम ही भिन्न-भिन्न भाषाओं के अपने व्याकरण के अंग हैं। यहाँ हमें यह नहीं भूलना चाहिए कि पहले भाषा का विकास हुआ, फिर व्याकरण बना।

- व्याकरण ऐसा शास्त्र है जो हमें यह बताता है कि किस वाक्य में कौन-सा शब्द कहाँ रहना चाहिए? व्याकरण तो भाषा के सर्वमान्य रूप का संरक्षण करता है, लेकिन भाषा तो फिर भी व्याकरण के नियमों से इधर-उधर हो ही जाती है।

  हिन्दी साहित्य का विकास होने पर हिन्दी भाषा का व्याकरण लिखने की ओर विद्वानों का ध्यान विशेष रूप से गया। नागरी प्रचारिणी सभा ने यो इस दिशा में विशेष प्रयास किया। कामताप्रसाद द्वारा लिखा गया हिन्दी व्याकरण उसी प्रयास का फल है।

परिभाषा

गोर्डन- "व्याकरण नियमों का समूह है, जो किसी भाषा की वाक्य-रचना के ढंग-ढाँचे का स्पष्ट बोध कराता तथा नियंत्रित करता है।"

पतंजलि- ने महाभाष्य में व्याकरण को (शब्दानुशासन कहा है)।

डॉ. स्वीट के अनुसार -व्याकरण भाषा का व्यावहारिक विश्लेषण अथवा उसका शरीर विज्ञान है।

जैगर महोदय के अनुसार,- प्रचलित भाषा सम्बन्धी नियमों की व्याख्या ही व्याकरण है।"

डॉ. बदरीनाथ कपूर 'किसी भाषा को बोलने और लिखने के नियमों व्यवस्थित पद्धति का नाम ही व्याकरण है।"

डॉ. हरदेब बाहरी "व्याकरण वह शास्त्र है, जो शब्दों के रूपों और प्रयोगों का निरूपण करता है।"

पाणिनि-"व्याकरण वह शास्त्र या विधा हैं, जिससे शब्दों को शासित करने वाले नियमों का निरूपण हो।"

हैजालिट-"भाषा की विशेष प्रकार की रचना का वर्णन व्याकरण है।"

व्याकरण-शिक्षण की आवश्यकता

व्याकरण की शिक्षा, भाषा-शिक्षण का अनिवार्य एवं महत्वपूर्ण अंग है। व्याकरण भाषा का दिशा निर्देशन करता है और उसे सरलता से अपेक्षित लक्ष्य तक पहुँचाता है।।

व्याकरण के नियमों का ज्ञान, छात्रों में ‹मौलिक› वाक्य संरचना की योग्यता का विकास करता है। भाषा की मितव्ययिता के आधार हेतु व्याकरण के नियमों का ज्ञान आवश्यक है। छात्रों में भाषा को शुद्ध, लिखने, बोलने के कौशल का विकास करती है।

भाषा का शुद्ध रूप पहचानने में छात्रों को सक्षम बनाना ही व्याकरण का मुख्य उद्देश्य है। व्याकरण-शिक्षा से मातृभाषा के प्रयोग-लिखने, बोलने में शुद्धता आती है। मातृभाषा में व्याकरण के उपयोग से शुद्ध एवं स्पष्ट व्यवहार रहता है। शुद्ध-सम्प्रेषण व्याकरण के उपयोग पर निर्भर करता है।

भावों की स्पष्टता भाषा पर निर्भर है और भाषा की शुद्धता व्याकरण पर। व्याकरण भाषा का संगठन करता है। व्याकरण की जानकारी बिना भाषा के शुद्ध नहीं हो सकती। इसी कारण व्याकरण का ज्ञान प्राप्त करना अनिवार्य है।

भाई योगेन्द्र जीत के शब्दों में, "सार रूप में प्रचलित भाषा से संबंधित नियमों का कथन करना ही व्याकरण है।"

एन. पोकॉक का मत है कि, "व्याकरण की शिक्षा का उद्देश्य बालक की भाषा को वैज्ञानिक रूप से देखने में प्रवीण बनना होना चाहिए।"

सीताराम चतुर्वेदी के अनुसार, "व्याकरण की शिक्षा, भाषा की शिक्षा का एक आवश्यक तथा अपरिहार्य अंग है। भाषा को शुद्ध बनाये रखने का काम व्याकरण का नही है।"

व्याकरण की विशेषतायें

1. व्याकरण भाषा की शुद्धता का साधन है साध्य नहीं है।
2. व्याकरण भाषा का अंग रक्षक तथा अनुशासक है।
3. व्याकरण वास्तव में 'शब्दानुशासन' ही है।
4. व्याकरण भाषा के स्वरूप की सार्थक व्यवस्था करता है।
5. व्याकरण भाषा का शरीर विज्ञान है तथा व्यावहारिक विश्लेषण करता है।
6. गद्य-साहित्य का आधार व्याकरण है।
7. भाषा की पूर्णता के लिये-सुनना, बोलना,

पढ़ना, लिखना, चारों कौशल की शुद्धता व्याकरण के नियमों से आती है।

8. भाषा की मितव्ययिता भी व्याकरण से होती है।
9. वाक्य की संरचना शुद्धता उस भाषा के व्याकरण से आती है।
10. व्याकरण से नवीन भाषा को सीखने में सरलता एवं सुगमता होती है।

व्याकरण शिक्षण के उद्देश्य (vyakaran shikshan ke uddeshya)

व्याकरण शिक्षण के निम्न उद्देश्य है--

1. विद्यार्थियों को विविध ध्वनियों का ज्ञान देना।
2. व्याकरण के द्वारा विद्यार्थियों में रचना एवं सृजनात्मक प्रवृत्ति का विकास करना।
3. विद्यार्थियों को शुद्ध भाषा का प्रयोग सिखाना।
4. विद्यार्थियों में ऐसी क्षमता पैदा करना जिससे कि वे कम से कम शब्दों में शुद्धतापूर्वक अपने भावों को व्यक्त कर सकें। साथ ही उनमें ऐसी योग्यता पैदा करना जिससे वे भाषा की अशुद्धता को भी समझ सकें एवं उनमें भाषा को परखने की शक्ति का विकास हो सके।
5. विद्यार्थियों को शुद्ध बोलने, लिखने एवं पढ़ने की प्रेरणा देना।
6. विद्यार्थियों में ऐसी योग्यता पैदा करना जिससे कि वे भाषा की अशुद्धता को समझ सकें एवं उनमें भाषा को परखने की शक्ति विकसित हो सके।
7. विद्यार्थियों को भाषा से संबंधित नियमों का ज्ञान प्रदान करना।
8. विद्यार्थियों को शुद्ध उच्चारण की शिक्षा प्रदान करना।
9. व्याकरण की शिक्षा का उद्देश्य बालक को भाषा को वैज्ञानिक दृष्टिकोण से देखने में प्रवीण बनाना होना चाहिए।
10. भाषा का शुद्ध रूप पहचानने में छात्रों को सक्षम तथा समर्थ बनाना ही व्याकरण का उद्देश्य है। इस तरह व्याकरण से शुद्ध बोलना और लिखना आ जाता है।
11. व्याकरण के नियमों का ज्ञान, छात्रों में मौलिक वाक्य बनाने की योग्यता पैदा करता है। मितव्ययिता के आधार के लिए व्याकरण का ज्ञान जरूरी है। यह छात्रों मे शुद्ध रूप से बोलने तथा लिखने की क्षमता पैदा करता है।

    व्याकरण की शिक्षा, भाषा की शिक्षा का आवश्यक अंग है। यह भाषा रूपी रथ का सारथी है। यह भाषा का स्वरूप बनाता है एवं उस पर नियंत्रण रखता है। यह भाषा का मित्र भी है। यह उसे सच्चे रास्ते पर चलने की प्रेरणा प्रदान करता है।

व्याकरण शिक्षण की विधियाँ

1. आगमन (Inductive) विधि

यह प्रणाली निगमन विधि की एकदम उल्टी है। इसमें पहले छात्रों के सम्मुख उदाहरण प्रस्तुत किए जाते हैं फिर उन उदाहरणों को विश्लेषण कर, उनकी सहायता से छात्रों से नियम निकलवाए जाते हैं। फिर पुनः उदाहरण प्रस्तुत कर नियम का परीक्षण किया जाता है। इस प्रकार इस प्रणाली के चार सोपान हैं :

(i) उदाहरणों का प्रस्तुतीकरण

(ii) उदाहरणों का विश्लेषण

(iii) नियमीकरण, और (iv) परीक्षण।

यह प्रणाली मनोवैज्ञानिक है। इसमें सरल से कठिन की ओर, ज्ञात से अज्ञात की ओर, स्थूल से सूक्ष्म की ओर, विशिष्ट से सामान्य की ओर आदि शिक्षण-सूत्रों का पालन होता है। इस प्रणाली में छात्र स्वयं करके, अपने अनुभव के आधार पर व्याकरण के नियमों को सीखते हैं। अत: ये नियम छात्रों के मानस-पटल पर अंकित हो जाते हैं। नियम सीखने में आरम्भ से अंत तक छात्रों की जिज्ञासा एवं उत्सुकता बनी रहती है। इसमें छात्रों को निरीक्षण, चिन्तन एवं सामान्यीकरण करने का अवसर मिलता है जिससे उनका मानसिक विकास भी होता है। अत: सभी स्तरों पर व्याकरण की शिक्षा के लिए यह एक उत्तम प्रणाली है।

2. निगमन (Deductive)

विधि-इस प्रणाली में अध्यापक बच्चों को पहले व्याकरण के नियम बताता है फिर उनके उदाहरण देकर नियम को स्पष्ट करता है। बच्चे इन नियमों को बिना सोचे-समझे रट लेते हैं। अधि कांश विद्वान इस प्रणाली को अमनोवैज्ञानिक मानते हैं क्योंकि यह प्रणाली शिक्षण-सूत्रों के विपरीत चलती है। ‹ज्ञात से अज्ञात की ओर› के स्थान पर ‹अज्ञात से ज्ञात की ओर› जाती है। ‹उदाहरण से नियम की ओर› के स्थान पर ‹नियम से उदाहरण की ओर› जाती है।

यह प्रणाली दो रूपों में देखने को मिलती है :

(i) सूत्र प्रणाली

(ii) पुस्तक प्रणाली।

(i) सूत्र विधि-यह प्रणाली विशेष रूप से संस्कृत भाषा में प्रयुक्त की जाती है। इसमें व्याकरण के नियम सूत्र रूप में परिवर्तित कर दिए जाते हैं। छात्र इन सूत्रों को बिना सोचे-समझे रट लेते हैं। आजकल हिन्दी-शिक्षण में इसका प्रयोग न के बराबर है। अमनोवैज्ञानिक, शिक्षण में व्याकरण

नीरस तथा अरुचिकर प्रणाली होने के कारण इसका प्रयोग नहीं करना चाहिए।

(II) पुस्तक विधि-यह प्रणाली भी सूत्र प्रणाली का ही परिवर्तित रूप है। इस प्रणाली में व्याकरण के नियमों का ज्ञान कराने के लिए पुस्तकें होती हैं। पुस्तक में एक-एक अध्याय में एक-एक नियम, उसके उदाहरण तथा अभ्यास के लिए प्रश्न दिए जाते हैं।

छात्रों को नियमों का अभ्यास कराने की दृष्टि से पुस्तक सहायक का कार्य करती है और परीक्षा की तैयारी करने में भी बच्चों की सहायता करती है। परन्तु यह प्रणाली भी अमनोवैज्ञानिक एवं अरुचिकर है। छात्रों को निरीक्षण, चिन्तन और नियमीकरण का अवसर नहीं मिलता है। यह शिक्षण-सूत्रों के भी प्रतिकूल है। अत: इस विधि से छात्रों को व्याकरण के नियमों को सीखने के बाद भी बच्चे इनका प्रयोग करने में समर्थ नहीं हो पाते हैं।

3. सहयोग विधि-

इस प्रणाली में भाषा के अंतर्गत मौखिक या लिखित कार्य कराते समय, गद्य की पाठ्य

पुस्तक पढ़ाते समय या रचना-कार्य कराते समय प्रासंगिक रूप से व्याकरण के नियमों का ज्ञान कराया जाता है। इस विधि से छात्रों को व्याकरण के नियमों का उदाहरण किताब के पाठों से ही लिया जाता है। दूसरे व्याकरण की शिक्षा अलग कालांश में न देकर गद्य, रचना आदि पढ़ाते समय दे दी जाती है।

व्याकरण की व्यावहारिक शिक्षा देने का यह एक नियमित स्वाभाविक एवं रुचिकर विधि है लेकिन इसके द्वारा व्याकरण के नियमों का तार्किक एवं व्यवस्थित ज्ञान नहीं दिया जा सकता है। इस विधि का एक दोष और भी है कि इसमें मूलपाठ से भटक जाने का भय बना रहता है। गद्य पाठ, रचना पाठ या मौखिक अभिव्यक्ति के समय व्याकरण के नियमों का ज्ञान कराते समय ऐसा भी हो सकता है कि गद्य, रचना या मौखिक पाठ व्याकरण का पाठ बन जाए। व्याकरण के नियमों का विधिवत् ज्ञान कराने के पश्चात् अभ्यास के लिए इस विधि का प्रयोग किया जा सकता है।

4. भाषा संसर्ग विधि-

कुछ विद्वान व्याकरण को उबाऊ और कठिन विषय मानते हैं और उनका मत है कि बच्चे अलग से व्याकरण की जानकारी देने के स्थान पर व्याकरण शिक्षा के लिए ऐसे लेखकों की रचना उन्हें पढ़ाई जाए जिनका भाषा पर पूर्ण अधिकार हो। बच्चों को ऐसे लोगों के साथ वार्तालाप करने का अवसर दिया जाए जो मौखिक अभिव्यक्ति में शुद्ध भाषा का प्रयोग करते हों। इस प्रकार इस प्रणाली में व्याकरण के नियमों का ज्ञान कराए बिना, भाषा के शुद्ध रूप का अनुकरण करने का अवसर प्रदान कर छात्रों को भाषा के शुद्ध रूप का प्रयोग करना सिखाया जाता है। प्राथमिक स्तर पर बच्चों को व्यावहारिक व्याकरण का ज्ञान देने के लिए तो यह विधि उपयोगी है। परन्तु व्याकरण का तार्किक ज्ञान कराने के लिए अन्य विधियों की सहायता लेनी होगी। इस विधि में एक तो बच्चों को व्याकरण के नियमों का ज्ञान हो ही नहीं पाएगा और यदि होगा भी तो बहुत समय लगेगा। दूसरे व्याकरण के नियमों का व्यवस्थित ज्ञान भी नहीं हो पाएगा। नियमों की जानकारी के अभाव में भाषा की शुद्धता या अशुद्धता का निर्णय लेना भी असम्भव ही है।

5. प्रयोग या विश्लेषण विधि-

इस प्रणाली में उदाहरणों की व्याख्या तथा उनके प्रयोग के आधार पर व्याकरण के नियमों का ज्ञान कराया जाता है। इसीलिए इसे प्रयोग या विश्लेषण विधि कहा जाता है।

इस प्रणाली में व्याकरण-शिक्षण की आगमन एवं निगमन दोनों विधियों का समन्वित रूप से प्रयोग किया जा सकता है।

सर्वप्रथम छात्रों के सम्मुख उदाहरणों को प्रस्तुत किया जाता है फिर उनका विश्लेषण कर नियमीकरण कराया जाता है। यहां तक आगमन विधि का पालन होता है। नियमीकरण के उपरान्त नियम की पड़ताल करने के लिए पुनः कुछ उदाहरण प्रस्तुत किए जाते हैं और नियम का प्रयोग कराया जाता है। अर्थात् नियम से उदाहरण की ओर बढ़कर निगमन विधि का पालन किया जाता है।

इस प्रकार उदाहरण से नियम की ओर और फिर नियम से उदाहरण की ओर बढ़ते हुए व्याकरण के नियमों का ज्ञान कराया जाता है। इस प्रणाली से छात्र सक्रिय रहते हुए, सरस एवं रोचक ढंग से बिना रटे हुए व्याकरण के नियमों को सीखते हैं। अतः व्याकरण-शिक्षण की यही सर्वोत्तम विधि है।

व्याकरण शिक्षण के विभिन्न सोपान

व्याकरण शिक्षण के विभिन्न सोपान निम्नलिखित हैं:

(1) विशिष्ट उद्देश्य

- **(i) बालकों को भाषा तत्वों का ज्ञान कराना।**
- **(ii) शुद्ध उच्चारण एवं शुद्ध वर्तनी के लिए प्रेरित करना।**
- **(iii) वर्ण, शब्द, पद, वाक्य आदि के प्रकारों, रूपों आदि का विश्लेषण करना।**
- **(iv) संज्ञा, सर्वनाम, क्रिया, विशेषण, समुच्चय, विस्मयादिबोधक, क्रिया विशेषण, संबंध बोधक, अव्ययों की जानकारी प्रदान करना।**
- **(v) मुहावरों, लोकोक्तियों, अलंकारों आदि का प्रयोग करना एवं बताना।**

(2) प्रस्तावना-

उपयुक्त उदाहरणों एवं उन पर आधारित प्रश्नों के द्वारा प्रस्तावना रखी जाती है।

(3) प्रस्तुतीकरण-

प्रस्तुत पाठ का उल्लेख करना तथा छात्रों को अध्ययन हेतु तैयार करना।

(4) उदाहरण-

पाठ से संबंधित उपयुक्त उदाहरण देकर पाठ का विकास करना।

(5) तुलना एवं व्याख्या-

उदाहरणों पर आधारित ऐसे प्रश्नों को प्रकट करना जिनसे समान लक्षणों एवं विशेषताओं का पता लग सके।

(6) नियमीकरण अथवा निष्कर्ष-

उपयुक्त तुलना एवं व्याख्या द्वारा छात्रों से नियम एवं परिभाषाएँ निकलवाई जाती हैं।

(7) प्रयोग एवं अभ्यास-

नियमों अथवा परिभाषा के आधार पर विविध प्रयोग एवं अभ्यास किए जाते हैं। इनसे विद्यार्थियों के प्राप्त ज्ञान का पता लग सकेगा।

व्याकरण शिक्षण को दिलचस्प बनाने के तरीके -

व्याकरण शिक्षण को रुचिकर बनाया जाए इसके लिए हम निम्नलिखित प्रयास कर सकते हैं:

(1) व्याकरण के नियम के लिए जो उदाहरण दिए जाएं वह बच्चों के जीवन से संबंधित हो और व्यावहारिक हों।

(2) व्याकरण मे कमजोर बच्चों को विशेष रूप से मदद दी जाए आलोचनात्मक शब्दों का प्रयोग ना किया जाए।

(3) व्याकरण-शिक्षण को देखने-सुनने के सामग्री के प्रयोग से रोचक बनाया जाए।

(4) व्याकरण अपने आप में एक नीरस विषय है अतः कक्षा में परिस्थितियों एवं क्रियाओं में बदलाव लाते हुए व्याकरण की शिक्षा दी जाए जिससे छात्र ऊबें नहीं।

(5) ज्ञात से अज्ञात, मूर्त से अमूर्त, विशिष्ट से सामान्य, सरल से कठिन, उदाहरण से नियम, अनुभव से तर्क आदि शिक्षण-सूत्रों का पालन कर शिक्षण को सरस व प्रभावशाली बनाया जाए।

(6) छात्रों के साथ अध्यापक का व्यवहार प्रेम एवं सहानुभूतिपूर्ण हो।

(7) बच्चों को सिखाए गए नियमों का अभ्यास कराने के लिए रोचक एवं भिन्न-भिन्न प्रकार का अभ्यास कार्य कराया जाए। जैसे-वचन-परिवर्तन, लिंग-परिवर्तन, वाक्य-निर्माण, रिक्त स्थान पूर्ति, पर्यायवाची शब्द, विलोम शब्द, संज्ञा-परिवर्तन, स्थान विशेष के लिए उपयुक्त शब्दों का चुनाव, अशुद्ध शब्दों एवं वाक्यों को शुद्ध करना इत्यादि।

(8) छात्रों के अभ्यास कार्य का संशोधन सावधानीपूर्वक करना चाहिए। उनकी अशुद्धियों को शुद्ध करने की कोशिश करनी चाहिए।

(9) छात्रों को भाषा का प्रचुर ज्ञान होने के बाद निम्न माध्यमिक स्तर पर आगमन विधि की सहायता से नियमित व्याकरण की शिक्षा दी जाए। समवाय विधि के द्वारा उन सीखे गए नियमों के अभ्यास का अवसर प्रदान किया जाए।

(10) छात्रों से ही व्याकरण के नियमों को निकलवाया जाए, रटने की प्रवृत्ति की उपेक्षा की जाए।

(11) पाठ्य-पुस्तकों में गद्य पाठों की रचना इस प्रकार से हो जिससे व्याकरण के नियमों को पाठ के साथ समन्वित करके पढ़ाया जा सके।

(12) गद्य पाठ या रचना पाठ के समय समवाय करते समय व्याकरण के नियमों पर उतना ही जोर दिया जाए जितना जरूरी हो। शिक्षण करते समय मूल उद्देश्य से कहीं दूर न भटक जाएँ।

(13) बच्चों के भाषा संबंधी ज्ञान को ध्यान में रखते हुए, उनके समक्ष सरल या उत्तरोत्तर मुश्किल रचनाएँ प्रस्तुत की जाएँ।

अधिगम की प्रभावशाली विधियाँ
Effective Methods of Learning

1. करके सीखना (Learning by doing)
2. अनुकरण द्वारा सीखना (Learning by Immitation Method)
3. निरीक्षण द्वारा सीखना (Learning by observation)
4. परीक्षण करके सीखना (Learning by experiment)
5. सामूहिक विधियों द्वारा सीखना (Learning by group methods)
6. सम्मेलन एवं विचारगोष्ठी अधिगम (Learning by conference and seminar)
7. परियोजना विधि एवं समूह अधिगम (Project methods and group learning)

विगत वर्षों में आए हुए एवं संभावित प्रश्न

1. हिन्दी साहित्य का विकास हिंदी भाषा का व्याकरण लिखने का एक प्रमुख कारक रहा है। इस संबंध में सर्वप्रथम प्रयास करने वाले व्यक्ति थे:
   (a) पाणिनी
   (b) कामताप्रसाद
   (c) हेमचन्द्र
   (d) कय्यट
2. पाणिनी विश्व के सर्वश्रेष्ठ वैयाकरणों में से एक थे। निम्न में से कौन सी उनकी प्रमुख रचना नहीं है?
   (a) निरुक्तार
   (b) यास्क
   (c) अष्टाध्यायी
   (d) महाभाष्य
3. उच्च प्राथमिक स्तर पर व्याकरण सिखाने की किस विधि को आप सर्वाधिक महत्त्वपूर्ण एवं उपयोगी पाते हैं?
   (a) अनुवाद विधि
   (b) आगमन विधि
   (c) निगमन विधि
   (d) पाठ्य-पुस्तकीय विधि
4. कविता में कई बार ‹अभी भी› का प्रयोग करके बातें रची गई है› बिना रुके चलने वाले किसी कार्य का भाव निकल रहा है या नहीं?› प्रश्न संकेत करता है। की ओर
   (a) व्याकरणिक ज्ञान
   (b) भाषा की बारीकी
   (c) व्याकरण की परिभाषा
   (d) भाषा-संरचना
5. भाषा की शिक्षिका होने के नाते व्याकरण पढ़ाते हुए आपका उद्देश्य होगा
   (a) बच्चों को व्याकरणिक नियमों से अवगत कराना
   (b) बच्चों को भाषिक संरचनाओं से अवगत कराना
   (c) बच्चों को वाक्य रचना के नियम बताना
   (d) भाषा का शुद्ध प्रयोग करना सिखाना
6. व्याकरण पढ़ाते हुए एक शिक्षक का उद्देश्य नहीं होता
   (a) छात्र भाषिक संरचनाओं का ज्ञान प्राप्त कर सके
   (b) छात्र शुद्ध एवं अशुद्ध भाषा में अन्तर कर सके
   (c) छात्र केवल शुद्ध लेखन कर सके
   (d) छात्र शुद्ध उच्चारण कर सके
7. व्याकरण शिक्षण के सन्दर्भ में कौन-सा कथन सही है?
   (a) व्याकरण शिक्षण के लिए समय-सारणी में अलग से कालांशों की व्यवस्था होनी चाहिए
   (b) भाषा प्रयोग की अपेक्षा भाषा-नियमों को ही महत्त्व देना चाहिए
   (c) बच्चे परिवेश में उपलब्ध भाषिक प्रयोगों के आधार पर स्वयं भाषा के नियम बनाने की क्षमता रखते हैं
   (d) व्याकरण शिक्षण अत्यन्त आवश्यक है

8. निगमन विधि है-

(a) नियम बताकर उदाहरण देना

(b) उदाहरण देकर नियम समझाना

(c) भाषा का अनुकरण करने की विधि

(d) बिना उदाहरण दिए भाषा सिखाना

9. पाँचवीं कक्षा की अध्यापिका छात्रों को व्याकरण पढ़ाने के लिए प्रसिद्ध लेखकों की पुस्तकें पढ़ाती है। वह व्याकरण पढ़ाने के लिए किस विधि का प्रयोग कर रही है?

(a) आगमन विधि

(b) भाषा संसर्ग विधि

(c) समवाय विधि

(d) सह-सम्बन्ध विधि

10. भाषा-शिक्षण की किस विधि में मातृभाषा को मध्यस्थ नहीं रखा जाता?

(a) व्याकरण विधि

(b) सूत्र विधि

(c) अनुवाद विधि

(d) प्रत्यक्ष विधि

11. किस विधि के अन्तर्गत अध्यापक व्याकरण विषयों को प्रसंग के साथ जोड़ने का प्रयास करता है?

(a) प्रत्यक्ष विधि

(b) भाषा संसर्ग विधि

(c) प्रासंगिक विधि

(d) पाठ्य-पुस्तक विधि

12. भाषा-शिक्षण की कौन-सी विधि मातृभाषा को मध्यस्थ बनाए बिना दूसरी भाषा को सिखाने पर बल देती है?

(a) द्विभाषीय विधि

(b) अनुवाद विधि

(c) व्याकरण एवं अनुवाद विधि

(d) प्रत्यक्ष विधि

13. 'उसने पढ़ा', 'उसने खाया।' और 'उसने चीखा।' जैसे भाषा-प्रयोग दर्शाते हैं

(a) नियम का उल्लंघन

(b) सन्दर्भ की समझ न होना

(c) नियम कंठस्थ न होना

(d) नियमों का अति सामान्यीकरण

14. व्याकरण-शिक्षण के सन्दर्भ में कौन-सा कथन सही है?

(a) व्याकरण-शिक्षण के लिए समय-सारणी में अलग से काव्यांशों की व्यवस्था होनी चाहिए

(b) भाषा-प्रयोग की अपेक्षा भाषा-नियमों को ही महत्त्व देना चाहिए

(c) बच्चे परिवेश में उपलब्ध भाषिक प्रयोगों के आधार पर स्वयं भाषा के नियम बनाने की क्षमता रखते हैं

(d) व्याकरण-शिक्षण अत्यन्त आवश्यक है

15. भाषा-शिक्षण की ‹प्रत्यक्ष विधि› में

(a) मातृभाषा का निरर्थक हस्तक्षेप होता है

(b) भाषा अर्जन की स्वाभाविक स्थिति का निर्माण होता है

(c) अतिरिक्त शिक्षण सामग्री की कोई आवश्यकता नहीं होती

(d) भाषा की विविध संरचनाओं के लेखन हेतु अभ्यास पर बल दिया जाता है

16. उच्च प्राथमिक स्तर पर व्याकरण-शिक्षण का उद्देश्य.... में सहायक होगा।

(a) भाषा की नियमबद्ध प्रकृति को अत्यधिक महत्त्व देने

(b) भाषा की प्रकृति, प्रकार्य और व्याकरणिक नियमों को कण्ठस्थ करने
(c) व्याकरण की परिभाषाओं को कण्ठस्थ करने
(d) भाषा की नियमबद्ध प्रकृति को समझने और उसका विश्लेषण करने

17. व्याकरण की समझ को सन्दर्भपरक प्रश्नों के माध्यम से आँकना
(a) पूर्णतः उचित है
(b) आंशिक रूप से उचित है
(c) पूर्णतः असम्भव है
(d) बिल्कुल अनुचित है

18. शब्दों पर जो अनुशासन रखे उसे व्याकरण कहते हैं। इस अर्थ में व्याकरण है-
(a) शब्दानुशासन
(b) शब्द के अनुसार शासन
(c) शब्द और अनुशासन
(d) शब्दों का अनुशासन

19. यदि व्याकरण भाषा की शुद्धता को बनाए रखने का साधन है तो व्याकरण का प्रमुख कार्य है-
(a) भाषा को नियमों में बाँधना
(b) भाषा को शुद्ध करना
(c) भाषा को अपरिवर्तित रखना
(d) भाषा में परिवर्तन करते रहना

20. प्राचीन भारत में व्याकरण स्वतः एक स्वतंत्र शास्त्र बन गया एवं उसका पृथक् अध्ययन होने लगा। इसका प्रमुख कारण था-
(a) भाषा अध्ययन का अधिक प्रचलन
(b) भाषा अध्ययन की दृष्टि से व्याकरण पर अधिक बल देना
(c) विश्व के सर्वश्रेष्ठ व्याकरणाचार्यों का 1 उदय
(d) भाषा के स्वरूप में परिवर्तन होना

21. निम्नलिखित में से कौन-सा व्याकरण के पाठ का चरण नहीं है?
(a) विद्यार्थी उस पठन सामग्री को पढ़ते (या सुनते) हैं जिसमें लक्ष्य शब्द या उसकी आकृति है।
(b) विद्यार्थी पठन सामग्री में लक्ष्य शब्द/ वाक्यांश चिन्हित करते हैं।
(c) अध्यापक व्याकरण के बिन्दुओं के अभ्यास के लिए नियन्त्रित और स्वच्छन्द परिवेश देती है।
(d) भाषा एक पठन सामग्री के माध्यम से प्रस्तुत की जाती है जिसका विद्यार्थी अभ्यास (ड्रिल) कर सकें।

22. डॉ. स्वीट ने व्याकरण को भाषा का शरीर विज्ञान कहा है क्योंकि
(a) व्याकरण भाषा का आंतरिक विश्लेषण
(b) व्याकरण भाषा के स्वरूप का निर्धारण करता है।
(c) व्याकरण भाषा के गुण दोषों की विवेचना है।
(d) व्याकरण भाषा को मुख्य विशेषताओं का वर्णन है

23. व्याकरण वह शास्त्र या विद्या है जिससे शब्दों को शासित करने वाले नियमों का निरूपण हो। व्याकरण की यह परिभाषा देने वाले व्याकरणाचार्य है:
(a) पतंजलि
(b) जैगर

(c) हैजालिट
(d) पाणिनी

24. अगर व्याकरण भाषा का शरीर विज्ञान हो तो उसका प्राथमिक कर्तव्य है-
(a) भाषा का व्यावहारिक विश्लेषण करना
(b) भाषा के स्वरूप को सार्थकता प्रदान करना
(c) भाषा की शुद्धता की जाँच करना
(d) भाषा को शब्दों के अनुशासन में बाँधना

25. भाषा की पूर्णता के लिए अनिवार्य चारों कौशलों की शुद्धता उत्पन्न होती है
(a) गद्य साहित्य के आधार से
(b) व्याकरण के नियमों से
(c) भाषा की मितव्ययिता से
(d) भाषा के व्यावहारिक विश्लेषण से

26. व्याकरण से नवीन भाषा को सीखने में सरलता एवं सुगमता होती है क्योंकि
(a) व्याकरण के निश्चित नियम होते हैं
(b) व्याकरण भाषा का सरल विश्लेषण करता है
(c) व्याकरण भाषा सीखने में लघु पदबंध का प्रयोग सिखाता है
(d) व्याकरण भाषा शब्दकोष की भांति कार्य करता है

27. भाषा का दिशा निर्देशन कर उसे सरलता से अपेक्षित लक्ष्य तक पहुँचाना प्रमुख कार्य है-
(a) व्याकरण शिक्षक का
(b) व्याकरण शिक्षण का
(c) भाषा शिक्षक का
(d) भाषा शिक्षण का

28. भाषा का शुद्ध रूप पहचानने में छात्रों को सक्षम बनाना व्याकरण का मुख्य उद्देश्य है। व्याकरण शिक्षा का मुख्य कार्य नहीं
(a) मातृभाषा के प्रयोग में शुद्धता आती है
(b) सम्प्रेषण में शुद्धता आती है
(c) व्यवहार शुद्ध एवं स्पष्ट रहता है
(d) भावों की स्पष्टता होती है

29. " भाषा के शुद्ध रूप समझने एवं पहचानने में समर्थ बनाना ही व्याकरण शिक्षण का उद्देश्य है।" इस दृष्टि से व्याकरण शिक्षण का उद्देश्य है
(a) छात्रों के चिंतन एवं तर्क शक्ति का विकास करना
(b) छात्रों में शुद्ध भाषा के प्रति लगाव विकसित करना
(c) ध्वनियों के सूक्ष्म अंतर का ज्ञान कराना
(d) उपर्युक्त सभी

30. छात्रों को मौखिक अभिव्यक्ति के समय सर्वमान्य भाषा के प्रयोग करने में सक्षम बनाना प्रमुख कार्य है-
(a) व्याकरण का
(b) प्रसंगानुकूल अर्थ अभिव्यक्ति का
(c) शुद्ध वर्तनी ज्ञान का
(d) मौखिक अभिव्यक्ति कौशल का

31. व्याकरण की पाठ्य-पुस्तक के द्वारा विधिवत व्याकरणिक नियमों की जानकारी देना कहलाता है-
(a) अव्यावहारिक व्याकरण
(b) व्यावहारिक व्याकरण
(c) सूक्ष्म व्याकरण
(d) व्याकरणिक नियम

32. किसी भी कक्षा के लिए व्याकरण के पाठ्यक्रम का निर्धारण होना चाहिए-
(a) बच्चों के मानसिक स्तर के आधार पर
(b) भाषा ज्ञान के आधार पर
(c) मानसिक स्तर एवं भाषा ज्ञान के आधार पर
(d) कक्षा में छात्रों की संख्या के आधार पर

33. उच्च प्राथमिक कक्षाओं में व्याकरणिक ज्ञान प्रदान करने की उत्तम नीति है-
(a) उदाहरण एवं उनकी आलोचना समझायी जाए
(b) उदाहरण के बाद परिभाषा का ज्ञान कराया जाए
(c) व्याकरण का ज्ञान प्रयोग द्वारा कराया जाए
(d) व्याकरण शिक्षा की अलग-अलग प्रणालियाँ प्रयुक्त की जाएँ

34. उच्च माध्यमिक कक्षाओं में व्याकरणिक इकाइयों का विस्तृत परिचय दिया जा सकता है क्योंकि इस समय तक छात्रों
(a) शब्द भंडार समृद्ध हो जाता है
(b) वाक्य-विन्यास विस्तृत हो जाता है
(c) बौद्धिक एवं मानसिक स्तर बढ़ जाता
(d) उपर्युक्त सभी

35. आगमन प्रणाली में जिस शिक्षण-सूत्र का प्रयोग होता है, वह है-
(a) स्थूल से सूक्ष्म की ओर
(b) विशिष्ट से सामान्य की ओर
(c) ज्ञात से अज्ञात की ओर
(d) उपर्युक्त सभी का

36. व्याकरण की शिक्षा के लिए आगमन प्रणाली उत्तम प्रणाली है क्योंकि
(a) आरंभिक क्षणों में छात्रों की जिज्ञासा शांत हो जाती है
(b) छात्रों को निरीक्षण, चिंतन एवं सामान्यीकरण का अवसर मिलता है
(c) छात्रों को व्याकरणिक नियम रटवाए जा सकते हैं
(d) छात्र स्वयं नियमों का सत्यापन करते

37. निगमन प्रणाली दो रूपों में देखने को मिलती है। इनमें से एक है-
(a) सूत्र प्रणाली
(b) सहयोग प्रणाली
(c) भाषा संसर्ग प्रणाली
(d) प्रयोग-प्रणाली

38. सूत्र प्रणाली नीरस एवं अरुचिकर होने के कारण हिंदी शिक्षण में प्रयुक्त नहीं होती। इसके नीरस एवं अरुचिकर होने का प्रमुख कारण है-
(a) यह मुख्यतः संस्कृत भाषा में प्रयुक्त की जाने वाली प्रणाली है
(b) इसमें व्याकरण के नियम सूत्र रूप में परिवर्तित कर दिए जाते हैं
(c) छात्रों द्वारा सूत्रों को बिना सोचे समझे रटना
(d) इसमें उदाहरणों एवं अभ्यास की कमी होती है

39. पुस्तक प्रणाली द्वारा व्याकरण के नियमों को सीखने के बाद भी बच्चे इनका प्रयोग करने में समर्थ नहीं हो पाते हैं। इसका कारण है-

(a) इसका शिक्षण-सूत्रों के प्रतिकूल होना
(b) इसमें चिंतन, निरीक्षण एवं नियमीकरण के अवसर का अभाव
(c) इसमें दिए उदाहरणों का अस्पष्ट होना
(d) इसमें वर्णित संस्कृतनिष्ठ भाषा

40. रचना कार्य कराते समय प्रासंगिक रूप से व्याकरण के नियमों का ज्ञान कराने वाली प्रणाली है-
(a) आगमन प्रणाली
(b) निगमन प्रणाली
(c) सहयोग प्रणाली
(d) भाषा संसर्ग प्रणाली

41. भाषा शिक्षण में भाषा की शुद्धता-अशुद्धता का निर्णय लेने के लिए-
(a) व्याकरण के नियमों का व्यवस्थित ज्ञान होना अनिवार्य है
(b) व्याकरण का तार्किक ज्ञान होना अनिवार्य है
(c) भाषा के मानव रूप को अपनाना चाहिए
(d) भाषा के शुद्ध रूप का प्रयोग आना चाहिए

42. विश्लेषण प्रणाली में व्याकरण-शिक्षण की आगमन एवं निगमन दोनों विधियों का समन्वित प्रयोग किया जाता है-
(a) छात्रों के सम्मुख उदाहरण प्रस्तुत कर उनका नियमीकरण किया जाता है।
(b) नियमों की जाँच पड़ताल के बाद उदाहरण प्रस्तुत किए जाते हैं।
(c) उदाहरण से नियम एवं नियम से उदाहरणों का प्रस्तुतीकरण होता है।
(d) उदाहरणों का प्रयोग एवं व्याख्या ही प्रमुख है।

43. व्याकरण शिक्षण में सर्वप्रथम सोपान है
(a) उद्देश्य
(b) प्रस्तावना
(c) प्रस्तुतीकरण
(d) नियमीकरण

44. व्याकरण शिक्षण में प्रस्तावना रखी जाती
(a) पाठ के उल्लेख द्वारा
(b) उदाहरणों एवं उन पर आधारित प्रश्नों द्वारा
(c) उदाहरणों द्वारा पाठ का विकास करके
(d) व्याकरण का संक्षिप्त परिचय देकर

45. व्याकरण शिक्षण में जब हम उदाहरणों पर आधारित ऐसे प्रश्नों को प्रकट करते हैं जिनसे समान लक्षणों एवं विशेषताओं का पता लग सके तो हम व्याकरण शिक्षण के इस सोपान का वर्णन करते हैं-
(a) तुलना एवं व्याख्या
(b) नियमीकरण
(c) प्रयोग एवं अभ्यास
(d) प्रस्तुतीकरण

46. व्याकरण शिक्षण में नियमीकरण द्वारा हम
(a) प्रयोग सिद्ध करते हैं
(b) परिभाषाएँ निकलवाते हैं
(c) अव्ययों को स्पष्ट करते हैं
(d) समान लक्षणों का पता लगाते हैं

47. छात्रों में भाषा शिक्षण में शुद्धता लाने के लिए आवश्यक है-

(a) उनके अभ्यास कार्य का संशोधन सावधानी पूर्वक किया जाए

(b) उन्हें गृह कार्य अधिक से अधिक दिया जाए

(c) नियमों को रटने के लिए कहा जाए

(d) व्याकरण शिक्षण की नियमित शिक्षा अनिवार्य है

48. व्याकरण शिक्षण को आसान एवं दिलचस्प बनाने के लिए आवश्यक है-

(a) सभी शिक्षण सूत्रों का ज्ञान एकत्रित रूप से दिया जाए

(b) पाठ्य-पुस्तकों के गद्य पाठ व्याकरण के नियमों के साथ समन्वित कर पढ़ाए जाएँ

(c) छात्रों को व्याकरण गृह कार्य में करने के लिए दी जाए

(d) प्रारंभिक कक्षाओं में व्याकरण बिल्कुल नहीं होना चाहिए

49. गद्य पाठ या रचना पाठ के समय समवाय करते समय व्याकरण के नियमों पर उतना ही जोर दिया जाना चाहिए जितना जरूरी हो। अधिक जोर देने से-

(a) छात्र भ्रांति अनुभव करते हैं

(b) पाठ एवं व्याकरण दोनों विषय स्पष्ट नहीं हो पाते

(c) मूल उद्देश्य से भटकने का डर रहता

(d) व्याकरण मूल विषय वस्तु को विस्तृत कर देता है।

50. शिक्षण लोकप्रिय बनाने के लिए आवश्यक है

(a) शिक्षक स्वयं व्याकरण का अच्छा ज्ञान प्राप्त करें

(b) कमजोर बच्चों को व्याकरणिक प्रतिस्पर्द्धाओं में सम्मिलित न करें

(c) पाठ्यक्रम बनाते समय कमजोर बच्चों के लिए अलग पाठ्यक्रम बनाएँ

(d) आलोचनात्मक शब्दों का प्रयोग न किया जाए

उत्तर कुंजी

1	(b)	2	(d)	3	(b)	4	(b)	5	(d)	6	(c)	7	(c)	8	(a)	9	(b)	10	(d)
11	(c)	12	(d)	13	(d)	14	(c)	15	(b)	16	(d)	17	(a)	18	(a)	19	(a)	20	(b)
21	(d)	22	(b)	23	(d)	24	(a)	25	(b)	26	(a)	27	(b)	28	(d)	29	(d)	30	(a)
31	(b)	32	(c)	33	(a)	34	(d)	35	(d)	36	(b)	37	(a)	38	(c)	39	(b)	40	(c)
41	(a)	42	(c)	43	(a)	44	(b)	45	(a)	46	(b)	47	(a)	48	(b)	49	(c)	50	(d)

भाषाई विविधता (बहुभाषिकता) और कक्षा-कक्ष की चुनौतियां

भाषायी विविधता या बहुभाषिकता

भारत एक बहुभाषी देश है। भारत में जनसंख्या, प्रजाति, धर्म तथा संस्कृति के आधार पर ही विभिन्नता नहीं पाई जाती बल्कि भाषा की दृष्टि से भी अनेक भिन्नतायें विद्यमान हैं।

बहुभाषिकता/बहुभाषावाद-

बहुभाषिकता या बहुभाषावाद (Multilingualism) एक से अधिक भाषाओं को बोलने, समझने, पढ़ने और लिख सकने की क्षमता है। यह व्यक्तिगत या सामाजिक क्षमता हो सकती है, जो इस बात पर निर्भर करती है कि कोई व्यक्ति या समुदाय एक से अधिक भाषाओं का प्रयोग करता है या नहीं।

बहुभाषिकता की सरल परिभाषा वह व्यक्ति है जो विभिन्न भाषाएँ बोलने में सक्षम है। दुनिया भर में कई लोग दो या अधिक भाषाओं में बोल, पढ़ और लिख सकते हैं, जिससे वे बहुभाषी बन जाते हैं। सबसे हालिया अनुमानों के अनुसार, दुनिया की लगभग 43% आबादी दो भाषाएँ बोल सकती है, जबकि अन्य 17% तीन या उससे अधिक बोल सकते हैं। इसका मतलब है कि एकभाषी लोग, या ऐसे व्यक्ति जो केवल एक भाषा में बोल, पढ़ और लिख सकते हैं, वास्तव में वैश्विक अल्पसंख्यक हैं। वर्तमान में, अंग्रेजी दुनिया में सबसे आम दूसरी भाषा है: लगभग 66% अंग्रेजी बोलने वालों ने अंग्रेजी को दूसरी या तीसरी भाषा के रूप में सीखा है।

शिक्षा में बहुभाषावाद का महत्व:

संज्ञानात्मक विकास का संवर्द्धन:

शोध से पता चलता है कि एक से अधिक भाषा सीखने से मस्तिष्क के कार्यों, जैसे स्मृति, ध्यान, समस्या-समाधान और रचनात्मकता को बढ़ावा मिल सकता है।

यह 'मेटालिंग्विस्टिक अवेयरनेस' (metalinguistic awareness) में भी सुधार कर सकता है, जो भाषा संरचनाओं एवं नियमों पर गंभीरता से मनन करने और कुशलतापूर्वक उनका उपयोग कर सकने की क्षमता है।

सांस्कृतिक विविधता को बढ़ावा देना:

विभिन्न भाषाओं को सीखने की प्रक्रिया में छात्र विभिन्न संस्कृतियों, दृष्टिकोणों और मूल्यों से परिचित हो सकते हैं। यह उनमें अंतर-सांस्कृतिक क्षमता (intercultural competence) विकसित करने में भी मदद

कर सकता है, जो विविध पृष्ठभूमि के लोगों के साथ प्रभावी ढंग से और उचित रूप से संवाद कर सकने की क्षमता है।

आधिकारिक तौर पर मान्यता प्राप्त 22 से अधिक भाषाओं और सैकड़ों उप-भाषाओं/बोलियों (जिनमें से प्रत्येक का अपना अनूठा सांस्कृतिक और ऐतिहासिक महत्त्व है) के साथ भाषा हमारी पहचान का एक महत्त्वपूर्ण पहलू है।

नई शिक्षा नीति 2020 में बहुभाषावाद:

राष्ट्रीय शिक्षा नीति 2020 में किसी एक भाषा और संस्कृति की ओर ध्यान केन्द्रित न करके 'बहुभाषिकता' पर ज़ोर दिया गया है।

भारतीय भाषाओं एवं बहुभाषिकता पर जोर देते हुए एनईपी2020- में त्रिभाषा सूत्र का भी उल्लेख है। लेकिन प्रस्तावित त्रिभाषा सूत्र एनईपी- 1986 के त्रिभाषा सूत्र से थोड़ा भिन्न है। एनईपी- 1986 के त्रिभाषा सूत्र में क्षेत्र विशेष में द्वितीय व तृतीय भाषा के चयन में बाध्यता थी, जबकि एनईपी- 2020 में प्रथम मातृभाषा के अलावा द्वितीय व तृतीय भाषा के चयन में लचीलापन दृष्टिगोचर होता है।

राष्ट्रीय शिक्षा नीति 2020 भाषा शिक्षा और भाषा अधिगम को बहुभाषावाद के रूप में वर्णित करती है।

कक्षा कक्ष में बहुभाषिकता को बढ़ावा देने की आवश्यकता-

दुनिया भर में वैश्विक ज्ञान केंद्र बनने के कारण शिक्षार्थियों को अंतर्राष्ट्रीय स्तर पर सफल होने के लिए बहुभाषी होना आवश्यक है। भारत एक भाषाई रूप से विविध राष्ट्र है जहाँ बहुभाषी कक्षाएँ आम हैं। लेकिन आम तौर पर, यह बहुभाषावाद सामाजिक बातचीत तक ही सीमित है। शिक्षार्थी अपनी दूसरी, तीसरी या किसी अन्य अतिरिक्त भाषा में अकादमिक भाषा दक्षता हासिल करने में विफल रहते हैं। इसलिए, शिक्षकों को एक भाषा शिक्षण दृष्टिकोण का पालन करना चाहिए जो शिक्षार्थियों को दूसरी या तीसरी भाषा में अकादमिक भाषा दक्षता हासिल करने के लिए प्रेरित और मदद कर सके।

बहुभाषिकता एक संसाधन -

बहुभाषिकता कक्षा में संसाधन का कार्य करती है और शिक्षण को रुचिपूर्ण बनाती है।

कक्षा में बहुभाषिकता को बढ़ावा देना ज़रूरी है क्योंकि इससे छात्रों के संज्ञानात्मक और शैक्षिक विकास में मदद मिलती है।

कक्षा में बहुभाषिकता के लाभ:

बहुभाषी कक्षा का विद्यार्थी छात्र एकभाषी कक्षा की अपेक्षा अधिक कुशल होता है। बहुभाषी कक्षा में छात्र एक दूसरे से संवाद स्थापित करते हैं, इससे उन्हें अलग-अलग भाषाओं को सीखने जानने का अवसर मिलता है और उनकी कार्यकुशलता बढ़ती है। बहुभाषी कक्षा में विभिन्न भाषाओं के छात्र होते हैं और हर भाषा की अपनी अलग संस्कृति होती है।

बहुभाषी कक्षा में अलग भाषाओं वाले बच्चे एक साथ सामान शिक्षा ग्रहण करते हैं। बहुभाषिक कक्षा में शिक्षण प्रक्रिया के दौरान शिक्षक सदैव विद्यार्थियों को उनकी मातृभाषा में बोलने के अवसर प्रदान करता है।

बहुभाषिक कक्षा की विशेषताएं:

- ❖ बच्चों को उनकी गृहभाषा में कहने सुनने की आजादी देती है।
- ❖ बच्चों के संज्ञानात्मक तथा शैक्षिक विकास को गति प्रदान करती है।
- ❖ बहुभाषिक कक्षा में बच्चों की मातृभाषा को कक्षा में स्थान दिया जाता है।
- ❖ बच्चों को कक्ष के वातावरण से जोड़ कर उनमें भाषाई कौशल को विस्तार देती है।
- ❖ बच्चों को संवादात्मक परिस्थितियों का सामना करने की योग्यता प्रदान करती है।

भाषा विविधता वाली कक्षा में भाषा- शिक्षण की कठिनाइयां

- **बच्चों में संप्रेषण कौशल का विकास करने की चुनौती:** बच्चों में संप्रेषण कौशल का विकास करने के लिए भाषा पर नियंत्रण एवं इसमें कुशलता आवश्यक है। किंतु क्षेत्रीय भाषाओं के प्रभाव से इस में कई प्रकार की समस्याएं उत्पन्न होती है।
- छात्रों में भाषाई कौशलों का विकास करने की चुनौती: भाषाई विविधता के कारण छात्रों को विविध भाषायी कौशलों के अधिगम (सुनने, बोलने, पढ़ने एवं लिखने) के विकास में चुनौतियों का सामना करना पड़ता है। क्योंकि क्षेत्रीय भाषा के प्रभाव के कारण भाषायी कौशलों पर भी इसका प्रभाव पड़ सकता है
- अध्यापक को विभिन्न भाषाओं संबंधी ज्ञान की चुनौती: एक शिक्षक के लिए विभिन्न भाषाओं का ज्ञान होना कठिन है। जो बहुभाषी कक्षा में शिक्षण अधिगम प्रक्रिया में एक समस्या के रूप में बनी रहती है।
- भाषा के प्रति छात्रों की रूचि और रुझान का आभाव: भाषा विविधता के कारण भाषा शिक्षण की एक समस्या यह है कि छात्रों में भाषा के प्रति रुचि तथा रुझान का अभाव पाया जाता है। जिस कारण से भाषा शिक्षण का कार्य और अधिक चुनौतीपूर्ण हो जाता है।

अध्यापक को विभिन्न भाषाओं सम्बन्धी ज्ञान की चुनौती- (Challenge of Multiple Language for Teacher)

भारत की भाषायी विविधता के कारण एक शिक्षक के लिए विभिन्न भाषाओं का ज्ञान होना कठिन है, जो बहुभाषिक कक्षा में शिक्षण अधिगम प्रक्रिया में एक समस्या के रूप में बनी रहती है।

समस्याओं का समाधान

- **बहुभाषिक कक्षा मैं शिक्षण अधिगम प्रक्रिया को सरल बनाने के लिए अध्यापक को समृद्ध भाषिक परिवेश का निर्माण करना चाहिए।**
- **बच्चे के स्कूल की भाषा और घर एवं पड़ोस की भाषा में समरूपता होनी चाहिए।**
- **बच्चे प्रारंभ से ही बहु भाषिक शिक्षा प्राप्त कर सकें, इसके लिए त्रिभाषा फार्मूला को उसके मूल भाव के साथ लागू किए जाने की जरूरत है।**
- **बच्चों को प्राथमिक स्तर की विद्यालय शिक्षा उनकी मातृभाषा में दी जाए, जिससे शिक्षण अधिगम प्रक्रिया सरल एवं छात्रों के लिए सहज हो सके।**
- **बहुभाषी कक्षा में शिक्षण प्रक्रिया के दौरान अध्यापक को सदैव विद्यार्थियों को अपनी मातृभाषा में बोलने के अवसर प्रदान करनी चाहिए।**
- **शिक्षक को सभी छात्रों को समान भाव से देखना चाहिए, तथा सबकी भाषा और विचारों को सम्मान देना चाहिए।**
- **सभी छात्रों को विशेष शिक्षण प्राप्त करने की प्रक्रिया में समान अवसर देना चाहिए, ताकि कोई भी छात्र अपने आप को कमजोर ना समझे।**

विगत वर्षों में आए हुए एवं संभावित प्रश्न

1. भारत में बहुभाषावाद के संदर्भ में अध्यापक के लिए क्या समझना ज़रूरी है ?

(a) विविधता भरे समाज में 'एक भाषा नीति बनानी चाहिए

(b) भाषा, अस्मिता और संस्कृति ये भिन्न-भिन्न अस्तित्व रखती हैं।

(c) सम्प्रेषण से सामाजिक सम्बद्धता स्थापित होती है

(d) अल्पसंख्यक भाषाओं को प्रभुत्वशाली भाषाओं में मिला देना चाहिए

2. राष्ट्रीय शिक्षा नीति 2020 भाषा शिक्षा और भाषा अधिगम को किस रूप में वर्णित करती है?

(a) सभी के लिए भाषा

(b) बहुभाषावाद और भाषा की सत्ता

(c) त्रिभाषा-सूत्र

(d) बहुभाषा अधिगम और भाषा की सत्ता

3. जब द्विभाषी और बहुभाषी लोग अपनी बहुभाषी और द्विभाषी दुनिया में प्रयुक्त भाषाओं का अर्थ समझने के लिए विविध प्रकार के तर्कमूलक तरीकों का प्रयोग करते हैं, तब यह स्थिति क्या कहलाती है?

(a) एक भाषा से दूसरी भाषा में चले जाना

(b) एकल भाषा

(c) कोडों को मिलना

(d) एक कोड से दूसरे कोड में स्थानान्तरण

4. बहुभाषिक कक्षा में बच्चों की भाषाओं को स्थान देने के लिए आवश्यक है कि

(a) शिक्षक बच्चों की मातृभाषाओं में गीत-कविता सुने

(b) शिक्षक बच्चों की भाषाओं का ही प्रयोग करे

(c) शिक्षक बच्चों को उनकी भाषाओं में ही व्यवहार करने के लिए कहे

(d) शिक्षक बच्चों की मातृभाषा-प्रयोग को स्वीकार करें

5. उच्च प्राथमिक स्तर पर पाठ्य-पुस्तकों में हिन्दीतर भाषा को ही जगह मिलनी चाहिए, ताकि बच्चे

(a) भाषा की विभिन्न रंगतों से परिचित हो सकें

(b) हिन्दीतर भाषी साहित्यकारों से परिचित हो सकें

(c) सामाजिक संस्कृति से परिचित हो सकें

(d) उपरोक्त सभी

6. द्वितीय भाषा की पाठ्यचर्या का एक लक्ष्य है-प्राकृतिक भाषा ज्ञान में अर्जित दक्षता के अनुरूप ....दक्षता प्राप्त करना।

(a) उच्च

(b) सर्वोच्च

(c) औसत

(d) बुनियादी

7. 'संसाधन के रूप में बहुभाषिकता' का क्या अर्थ है?

(a) भाषा-शिक्षण के लिए शिक्षार्थियों की भाषा का प्रयोग करना

(b) विज्ञान तथा भाषाओं के शिक्षण की विधियों के रूप में शिक्षार्थियों की भाषा का प्रयोग करना।

(c) कक्षा में शिक्षार्थी के परिवार की भाषाओं का प्रयोग करना।

(d) कक्षा में शिक्षार्थियों की भाषा की पाठ्य सामग्री, विचार, अभ्यासों और सांस्कृतिक पहलुओं का प्रयोग करना।

8. सुहेल एक साल पहले असोम से पंजाब आया है। वह हिन्दी भाषा का प्रयोग करते समय त्रुटियाँ करता है। एक शिक्षक के रूप में आप किस कथन को सही मानेंगे?

(a) उसे रोज एक घण्टा हिन्दी भाषा के शब्द बोलने का अभ्यास कराना चाहिए।

(b) सुहेल को भाषा प्रयोग के अधिकाधिक अवसर व प्रोत्साहन देना चाहिए।

(c) सुहेल को बार-बार उसकी त्रुटियों के बारे में बताना चाहिए।

(d) सुहेल की मातृभाषा का प्रभाव लक्ष्य भाषा पर नहीं पड़ने देना चाहिए।

9. राष्ट्रीय पाठ्यचर्या की रूपरेखा 2005 के अनुसार कौन-सा कथन सही है?

(a) भाषा केवल भाषा की कक्षा तक सीमित होनी चाहिए।

(b) भाषा-शिक्षण एक प्रकार से अन्य विषयों की कक्षाओं में भी मौजूद रहता है।

(c) बच्चे विद्यालय आकर ही भाषा सीखते हैं।

(d) प्राथमिक स्तर पर भाषा सीखने-सिखाने में केवल पढ़ने पर बल देना चाहिए।

10. भाषा सीखने का अर्थ उस भाषा की .... सीखना भी है, क्योंकि भाषा किसी भी .... का अभिन्न हिस्सा होता है।

(a) ऐतिहासिकता, इतिहास

(b) संस्कृति, संस्कृति

(c) बारीकी, व्याकरण

(d) नियमबद्धता, व्याकरण

11. यदि बच्चे अपने परिवेश में दो भाषाओं का बोलना सुनते हैं, दो भाषाओं को सुनने के ये अवसर :

(a) कोई प्रभाव नहीं डालते हैं।

(b) समझ में भ्रमित करते हैं।

(c) बच्चों को नुकसान पहुँचाते हैं।

(d) बच्चों को लाभ पहुँचाते हैं।

12. भारत में विद्यालयी शिक्षा के संदर्भ में बहुभाषावाद के लिए कौन-सा कथन सही है ?

(a) बहुभाषावाद का प्रयोग भाषाओं और विषयों के शिक्षण-अधिगम के लिए एक संसाधन के रूप में होना चाहिए।

(b) बहुभाषिक कक्षाओं का यह उद्देश्य है कि सभी विद्यार्थी जहाँ तक संभव हो अधिक से अधिक भाषाएँ सीख सकें।

(c) बहुभाषिक कक्षा में प्रत्येक विद्यार्थी को अंग्रेज़ी सीखनी चाहिए और अंग्रेज़ी माध्यम के विद्यालय में पढ़ना चाहिए।

(d) बहुभाषिक कक्षा में प्रत्येक बच्चे को मातृभाषा से शुरू करते हुए हिन्दी, फिर अंग्रेज़ी इस तर से तीन भाषाएँ सीखनी चाहिए।

13. भाषा के सम्बन्ध में कौन-सा कथन सही नहीं है?

(a) भारत की भाषिक विविधता एक जटिल चुनौती है।
(b) बहुभाषिकता बच्चे की अस्मिता का निर्माण करती है।
(c) भाषाएँ आपस में सम्पर्क संवाद करती हैं।
(d) भाषागत विविधता एक समस्या है।

14. उच्च प्राथमिक स्तर पर बहुभाषिक कक्षा में बच्चों की भाषा/भाषाएँ
(a) एक संसाधन है/हैं
(b) एक कठिन समस्या है/हैं
(c) एक पहेली है/हैं
(d) एक जटिल चुनौती है/हैं

15. द्वितीय भाषा सीखने के सन्दर्भ में सबसे कम महत्त्वपूर्ण है
(a) अभिभावक से प्राप्त प्रोत्साहन
(b) भाषा की परीक्षा
(c) अभिवृत्ति
(d) शिक्षक का व्यवहार

16. उच्च माध्यमिक स्तर पर हिन्दी भाषा की पाठ्य-पुस्तक में हिन्दीतर भाषाओं की रचनाओं को भी स्थान देने का मुख्य उद्देश्य है
(a) अन्य भाषाओं के व्याकरण से परिचित कराना
(b) अन्य भाषाओं के उत्कृष्ट साहित्य से परिचित कराना
(c) अन्य भाषाओं के रचनाकारों से परिचित कराना
(d) अन्य भाषाओं के साथ तुलना करना

17. हिन्दी के पाठों में अन्य भाषाओं के शब्दों के होने का अर्थ है
(a) पाठ समाज के बहुभाषी स्वरूप की सहज प्रस्तुति है
(b) पाठ कठिन और अस्पष्ट है
(c) विद्यार्थियों को शुद्ध भाषा नहीं सिखाई जा रही
(d) पाठ का लेखक हिन्दी नहीं जानता

18. विद्यालयों में बहुभाषिक शिक्षा के बारे में कौन - सा सही नहीं है ?
(a) सभी शिक्षार्थी मातृभाषा / घर की भाषा, राज्यभाषा, हिन्दी, अंग्रेजी व दूसरी भाषाएँ सीखते हैं।
(b) सभी बच्चे विद्यालयी शिक्षा माध्यमिक चरण में अंग्रेजी माध्यम से पढ़ते हैं।
(c) विद्यालयी व्यवस्था और राज्यों को विद्यालय में शिक्षार्थियों की भाषाओं के अधिगम का प्रावधान करना चाहिए।
(d) सभी बच्चे अपनी विद्यालयी शिक्षा मातृभाषा में शुरू करते हैं और बाद में कई भाषाएँ जोड़ते हैं

19. युक्ति के रूप में बहुभाषावाद से क्या अभिप्राय है?
(a) विद्यालय में बहुत सी भाषाओं का शिक्षण
(b) सभी शिक्षार्थियों की मातृभाषाओं का शिक्षण- अधिगम
(c) शिक्षार्थियों की भाषाओं का प्रयोग करना
(d) शिक्षार्थियों को विदेशी भाषाएँ सीखने के अवसर देना

20. बच्चे एक या एक से अधिक भाषाओं के ज्ञान के साथ विद्यालय में आते हैं। एक से अधिक भाषाओं का ज्ञान बच्चों को निम्नलिखित में से किसमें सहायता करता है?

(a) अन्य भाषाओं एवं नए विषयों को आसानी से सीखने में
(b) राष्ट्र के रीति-रिवाज़ों एवं अन्य संस्कृतियों को समझने में
(c) अन्य विद्यार्थियों के साथ न जुड़ने तथा संवेदनशील होने में
(d) अधिक अंक प्राप्त करने के लिए उन भाषाओं की लिपि सीखने में

21. एक भाषा से दूसरी भाषा में जाना (ट्रान्सलैंग्वेज) के बारे में क्या सही नहीं है?
(a) भाषाओं के बीच अनुवाद
(b) एक ही बोली जाने वाली या लिखित अभिव्यक्ति में विभिन्न भाषाओं के शब्दों का मिश्रण
(c) यह बहुभाषावाद को समुन्नत करता है
(d) यह विद्यार्थियों को एक भाषा के प्रयोग तक सीमित करता है

22. विद्यालय में एक से अधिक भाषाओं का शिक्षण
(a) जटिल समस्याएँ उत्पन्न करता है
(b) अनेक भाषाओं के शिक्षकों के रोजगार को बढ़ावा देता है
(c) बहुभाषिकता और राष्ट्रीय सद्भाव का प्रसार करता है
(d) व्यावहारिक नहीं है

23. त्रिभाषा-सूत्र के अनुसार स्कूल में पहली भाषा जो पढ़ाई जाए वह ....हो या .... भाषा।
(a) हिन्दी, अंग्रेजी
(b) अंग्रेजी, विदेशी
(c) मातृभाषा, क्षेत्रीय
(d) मातृभाषा, हिन्दी

24. त्रिभाषा-फार्मूला भारत की ....की चुनौतियों .... को सम्बोधित करने और का प्रयास है।
(a) संस्कृति, समाधानों
(b) समस्याओं, अवसरों
(c) भाषा-स्थिति, संस्कृति
(d) भाषा-स्थिति, अवसरों

25. बहुभाषावाद शिक्षा का एक ऐसा संसाधन है जिसका उद्देश्य है -
(a) शिक्षण-अधिगम के लिए शिक्षार्थियों की भाषाओं का उपयोग करना।
(b) शिक्षार्थियों को यथासंभव अधिक से अधिक भाषाएँ सिखाना।
(c) शिक्षण अधिगम के लिए शास्त्रीय भाषाओं का उपयोग करना।
(d) नौकरियों के लिए अंग्रेज़ी भाषा और संस्कृति के लिए मातृभाषा सीखने के सक्षम बनाना।

26. हमारे देश की .... विविधता हमारा एक भाषायी .... है।
(a) साहित्यिक, चुनौती
(b) भाषिक, संबल
(c) भौगोलिक, विस्तार
(d) भाषिक, हथियार

27. द्विभाषी बच्चे या दो भाषा जानने वाले बच्चे किसी से बात करते समय प्राय: एक भाषा के शब्दों का प्रयोग करते हैं, कहलाता है-
(a) संकेत बदलना
(b) संकेत मिश्रित करना

(c) बहुभाषिकता
(d) दक्षता स्तर

28. अतिरिक्त द्वितीय भाषा में निर्देश पढ़ाते हुए किसी अकादमिक विषयवस्तु के शिक्षण के लिए शिक्षार्थी की घर की भाषा का इस्तेमाल करना क्या कहलाता है?
(a) बुनियादी
(b) बहुभाषिकता
(c) द्विभाषिक
(d) सटीकता

29. इनमें से कौन-से बहुभाषावाद के लाभ हो सकते हैं?
(i) समृद्ध शब्दावली और प्रभावशाली भाषण
(ii) अन्य संस्कृतियों के प्रति सहिष्णुता और सम्मान
(iii) सीमित रोजगार के अवसर
(iv) पराभाषिक जागरूकता
(a) (i), (ii), (iii)
(b) (ii), (iii)
(c) (i), (ii)
(d) (i), (ii), (iv)

30. ट्रांस-लेंगुएजिंग (एक भाषा से दूसरी भाषा में जाना) के सम्बन्ध में इन कथनों (अ) और (ब) पर विचार करें।
(अ) ट्रांस-लेंगुएजिंग बहुभाषावाद का एक लचीला स्वरूप है।
(ब) ट्रांस-लेंगुएजिंग सम्प्रेषण क्षमता के संवर्द्धन के लिए जानी गई भाषाओं के बीच एक भाषा से दूसरी में व्यवहार करना है।
(a) (अ) सही है, (ब) गलत है।
(b) (अ) गलत है, (ब) सही है।
(c) (अ) और (ब) दोनों सही हैं।
(d) (अ) और (ब) दोनों गलत हैं।

31. भाषा की पाठ्य-पुस्तकों में हिन्दीतर भाषाओं को भी जगह मिलनी चाहिए। इस कथन के समर्थन में कौन-सा तर्क काम करेगा?
(a) इससे भाषाओं के बीच द्वंद नहीं होगा
(b) इससे भाषागत विविधता को सही रूप में सम्बोधित किया जा सकता है
(c) इससे भारत की सभी भाषाओं को स्थान दिया जा सकेगा
(d) इससे त्रिभाषा-सूत्र का पालन किया जा सकता है

32. किसी एक भाषा की कक्षा के लिए निम्नलिखित में से क्या सबसे अधिक उपयुक्त है?
(a) लक्ष्य भाषा की आकृतियों और अर्थों के बीच सम्बन्ध स्थापित करना
(b) भाषा सीखने के लिए ड्रिल द्वारा आकृतियों, व्याकरण के नियमों की व्याख्या करना
(c) पाठ्य-पुस्तक का गहन उपयोग करना
(d) अनुवाद के माध्यम से गहन अभ्यास करना

33. भारत की 'शिक्षा में भाषा नीति' किस रूप में जानी जाती है?
(a) बहुभाषिक शिक्षा
(b) त्रिभाषा-सूत्र
(c) शिक्षा पाठ्यचर्या में भाषा
(d) भाषा नीति में शिक्षा

34. बहुभाषिक कक्षा के सन्दर्भ में आप इनमें से किस गतिविधि को सर्वाधिक उचित समझते हैं?

(a) स्वतन्त्र शब्द को दस बार बोलिए

(b) सूर्य अस्त हो गया, वाक्य को दस बार लिखिए

(c) हिन्दी पाठों में आए चिड़िया, पुस्तक, कुआँ को आपकी भाषा में क्या कहते हैं बताइए

(d) लट्ठ, खत शब्दों के हिन्दी रूप कण्ठस्थ कीजिए

35. किसे मातृभाषा पर आधारित बहुभाषिकता कहेंगे?

(a) शिक्षार्थी अपनी विद्यालयी शिक्षा मातृभाषा में आरम्भ करते हैं और उसमें और अधिक (कम-से-कम दो) भाषाएँ जोड़ते हैं।

(b) शिक्षार्थी अपनी विद्यालयी शिक्षा मातृभाषा में आरम्भ करते हैं तथा आगे जाकर अंग्रेजी तथा हिन्दी पढ़ते हैं।

(c) शिक्षार्थी अपनी विद्यालयी शिक्षा अंग्रेजी में आरम्भ करते हैं तथा आगे जाकर तीन चार भाषाएँ पढ़ते हैं।

(d) शिक्षार्थी प्राथमिक विद्यालय में अपनी मातृभाषा में सीखते हैं तथा बाद में अंग्रेजी में पढ़ते हैं।

36. विद्यालय में बच्चे को अपने घर की भाषा प्रयोग करने से मना करना उनके अधिगम के लिए क्यों हानिकारक है?

(a) घर की भाषा का प्रयोग अधिगम को नकारात्मक रूप से प्रभावित करता है।

(b) यह उनके अधिकारों का हनन है।

(c) विद्यालय में घर की भाषा के प्रयोग का निषेध करना असंवैधानिक है।

(d) इससे विद्यार्थी स्वयं को हाशिए पर महसूस कर सकते हैं तथा कक्षा में स्वयं को खोया हुआ महसूस करते हैं।'

37. 'द जंगल बुक' के मुख्य पात्र मोगली की भाषा में कमी थी, क्योंकि मानव संपर्क से विलग उसका पालन-पोषण हुआ था। यह साक्ष्य भाषा- विकास के किस पक्ष का समर्थन करता है ?

(a) एक सही आयु में बच्चे के पास भाषा-परिवेश का अभाव।

(b) बच्चे को कुछ जीव- वैज्ञानिक समस्याएँ थीं।

(c) सहज क्षमता के साथ उसका जन्म नहीं हुआ था।

(d) उसे मानव भाषा की बजाय जानवरों की भाषा से प्रेम था।

38. एक से अधिक भाषा का ज्ञान:

(a) भाषा-कक्षा में शिक्षक के ऊपर एक बोझ बन जाता है।

(b) नवीन कक्षा-कक्ष में सीखते समय शिक्षार्थी को उसके समनुरूप करता है।

(c) नवीन भाषा के सीखने-सिखाने में मदद करता है।

(d) नवीन भाषा सीखने में हस्तक्षेप करता है।

उत्तर कुंजी

1	(c)	2	(b)	3	(a)	4	(d)	5	(d)	6	(b)	7	(d)	8	(b)	9	(b)	10	(b)
11	(d)	12	(a)	13	(d)	14	(a)	15	(b)	16	(b)	17	(a)	18	(b)	19	(c)	20	(a)
21	(b)	22	(c)	23	(c)	24	(d)	25	(a)	26	(b)	27	(a)	28	(c)	29	(d)	30	(c)
31	(d)	32	(a)	33	(a)	34	(c)	35	(a)	36	(d)	37	(a)	38	(c)				

हिंदी शिक्षण - प्रमुख समस्याएँ एवं अशुद्धियाँ

मानव संस्कृति में भाषा की अहम भूमिका होती है। विश्व भर में लगभग तीन हजार से भी अधिक भाषाएं बोली व जानी जाती हैं। किसी भी देश की प्रगति व उत्थान के लिए उसकी अपनी एक भाषा का होना अति आवश्यक है। देश की प्रगति व विकास में भाषा की अहम महत्ता होती है। मनुष्य को मनुष्य से जोड़ने के लिए भाषा का होना अति आवश्यक है क्योंकि भाषा ही किसी मनुष्य के मन मस्तिष्क का दर्पण होती है। राष्ट्रपिता महात्मा गांधी ने भाषा को "आत्मा का ज्ञान" की संज्ञा प्रदान की है। भाषा से ही मनुष्य का परिचय होता है। इसलिए कहा है कि "वाणी के बिना मनुष्य और भाषा के बिना राष्ट्र गूंगा है।"

राजभाषा हिन्दी :- **हमारे देश में हिन्दी राजभाषा के रूप में जानी जाती है। यह हिन्दी भाषा के लिए गौरव की बात है। हमारे भारत जैसे विशाल देश में जहां अनेक धर्म, सम्प्रदाय, जाति तथा भाषा के लोग एकत्र होकर रह रहे हैं उस देश के लिए एक ही संविधान बनाया और अपनाया गया है। आजादी के बाद 26 नवम्बर, 1949 को संविधान स्वीकृत किया गया तथा जनवरी 1950 को लागू किया गया और दिनांक 14 सितम्बर 1949 को हिन्दी को राजभाषा के रूप में स्वीकृत किया गया। तब से आज तक देश भर में 14 सितम्बर का दिन 'हिन्दी दिवस' के रूप में मनाया जाता है।**

बच्चों के सीखने में गलतियों का महत्व:-

त्रुटियाँ विद्यार्थियों द्वारा अपने अधिगम के दौरान की गई गलतियाँ हैं। त्रुटियां विद्यार्थियों को समस्या के बारे में उनके कमजोर दृष्टिकोण का पता लगाने में मदद करती हैं और उन्हें अपने अधिगम में सुधार करने का मौका भी देती हैं।

त्रुटियां सीखने का संसाधन है,:-

समस्या के संबंध में विद्यार्थियों की विभिन्न विचार प्रक्रियाओं के कारण त्रुटियाँ हो जाती हैं।

बच्चों द्वारा की गई त्रुटियों के लक्षण:-

त्रुटियां शिक्षण-अधिगम की प्रक्रिया का हिस्सा हैं और विद्यार्थियों के विचारों को अलग बनाती हैं।

त्रुटियाँ असफलता के भय से निर्मित सीमाओं को समाप्त कर देती हैं।

वयस्कों से बच्चों की विभिन्न विचार प्रक्रियाओं के कारण त्रुटियाँ होती हैं, वयस्कों के विचार अनुभव के कारण अधिक भिन्न होते हैं इसलिए वयस्कों और बच्चों की सोच गुणात्मक रूप से भिन्न होते है।

त्रुटियाँ:-

- त्रुटि करना मनुष्य की स्वाभाविक प्रकृति है। त्रुटियां सीखने की प्रक्रिया में एक महत्वपूर्ण कदम है जो बच्चों की सोच को अंतर्दृष्टि देती है। त्रुटियाँ बच्चों की मदद का मार्ग तय करती है तथा इसे सीखने की प्रक्रिया का एक पड़ाव भी कह सकते हैं।

- त्रुटियाँ बच्चों में समस्या-समाधान और महत्वपूर्ण सोच कौशल का निर्माण करती हैं।

- त्रुटि विश्लेषण अधिगमकर्ताओं को विचारों और अवधारणाओं के बीच संबंध बनाने में मदद करता है।

- भारत के उत्तरी राज्यों में हिन्दी मातृभाषा है। अतः इन राज्यों में हिंदी-शिक्षण कोई बड़ी समस्या नहीं है। हिंदी शिक्षण की वास्तविक है समस्याएँ तो उन अहिंदी भाषी राज्यों में खड़ी होती हैं, जहां हिंदी का शिक्षण राष्ट्रभाषा के रूप में होता है। राष्ट्रभाषा-शिक्षण की प्रमुख समस्याओं तथा उनके समाधान अग्रलिखित हैं-

समस्याएँ तथा उपाय:-

1. कठिन व्याकरण-राष्ट्रभाषा:- हिंदी का व्याकरण सरल, सुग्राह्य तथा सुगम नहीं है। इसमें कतिपय भ्रांतियाँ हैं और अस्पष्टता भी। लिंग-विधान की जटिलता तो संज्ञा तथा सर्वनाम तक ही सीमित नहीं है, वह तो क्रियापद, विशेषण आदि को भी अपने चंगुल से छुटकारा देने को तैयार नहीं। इसके अतिरिक्त रचना संबंधी भ्रांतियाँ भी वर्तमान हैं। अतः व्याकरण की जटिलता राष्ट्रभाषा-शिक्षण के मार्ग की सबसे बड़ी बाधा है। अहिन्दी-भाषी जनता हिन्दी-व्याकरण की इस जटिलता से सम्भवतः घबड़ा उठती है तथा हिन्दी सीखने से डरने लगती है।

2. हिंदी की जटिलता:- आज राष्ट्रभाषा के रूप में हिन्दी का द्रुतगति से विकास हो रहा है। वैज्ञानिक, तकनीकी तथा पारिभाषिक शब्दों का निर्माण हो रहा है। इस प्रक्रिया में संस्कृत भाषा से धड़ल्ले के साथ शब्द लिए जा रहे हैं। फल यह हो रहा है कि हिन्दी दुरूह, अग्राह्य तथा जटिल होती चली जा रही है। सामान्य बोलचाल की भाषा न रहकर वह जन-जीवन से दूर भागती जा रही है। अन्य आधुनिक भारतीय भाषाओं के प्रवाह से भी वह दूर भागती जा रही है। यहाँ तक कि सामान्य व्यवहार में चल रहे विदेशी एवं तद्भव शब्दों के स्थान पर भी संस्कृत के कठिन शब्दों को भरने का प्रयास हो रहा है। इस प्रवृत्ति ने जहाँ राष्ट्रभाषा के स्वरूप को जटिल बनाने का काम किया है, वहीं राष्ट्रभाषा शिक्षण को भी अत्यंत कठिन बना दिया है।

3. शिक्षण-विधि का दोष:- यह विधि दोषपूर्ण एवं अवैज्ञानिक है। इस विधि से भाषा का आचरण शिक्षार्थी के समझ में नहीं आता है। हां, यह सबसे कम श्रमसाध्य तथा शिक्षण की दृष्टि से सरल भी है। सही शिक्षण-विधि के अभाव में राष्ट्रभाषा शिक्षण प्रभावकारी नहीं हो पा रहा है।

   यहाँ हम निश्चित शिक्षण-विधियों की चर्चा करते हैं जिसके माध्यम से राष्ट्रभाषा का शिक्षण सफल एवं प्रभावकारी हो सकता है। इस क्रम में सर्वप्रथम 'प्रत्यक्ष विधि' को

लिया जा सकता है। इस विधि में प्रश्नोत्तर तथा वार्तालाप के माध्यम से बच्चों अथवा वयस्कों को मौखिक अभिव्यक्ति का अभ्यास कराया जाता है।

रचना विधि-एक अत्याधुनिक विधि है। इसका प्रयोग विदेशी भाषा-शिक्षण में बहुत ही सफल सिद्ध हुआ है। अतः राष्ट्रभाषा शिक्षण में भी इसकी उपयोगिता स्पष्ट है। इसके अंतर्गत वाक्य-रचना के द्वारा पाठ दिया जाता है। इसमें समान रचना वाले वाक्यों का पूरा-पूरा अभ्यास कराया जाता है। इस विधि में चित्रों, वस्तुओं तथा परिवेश का काफी उपयोग किया जाता है। इस विधि के द्वारा राष्ट्रभाषा का शिक्षण सफल ही नहीं प्रभावकारी भी हो सकता है। अंत में अनुवाद विधि भी आती है। हालांकि यह विधि पुरानी तथा दोषपूर्ण है, किन्तु इसकी भी अपनी कुछ विशेषताएँ हैं। इसके द्वारा विद्यार्थी विषय शीघ्र समझ लेता है। यह कम श्रमसाध्य है।

4. अप्रासंगिक तथा दुरूह पाठ्य पुस्तकें:- वर्तमान में भाषा-शिक्षण के क्षेत्र में क्रांतिकारी परिवर्तन हुए हैं लेकिन अब भी हम पुरानी अवैज्ञानिक पाठ्य-पुस्तकों के स्वरूप को ढोए जा रहे हैं। कठिन भाषा, अपरिचित विषय-वस्तु, जीवन से अलग-थलग के वर्णन तथा अवैज्ञानिक विषय-प्रतिपादन राष्ट्रभाषा की पाठ्य-पुस्तकों को दुरूह, अवैज्ञानिक तथा अरोचक बना देते हैं। अहिन्दी भाषियों के लिए निर्मित पाठ्य पुस्तकों का स्तर सामान्यतः ऊँचा भी रहता है। यह भी राष्ट्रभाषा के शिक्षण में बहुत बड़ी बाधा है।

इस समस्या का समाधान योग्य एवं प्रशिक्षित विषय लेखकों द्वारा वैज्ञानिक पद्धति से पाठ्य-पुस्तक लिखवाकर किया जा सकता है। इसके अतिरिक्त पाठ्य-पुस्तकों में ऐसे विषय रखे जाएँ जो स्थानीय तथा क्षेत्रीय परिवेश आवेष्ठन की विशेषताओं, आकांक्षाओं को मुखरित, प्रकाशित करने में सक्षम हों। महापुरुषों का जीवन, क्षेत्र विशेष में प्रचलित लोककथा, क्षेत्र-विशेष का भूगोल, क्षेत्र विशेष एवं देश का इतिहास, राष्ट्रप्रेम की कविताएँ, स्थानीय एवं राष्ट्रीय स्तर के साहित्यकारों के परिचय निबंध आदि विषयों का समावेश राष्ट्रभाषा को पाठ्य-पुस्तकों को रोचक, ग्राह्य, वैज्ञानिक तथा सरल बनाने में निश्चित रूप से सहायक होगा।

5. अप्रशिक्षित शिक्षक:- राष्ट्रभाषा के शिक्षण के लिए उपयुक्त एवं प्रशिक्षित शिक्षक का सर्वथा अभाव है। यही कारण है कि राष्ट्रभाषा का शिक्षण समस्याओं से घिरा हुआ है। राष्ट्रभाषा के शिक्षकों के लिए न तो उचित प्रशिक्षण संस्थान हैं और न ही उनका वैज्ञानिक ढंग पर प्रशिक्षण हो रहा है। व्यापक राष्ट्रीय दृष्टिकोण वाले शिक्षकों का अभाव भी इस समस्या की गंभीरता को बढ़ाता है।

व्यापक राष्ट्रीय दृष्टिकोण वाले शिक्षकों का निर्माण राष्ट्रव्यापी स्तर पर होने से इस समस्या का समाधान बहुत अंशों तक हो सकता है। योग्य, प्रशिक्षित तथा राष्ट्रीय भावना से अभिभूत शिक्षकों को तैयार करने का काम भारत सरकार द्वारा होना चाहिए। राष्ट्रभाषा-शिक्षकों के लिए कुछ सर्वसाधन संपन्न

प्रशिक्षण संस्थान की स्थापना की जाए। तभी तो वे अपने कर्मस्थल के लोगों से अपनापन स्थापित कर सकते हैं तथा भाषा-शिक्षण के कठिन स्तर पर क्षेत्रीय भाषा की सहायता ले सकते हैं।

भाषायी अशुद्धियों के प्रकार

भाषा प्रयोग में पाई जाने वाली अशुद्धियाँ तीन प्रकार की होती हैं-चूक, भूल और त्रुटि। ये अशुद्धियाँ मातृभाषा शिक्षण और अन्य भाषा शिक्षण दोनों में पाई जाती हैं। अन्य भाषा शिक्षण में अन्तरभाषा के संदर्भ में जिन अशुद्धियों का उल्लेख प्रायः किया जाता है वे त्रुटियाँ कहलाती हैं, यद्यपि इसमें चूक और भूल भी देखने को मिलती हैं।

(1) चूक:-

चूक को अंग्रेजी में लैप्सिज (Lapses) कहा जाता है। चूक वह अशुद्धि होती है, जिसके संबंध में प्रयोक्ता को पता होता है कि या उससे अशुद्धि हो गई है। सामान्यतः इसे जबान की चूक (Slip of वहीं tongue) अथवा कलम की चूक (Slip of pen) कहा जाता है।

उदाहरणार्थ:- 1. कवयित्री को कवित्री, कविता को कव्ता कहना, 2. पुनरुक्ति-'सिवा इसको छोड़कर कोई ऐसी बात नहीं', 'इसके बाद फिर यह हुआ' आदि। चूक प्रायः असावधानी, शीघ्रता, घबड़ाहट, उत्तेजना, अनिश्चय तथा परेशानी आदि के कारण होती है। यदि प्रयोक्ता का ध्यान चूक की ओर आकर्षित किया जाए तो वह अपनी गलती स्वीकार कर भाषा को ठीक कर लेता है। चूक मुख्य रूप से मनोवैज्ञानिक कारणों से होती है। भाषा की चूकों पर विचार करनेवालों में पहला नाम प्रसिद्ध मनोवैज्ञानिक फ्रायड का ही आता है। वेल्स, हॉकेट, मैरी, हिल आदि अन्य विद्वानों ने भी इस विषय पर पर्याप्त विचार किया है।

(2) भूल:-

भूल को अंग्रेजी में मिस्टेक (Mistake) कहते हैं। भूल ऐसी अशुद्धि को कहा जाता है, जिसकी जानकारी प्रयोक्ता को नहीं होती। यदि उसे सही नियम की जानकारी दी जाए तभी वह भूल सुधार कर सकता है। भूल कई प्रकार की हो सकती है, जैसे-

i. सहप्रयोग:- प्रत्येक भाषा में कुछ ऐसे शब्द होते हैं जिनका दूसरे शब्द के साथ प्रयोग निश्चित होता है, अज्ञान के कारण विद्यार्थी उसके स्थान पर दूसरा प्रयोग कर सकता है-जैसे हिन्दी में खाना खाना, भोजन करना; इनके स्थान पर यदि भोजन खाना और खाना करना जैसे प्रयोग होंगे तो वह भूल मानी जाएगी। इसी प्रकार अंग्रेजी सीखते समय हिन्दी भाषी 'फूल तोड़ो' Break (pluck) the flower को कहता है तो यह अशुद्धि होगी।

ii. अनिश्चयजनित भूलें:- कभी-कभी विद्यार्थी यह नहीं समझ पाता कि दो प्रयोगों में से कौन-सा सही है, फलतः वह भूलकर देता है उदाहरणार्थ-मुझे-मुझको (मेरे को), उपर्युक्त (उपरोक्त) आदि।

iii. गणनीय-अगणनीय:- विषयक यदि विद्यार्थी को यह ज्ञान न हो कि कौन-सी चीज गणनीय

है और कौन-सी अगणनीय तो वह अगणनीय के साथ संख्या लगाने की भूल कर सकता है। यथा-अंग्रेजी में Bread अगणनीय है और Loaf गणनीय। अत: Loaf को a loaf कहा जा सकता है, bread को a bread नहीं।

iv. विशिष्ट भाषिक:- संरचना विषयक कभी-कभी किसी भाषा की संरचना में ऐसे तत्व हो सकते हैं जो सामान्य से हटकर हों। भाषा के व्याकरण की सामान्य जानकारी रखनेवाला विद्यार्थी इन भिन्न नियमों से संबंधित भूलें कर देता है, जैसे-हिन्दी में एकवचन आदरार्थ में बहुवचन सर्वनाम और क्रिया का प्रयोग होता है। यथा-आज आप मेरे घर चलिए। इसकी जानकारी न होने पर विद्यार्थी प्रयोग कर सकता है-आज आप मेरे घर चलें। इसी प्रकार 'चाचा आए थे' के स्थान पर 'चाचा आया था' आदि।

उपर्युक्त अशुद्धियों के संबंध में यह ध्यातव्य है कि यदि ये व्याघात के कारण हैं तो इन्हें त्रुटि में स्थान दिया जाएगा और यदि अज्ञान के कारण हैं तो इन्हें भूल में रखा जाएगा।

(3) त्रुटि:-

त्रुटि को अंग्रेजी में एरर्स (Errors) कहा जाता है। अन्य भाषा के सन्दर्भ में हम इसी को वास्तविक अशुद्धि मानते हैं, जिसका सीधा सम्बन्ध अन्तरभाषा के साथ होता है। 'चूक' को तो वास्तविक अर्थों में अशुद्धि कहा ही नहीं जा सकता क्योंकि स्वयं प्रयोक्ता को अपनी गलती का ज्ञान होता है। 'भूल' अवश्य ही अशुद्धि है, परन्तु सही नियम की जानकारी देने पर उसे भी तुरन्त ठीक किया जा सकता है। इनके विपरीत त्रुटि ऐसी अशुद्धि है जो शिक्षार्थी के मन में एक व्यवस्था के रूप में आबद्ध रहती है इसलिए इन्हें व्यवस्थाबद्ध त्रुटियाँ भी कहा जाता है। अपने भाषाई व्याकरण में विद्यार्थी इन्हें शुद्ध मानकर चलता है और इस सम्बंध में सचेत किए जाने पर भी वह तुरन्त ठीक नहीं कर पाता। जैसे-जैसे उसका लक्ष्यभाषा का ज्ञान बढ़ता जाता है, त्रुटियाँ कम होती जाती हैं। व्यतिरेकी विश्लेषण यह मानकर चलता है कि ऐसी त्रुटियों का मूल कारण भाषा-व्याघात है, पर देखा जाता है कि लक्ष्यभाषा की अपनी संरचनागत विशिष्टता के कारण भी विद्यार्थी त्रुटियाँ करता है और अपनी प्रकृति में ये त्रुटियाँ मातृभाषा-भाषी द्वारा की जानेवाली त्रुटियों के ही समान होती है। त्रुटियों के कई कारण होते हैं, जैसे-अति सामान्यीकरण, नियमों-उपनियमों का अधूरा ज्ञान, नियमों का अपूर्ण प्रयोग, भ्रातिपूर्ण धारणा आदि।

i. अति सामान्यीकरण:- अनेक बार देखा जाता है कि विद्यार्थी को भाषा-व्यवस्था संबंधी पर्याप्त जानकारी होती है। अपनी उस जानकारी को वह सर्वत्र प्रयुक्त करता है, ज्ञान नियम का सामान्यीकरण भाषा में अतिव्याप्ति दोष तक पहुँच जाता है। लक्ष्यभाषा की सामान्य नियमों से भिन्न विशिष्ट संरचना-व्यवस्था के कारण ऐसे स्थलों पर त्रुटि हो जाती है।

उदाहरणार्थ- बैठ-बैठा-बैठिए

ii. नियमों-उपनियमों का अपूर्ण ज्ञान:- यदि विद्यार्थी को लक्ष्यभाषा के नियमों-उपनियमों को पूर्ण ज्ञान न हो तब भी त्रुटि हो जाती है।

उदाहरणार्थ-यदि विद्यार्थी को यह ज्ञान तो हो कि हिन्दी में 'ने' का प्रयोग • सकर्मक क्रिया के साथ होता है परन्तु यह ज्ञान न हो कि वह सकर्मक क्रिया का पूर्ण कृदन्त रूप होना चाहिए, तब वह निम्न वाक्य बनाने की भूलकर सकता है-लड़की ने काम करती है। इसी प्रकार यदि उसे यह पूर्ण नियम ज्ञात भी हो परन्तु इसके अपवादों से वह अपरिचित हो तो वह निम्न प्रकार की अशुद्ध वाक्य-रचना कर सकता है-राम ने लाया आदि। इसी नियम को जानने वाले विद्यार्थी को यदि यह ज्ञान न हो कि ऐसी स्थिति में क्रिया-कर्म के अनुसार होती है तो वह ऐसे प्रयोग भी कर सकता है-सुरेश ने लकड़ी तोड़ा अथवा रीता ने अमरूद खाई।

iii. नियमों का अपूर्ण प्रयोग:- **भाषा में संरचना के समय एक से अधिक नियम एक साथ लागू होते हैं। यदि विद्यार्थी एक नियम को लागू कर दे परन्तु दूसरा नियम लागू न करे तब भी रचना त्रुटिपूर्ण हो जाती है। जैसे-पिताजी आया है। (पिताजी आए हैं।)**

iv. भ्रान्त धारण:- **कभी-कभी भाषा की संरचना-विशेष के संबंध में विद्यार्थी के मन में कुछ भ्रांत धारणाएँ बैठ जाती हैं, इससे भी त्रुटियाँ होने की संभावना रहती है। उदाहरणार्थ-यदि विद्यार्थी जानता है कि भूतकाल के लिए 'था' का प्रयोग होता है तो वह 'राम खाना नहीं खाता के लिए 'राम खाना नहीं खाता था' का प्रयोग कर सकता है।**

v. भाषिक व्याघात:- **भाषिक व्याघात भी त्रुटियों का कारण बनता है। प्रायः मातृभाषा और कभी-कभी अन्य सीखी हुई भाषाओं की आदत लक्ष्यभाषा अधिगम में व्याघात उत्पन्न करती है। व्याघात के कारण होनेवाली गलती विद्यार्थी के अन्तस् में बैठकर अंतर भाषा का अंग बन न जाती है, अतः इसे भी 'त्रुटि' कहा जाना चाहिए। भाषिक व्याघात भाषा में में प्रत्येक स्तर पर सम्भव है। यथा-**

(क) उच्चारण:- **हिन्दी सीखते समय अंग्रेजी भाषी क, ट, प को की प्रायः ईषत् महाप्राण (ख, ठ, फ जैसा) बोलते हैं क्योंकि ये ध्वनियों दोनों चैत भाषाओं में समान नहीं है।**

(ख) रूप-रचना:- **विद्यार्थी जिस भाषा को जानता है, उसके बाई व्याकरण को लक्ष्यभाषा पर आरोपित कर रूप-रचना कर लेता है।**

(ग) शब्द प्रयोग:- **विद्यार्थी मातृभाषा में जिन शब्दों का प्रयोग करता है, यदि वही शब्द उसे लक्ष्यभाषा में मिल जाए तो वह लक्ष्यभाषा में भी मातृभाषा के अर्थ में उसका प्रयोग करने लगता है जैसे-**

1. उसे अच्छी शिक्षा मिली। (सजा, मराठी)

(घ) पदक्रम, अन्वय, काल:- **हर भाषा का पदक्रम भिन्न होता है। इसकी जानकारी न होने के कारण विद्यार्थी उसमें गलती कर जाता है। उदाहरणार्थ, हिन्दी में वाक्य में प्रारम्भ में प्रश्नवाचक शब्द लगाकर साध ारण वाक्य को प्रश्नवाचक बनाया जा सकता है।**

अन्वय, काल आदि की दृष्टि से भी ऐसी त्रुटियाँ विद्यार्थी कर सकता है। उदाहरणार्थ, बंगाली में क्रिया लिंग की अन्विति नहीं होती। अतः बंगाली भाषी हिन्दी में प्रयोग कर सकता है-मोहन गई राधा गया।

(ड.) मुहावरे-लोकोक्ति:- मुहावरों के प्रयोग में भी मातृभाषा व्याघात उत्पन्न कर सकती है। उदाहरणार्थ-To have at one's fingers ends के आधार पर अंग्रेजी भाषी 'कंठस्थ होना' को 'अंगुली पर होना' कह सकता है।

त्रुटियों का वर्गीकरण

त्रुटियों को कुछ अन्य आधारों पर भी वर्गीकृत किया जा सकता है। उदाहरणार्थ, भाषा-प्रयोग अथवा भाषा-व्यवहार के संदर्भ में। इस आधार पर त्रुटियाँ तीन की हो सकती हैं-

1. संरचनात्मक, 2. बोधात्मक और
3. सामाजिक संदर्भ में होनेवाली त्रुटियाँ।

1. संरचनात्मक:-

संरचनात्मक दृष्टि से होनेवाली त्रुटियाँ दो प्रकार की हो सकती हैं-

(क) रूपात्मक त्रुटियाँ-

- कृपावंत (कृपालु), बाघीण (बाधिन), सक्ता (सकता)
- घोड़े दौड़ा। (घोड़ा दौड़ा अथवा घोड़े दौड़े)

(ख) प्रकार्यात्मक त्रुटियाँ-

- अध्यापक ने मोहन को घर जाने को कहा। (से) (के लिए)
- राम ने दीपक से पुस्तक खरीद दी। (ली)

2. बोधात्मक त्रुटियाँ:-

इस त्रुटि का संबंध भाषिक बोध एवं उसकी तर्क संगत परिणति से है। यह सम्भव है कि विद्यार्थी को भाषिक संरचना का ठीक ज्ञान हो और व्याकरणिक दृष्टि से वह शुद्ध वाक्य की रचना करे परन्तु अपने संचित अनुभव के आधार पर हम बोध के स्तर पर उन वाक्यों को स्वीकार न कर पाएँ। ऐसी त्रुटियाँ दो प्रकार की होती हैं-

(क) तथ्यपरक:- तथ्यपरक त्रुटि का तात्पर्य है कि वाक्य में जो कुछ कहा गया है वह तथ्य न होकर भ्रांतिपूर्ण अथवा मिथ्या कथन हो जैसे- रामायण की रचना केशवदास ने की है।

(ख) तर्कपरक त्रुटि:- तर्कपरक त्रुटियुक्त वाक्य भी संरचना की दृष्टि से तो शुद्ध होते हैं परन्तु उनके कथन में कार्य-कारण की तर्कसंगत स्थिति नहीं प्राप्त होती, जैसे-

(क) उसने अनजाने में गोली चलाई।

(ख) वह पेड़ को पत्थर से सींचता है।

वाक्य 'क' में 'गोली चलाई' क्रिया का सम्बन्ध अनजाने से होना तर्कसंगत नहीं है। यहाँ 'जानबूझकर' का प्रयोग हो सकता है। 'अनजाने' के साथ 'गोली चल गई' का प्रयोग होना चाहिए।

3. सामाजिक (औपचारिक अनौपचारिक) संदर्भ की त्रुटियाँ:-

भाषा का एक सामाजिक सन्दर्भ भी होता है। संरचना के स्तर पर ठीक होते हुए भी वाक्य में सामाजिक संदर्भ की दृष्टि से त्रुटियाँ सम्भव है। उदाहरणार्थ, यदि व्यक्ति कहता है- 'दादा खाना खा चुका' अथवा 'चाचा आया था' तो इन वाक्यों को सामाजिक सन्दर्भ की दृष्टि से त्रुटिपूर्ण माना जाएगा क्योंकि दादा और चाचा सामाजिक दृष्टि से ऐसे संबंध हैं जिन्हें स्पष्ट करने के लिए आदरार्थक क्रिया का प्रयोग आवश्यक है।

(क) विवाह के लिए निमंत्रण- **पत्र में मेरी बेटी की शादी में तुम सबको आना है।**

(ख) मित्र को निमंत्रण- **मेरी पुत्री के पाणिग्रहण-संस्कार के अवसर पर पधार कर वर-वधू को आशीर्वाद देने की कृपा करें।**

निमंत्रण-पत्र औपचारिक होता है, अतः उसमें 'ख' वाक्य होना चाहिए। मित्र के साथ संबंध अनौपचारिक होते हैं, अतः ऐसे स्थलों पर 'क' वाक्य का प्रयोग करना चाहिए।

उपर्युक्त विश्लेषण से यह स्पष्ट होता है कि विद्यार्थी अनेकानेक कारणों से त्रुटियाँ कर सकता है। त्रुटियाँ भाषा अधिगम प्रक्रिया का यथार्थ हैं। ये सहज और स्वाभाविक हैं।

इससे पूर्व कि ये त्रुटियाँ विद्यार्थी की आदत बन जाएँ, अभिरचना-अभ्यास में परिवर्तन कर अथवा अन्य विधियों से त्रुटियों को ठीक कराना चाहिए। यदि ये त्रुटियाँ आदत में आ गई हैं तब भी इन्हें ठीक करने का सतत् प्रयास करना चाहिए क्योंकि अन्ततः भाषा शिक्षण सही भाषा की आदत डालना है।

अशुद्धि का निराकरण अथवा शोधनः-

ऊपर कहा गया कि अशुद्धियाँ तीन प्रकार की होती हैं। इनमें 'चूक' का ज्ञान तो विद्यार्थी को स्वयं ही होता है। भूल का आभास यदि विद्यार्थी को करा दिया जाए तो वह उसे ठीक कर लेता है परन्तु त्रुटि व्यवस्थाबद्ध अशुद्धि है। इसकी संरचना विद्यार्थी के मस्तिष्क में स्थिर होती है। इन्हें ठीक करने के लिए अध्यापक को अधिक प्रयास करना पड़ता है। इसके लिए विभिन्न स्तरों पर निम्नलिखित विधियाँ अपनाई जा सकती हैं।

(1) उच्चारण संबंधी त्रुटियाँः- **भाषा-शिक्षण में सर्वप्रथम और सर्वप्रमुख त्रुटि उच्चारण के स्तर पर देखी जाती है। हिन्दी की किसी बोली को बोलनेवाले छात्र भाषा सीखते समय और अन्य छात्र लक्ष्यभाषा सीखते समय भाषिक व्याघात के कारण इस प्रकार की त्रुटियाँ करते हैं।**

इन त्रुटियों को दूर करने के लिए निम्न प्रकार के अभ्यास कराए जा सकते हैं-

(i) समान प्रतीत होने वाली ध्वनियों का बार-बार उच्चारणः-

अ-आ	**क-ख**
इ-ई	**र-ल, ड़**
उ-ऊ	**त-थ**

(ii) शब्द में से ध्वनि विशेष को छाँटना (स, श):- **सब, शाल, कसक, कसम, वश, निशान, ओस, दास, ताश, शासन, शाम।**

(iii) शब्द में समान ध्वनियों का स्थान बतानाः- **करम-कलम, चूना-छूना, कसक कसम, मास-घास, सबल-सफल।**

(iv) रिक्त स्थान में (जिनके उच्चारण में त्रुटि होती है, ऐसी) ध्वनि को रखना

(2) रूप-रचना सम्बंधी त्रुटियाँः- **विद्यार्थी जब रचना की प्रक्रिया में आता है तब उसे अनेक प्रकार की रूप-रचनाएँ भी करनी पड़ती हैं। रूप, वाक्य आदि के स्तर पर नियम सामान्यीकरण अथवा व्याघात के कारण विद्यार्थी अनेक प्रकार की त्रुटियाँ करता है। इसके लिए विद्यार्थी से वचन, लिंग, अन्विति आदि के स्तर पर अनेक प्रकार के अभ्यास कराए जा सकते हैं। जैसे-**

(3) पदक्रम, अन्वय, काल:- विद्यार्थी, विशेषत: अन्य भाषा अधिगम के समय पदक्रम, अन्वय और काल संबंधी त्रुटियाँ भी करता है। इनके शोधन के लिए विद्यार्थी को सैद्धांतिक ज्ञान देने के साथ-साथ उसके द्वारा की जानेवाली त्रुटियों के आधार पर कुछ अभ्यास भी दिए जाने चाहिए।

जैसे- पदक्रम की दृष्टि से शब्दों का क्रम बदलकर पदबंध अथवा वाक्य-रचनाएँ दी जाएँ तथा उनका क्रम ठीक करने के लिए कहा जाए।

अन्वय की दृष्टि से विद्यार्थी को अशुद्धि शोधन अभ्यास अथवा रिक्त-स्थान-पूर्ति अभ्यास दिए जा सकते हैं।

(4) सहप्रयोग:- सभी भाषाओं में संज्ञा, मुहावरे, लोकोक्ति, विशेषण, क्रिया आदि का सहप्रयोग समान नहीं होता। इसके लिए सैद्धांतिक ज्ञान से अधिक व्यवहार और अभ्यास का आश्रय लेना पड़ता है। विद्यार्थी को चाहिए कि वह रेडियो, दूरदर्शन आदि पर श्रवण का अभ्यास करे।

(5) शैली:- अन्य भाषा भाषी और कभी-कभी मातृभाषा भाषी भी शैलीगत त्रुटियाँ कर सकते हैं। यथा, हिन्दी की प्रकृति के अनुसार 'बड़ों' के लिए एकवचन होने पर भी बहुवचन सर्वनाम और क्रिया पदों का प्रयोग किया जा सकता है। गांवों में रहनेवाले विद्यार्थी और अन्य भाषाभाषी द्वारा की जानेवाली इस प्रकार की त्रुटियों को दूर करने के लिए भी विभिन्न अभ्यास कराए जा सकते हैं। जैसे- इनके लिए रिक्त स्थान पूर्ति अभ्यास भी दिए जा सकते हैं। इनके अतिरिक्त विद्यार्थियों को स्लाइड्स, चित्र दिखाकर अथवा रेडियो, टेप सुनाकर उनसे संबंधित वर्णन सुनाने और लिखने के लिए कहा जा सकता है।

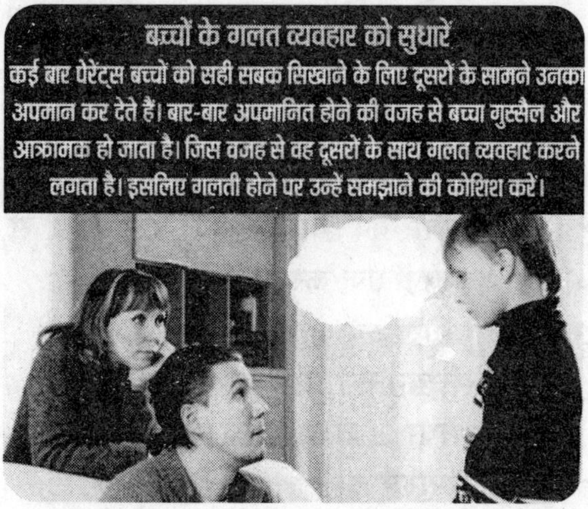

विगत वर्षों में आए हुए एवं संभावित प्रश्न

1. विद्यार्थियों के काम में त्रुटियाँ क्या इंगित करती हैं?
   - **(a) विद्यार्थियों के अन्य समकक्षियों की तुलना में संज्ञानात्मक क्षमता।**
   - **(b) विद्यार्थियों का निरुत्साह क्योंकि सीखना पूरी तरह बाहरी पुरस्कार पर निर्भर है।**
   - **(c) वयस्कों के सीधे निर्देशों के अभाव में विद्यार्थियों की अर्थपूर्ण सीखने कि अक्षमता।**
   - **(d) विद्यार्थियों की सोच वयस्कों से गुणात्मक रूप में भिन्न है।**

2. निम्नलिखित में से कौन छात्रों की त्रुटियों का उत्तर देने का एक रचनात्मक तरीका है?
   - **(a) गलत व्यवहार को समाप्त करने के लिए छात्र को दंडित करना।**
   - **(b) छात्रों को अपनी त्रुटि की पहचान करने में मदद करने के लिए संकेत देना।**
   - **(c) बिना किसी प्रतिपुष्टि के त्रुटियां करने के लिए अंक न्यूनतम करना।**
   - **(d) छात्रों की गलती को पूरी तरह से नजरअंदाज करना।**

3. भाषा सीखने में होने वाली त्रुटियाँ
   - **(a) सीखने की प्रक्रिया का हिस्सा है**
   - **(b) भाषा अपरिपक्वता को दर्शाती हैं**
   - **(c) अक्षम्य हैं**
   - **(d) शिक्षक की कमी को दर्शाती हैं**

4. भाषा सीखने में जो त्रुटियाँ होती हैं:
   - **(a) उन्हें कठोरता से लेना चाहिए।**
   - **(b) उन्हें जल्दी पूरा करना चाहिए।**
   - **(c) ये शिक्षण-अधिगम प्रक्रिया के दोषपूर्ण होने की ओर संकेत है।**
   - **(d) वे सीखने की प्रक्रिया का स्वाभाविक हिस्सा होती हैं, जो सीखने के साथ दूर होने लगती हैं।**

5. त्रुटियाँ किसके लिए अधिगम के क्षेत्र एवं प्रतिपुष्टि हैं?
   - (A) शिक्षार्थियों के लिए
   - (B) अध्यापकों के लिए
   - **(a) केवल A**
   - **(b) केवल B**
   - **(c) A और B दोनों**
   - **(d) त्रुटियाँ सीखने के क्षेत्र नहीं हैं।**

6. तर्क परक त्रुटियुक्त वाक्य होते हैं:
   - **(a) संरचना की दृष्टि से अशुद्ध**
   - **(b) कार्य-कारण की दृष्टि से अतर्कसंगत**
   - **(c) संज्ञा के असमान सहप्रयोग**
   - **(d) पदक्रम की दृष्टि से भिन्न**

7. त्रुटियों के संबंध में सर्वमान्य तथ्य नहीं हैं:
   - **(a) त्रुटियाँ भाषा अधिगम प्रक्रिया का यथार्थ है**
   - **(b) त्रुटियाँ सहज एवं स्वाभाविक है**
   - **(c) त्रुटियाँ विद्यार्थी की आदत में शामिल हैं**
   - **(d) त्रुटि व्यवस्थाबद्ध अशुद्धि है**

8. भाषा अधिगम के समय छात्र पदक्रम, अन्वय एवं काल संबंधी त्रुटियाँ भी करता है। अन्वय की दृष्टि से अशुद्धि शोधन संभव है-

(a) रिक्त पूर्ति अभ्यास द्वारा
(b) पदबंध एवं वाक्य रचना द्वारा
(c) मुहावरे एवं लोकोक्ति प्रयोग द्वारा
(d) लघु प्रश्नों द्वारा

9. चूक को वास्तविक अर्थों में अशुद्धि नहीं कहा जा सकता क्योंकि-
(a) प्रयोक्ता को अपनी गलती का ज्ञान होता है
(b) प्रयोक्ता अशुद्धि से अनभिज्ञ होता है
(c) इसका संबंध अंतरभाषा से होता है
(d) इसका मूल कारण भाषा व्याघात है

10. त्रुटियों को व्यवस्थाबद्ध त्रुटियाँ कहा जाता है क्योंकि-
(a) यह एक व्यवस्था के रूप में विद्यमान होती है
(b) यह व्यवस्था में व्यावधान के कारण उत्पन्न होती है
(c) यह क्रमबद्ध रूप में विद्यमान होती है
(d) यह व्यवस्था के विभिन्न स्तरों पर पाई जाती है

11. विद्यार्थियों को भाषा-व्यवस्था संबंधी पर्याप्त जानकारी होने पर भी यदि वह त्रुटि करता है तो इसका प्रमुख कारण है-
(a) नियमों-उपनियमों का अपूर्ण ज्ञान
(b) नियमों का अपूर्ण प्रयोग
(c) भ्रान्त धारणा
(d) अति सामान्यीकरण

12. भाषा में संरचना के समय एक से अधिक नियम एक साथ लागू होते हैं। यदि विद्यार्थी एक नियम को लागू कर दे परंतु दूसरे नियम को लागू न करे तो यह कहलाता है -
(a) नियमों-उपनियमों का अपूर्ण
(b) ज्ञान नियमों का अपूर्ण प्रयोग
(c) भ्रान्त धारण
(d) भाषिक व्याघात

13. भाषिक व्याघात संभव है-
(a) उच्चारण में
(b) रूप रचना में
(c) शब्द प्रयोग में
(d) उपर्युक्त सभी में

14. भाषा प्रयोग अथवा भाषा-व्यवहार के आधार पर त्रुटियों का एक प्रकार नहीं
(a) संरचनात्मक
(b) बोधात्मक
(c) सामाजिक संदर्भयुक्त त्रुटि
(d) उच्चारण संबंधी त्रुटि

15. राष्ट्रभाषा हिन्दी का व्याकरण सरल, सुग्राह्य एवं सुगम नहीं है क्योंकि-
(a) इसमें कई भ्रांतियाँ एवं अस्पष्टता है
(b) इसकी भाषा दुरूह एवं कठिन है
(c) संस्कृत शब्दों का लाक्षणिक प्रयोग है
(d) वाक्य रचना के विभिन्न प्रकार हैं

16. हिन्दी व्याकरण की दुर्गमता एवं जटिलता को कम करने के लिए आवश्यक है-
(a) इसमें उचित संशोधन
(b) भाषा की सरलता
(c) अभ्यास कार्य पर बल
(d) सरल एवं सुबोध शैली

17. सामान्य व्यवहार में चल रहे विदेशी एवं तद्भव शब्दों के स्थान पर संस्कृत के कठिन एवं दुरूह शब्दों के प्रयोग ने-

(a) हिन्दी को अलग गरिमा प्रदान की है
(b) राष्ट्रभाषा के स्वरूप को जटिल बना दिया है
(c) रचना संबंधी प्रामकता उत्पन्न की है
(d) लिंग विधान की जटिलता बढ़ा दी है

18. हिन्दी भाषियों के लिए हिन्दी शिक्षण की प्रचलित विधि है-
(a) अनुवाद विधि
(b) प्रत्यक्ष विधि
(c) अप्रत्यक्ष विधि
(d) प्रश्नोत्तर विधि

19. हिन्दी शिक्षण की किस विधि में चित्रों, वस्तुओं एवं परिवेश का काफी प्रयोग किया जाता है-
(a) अनुवाद विधि
(b) प्रत्यक्ष विधि
(c) रचना विधि
(d) अप्रत्यक्ष विधि

20. हिन्दी की पाठ्य-पुस्तकें अरोचक मानी जाती है क्योंकि ये-
(a) कठिन भाषा में वर्णित हैं
(b) अपरिचित विषयवस्तु पर आधारित हैं
(c) अवैज्ञानिक विषय प्रतिपादन युक्त है
(d) अति उच्च स्तर की है

21. हिन्दी की पाठ्य-पुस्तकों में स्थानीय एवं क्षेत्रीय परिवेश से संबंधित विषयों का संकलन-
(a) इसे सरल बना देगा
(b) लोग अधिक चाव से पढ़ेंगे
(c) छात्रों को सामाजिक परिवेश से जोड़ेगा
(d) इसे अधिक वैज्ञानिक रूप देगा

22. भाषा प्रयोग में पाई जाने वाली अशुद्धियों का एक प्रकार नहीं है
(a) चूक
(b) भूल
(c) त्रुटि
(d) कमी

23. भाषा की चूकों पर विचार करने वालों में पहला नाम है-
(a) वेल्स
(b) हॉकेट
(c) मैरी
(d) फ्रायड

24. चूक वह अशुद्धि है जिसके बारे में प्रयोक्ता:
(a) जानता है
(b) अनजान है
(c) नियमों के प्रति अनभिज्ञ है
(d) असमंजस में है

25. असावधानी, शीघ्रता, घबड़ाहट, उत्तेजना, अनिश्चय एवं परेशानी द्वारा हुई अशुद्धि
(a) प्रयोक्ता द्वारा स्वीकृत एवं ठीक कर ली जाती है।
(b) अवैज्ञानिक कारणों से होती है
(c) की जानकारी प्रयोक्ता को नहीं होती
(d) भाषा के समुचित ज्ञान के अभाव में होती है

26. भूल ऐसी अशुद्धि है जिसकी जानकारी प्रयोक्ता को नहीं होती। वह तभी भूल सुधार सकता है जब उसे-
(a) उसका ध्यान आकर्षित किया जाए
(b) विशिष्ट भाषिक संरचना का ज्ञान हो
(c) नियमों की जानकारी दी जाए

(d) शब्द प्रयोग का अंतर समझाया जाए

27. निम्न में से कौन सा भूल का एक प्रकार नहीं है?
   (a) सहप्रयोग
   (b) अति सामान्यीकरण
   (c) गणनीय-अगणनीय
   (d) विशिष्ट भाषिक संरचना

28. कभी-कभी किसी भाषा की संरचना में ऐसे तत्व हो सकते हैं जो सामान्य से हट कर हो। इस संबंध में वही विद्यार्थी भूल कर सकता है जिसे
   (a) व्याकरण का विशिष्ट ज्ञान हो
   (b) व्याकरण की सामान्य जानकारी हो
   (c) भाषा के विभिन्न तत्वों की जानकारी न हो
   (d) भाषा संरचना के संबंध में असमंजस हो।

29. विशिष्ट भाषिक संरचना संबंधी अशुद्धियों यदि व्याघात के कारण है तो उन्हें स्थान दिया जाएगा।
   (a) भूल में
   (b) चूक में
   (c) अशुद्धि
   (d) सामान्य

उत्तर कुंजी

1	(d)	2	(b)	3	(a)	4	(d)	5	(c)	6	(b)	7	(c)	8	(a)	9	(a)	10	(a)
11	(d)	12	(b)	13	(d)	14	(c)	15	(a)	16	(a)	17	(b)	18	(a)	19	(c)	20	(b)
21	(c)	22	(d)	23	(d)	24	(c)	25	(a)	26	(c)	27	(b)	28	(b)	29	(c)		

उपचारात्मक अध्यापन शिक्षण (Remedial teaching)

उपचारात्मक शिक्षण (Remedial Teaching)

छात्रों की नियमित अशुद्धियों को दूर करने के लिए जो शिक्षा-क्रम व्यवस्थित किया जाता है उसे उपचारात्मक या निवारणात्मक शिक्षा कहते हैं। छात्र की कठिनाई का निदान हो चुकने और उसका कारण जान चुकने पर ऐसे गृह कार्यों का विधान करना चाहिए, जिससे छात्र की वह निर्दिष्ट कठिनाई दूर हो जाय। इसके लिए यह आवश्यक है कि बालक की कठिनाई की प्रकृति भली-भाँति समझ ली जाय।

दूसरे शब्दों में ....

उपचारात्मक शिक्षण का सम्बन्ध विद्यार्थियों की व्यक्तिगत योग्यताओं एवं क्षमताओं की जॉच से ही नहीं वरन् उनकी क्षमताओं, कमजोरियों एवं कठिनाइयों के उपचार से भी है। विशिष्ट बालक की कमजोरी एवं कठिनाई को दूर करने हेतु अध्यापक की अपनी शिक्षण विधि में आवश्यक परिवर्तन लाना पड़ता है ताकि बालक अपनी योग्यतानुसार अधिकतम अधिगम अनुभव प्राप्त कर सके। इस प्रक्रिया को उपचारात्मक शिक्षण कहते हैं।

ब्लेयर और सिम्पसन के अनुसार:-

"संक्षेप में उपचारात्मक शिक्षण वास्तव में उत्तम शिक्षण है जो छात्र को उसकी यथार्थ स्थिति का ज्ञान कराता है और सुप्रेरित क्रियाओं द्वारा बालक को उसके कमजोर क्षेत्रों में अधिक दक्षता प्राप्त करने की दिशा में अभिप्रेरित करता हैं।" ब्लेयर ने स्पष्ट किया है कि छात्रों को जिन विषय वस्तु या प्रकरण को कक्षा में समझने में कठिनाई रही है उसको पुनः ऐसे छात्रों को समझाना ही उपचारात्मक शिक्षा का रूप है।

योकम व सिम्पसन के अनुसार :-

"उपचारात्मक शिक्षण उस विधि या प्रक्रिया को ढूँढने का प्रयास करता है जो छात्र को अपने कौशल तथा विचार सम्बन्धी त्रुटियों को सही करने में सहायता करता है।"

"Remedial teaching attempt to find a procedure which will eanse the child to correct his errors of skill or thought." Yoa Kam & Simpson.

उपचारात्मक शिक्षण की प्रविधियाँ (Techniques of Remedial Teaching)

उपचारात्मक शिक्षण की प्रवृत्तियों का चुनाव निदान के आधार पर करना चाहिए। दूसरे शब्दों में, छात्र अथवा छात्रों की कठिनाई विशेष को दूर करने के लिए उपचारात्मक शिक्षण की प्रविधियों का प्रयोग किया जाय।

साधारणतः उपचारात्मक शिक्षण की विभिन्न प्रविधियाँ भिन्न-भिन्न प्रकार के अभ्यासों पर निर्भर होती हैं। इन प्रविधियों में निम्नलिखित प्रकार के अभ्यासों को स्थान दिया जाता है-

(1) सामान्य अभ्यास (General exercises)- उपचारात्मक शिक्षण में सामान्य अभ्यास द्वारा सामान्य प्रकार की अध्ययन सम्बन्धी त्रुटियों का उपचार होता है। उदाहरण के लिए कोई छात्र एक शब्द का अर्थ गलत बताता है। उसे उस शब्द का अर्थ न बताकर बल्कि उसे प्रयोग द्वारा सिखाया जाता है। इस प्रकार का सामान्य अभ्यास गणित की सामान्य भूलों को ठीक करने में भी उपयोगी होता है।

(2) विशिष्ट अभ्यास (Special exercises) – उपचारात्मक शिक्षण में विशिष्ट अभ्यास पर आधारित प्रविधि विशेष प्रकार की अध्ययन सम्बन्धी त्रुटियों को दूर करने में सहायक होती है। कोई विद्यार्थी कुछ अक्षरों एवं शब्दों का उच्चारण शुद्ध रूप से नहीं कर पाता। इसके पीछे उसमें एक विशेष प्रकार का वाक्-दोष हो सकता है। इस वाक्-दोष को अथवा बोलते समय होने वाली कठिनाइयों को दूर करने के लिए विशिष्ट अभ्यास पर आधारित उपचारात्मक शिक्षण प्रविधि काम में लाई जा सकती है।

(3) आवृत्यात्मक अभ्यास (Drill exercises) – इस प्रकार के अभ्यास में आवृत्ति पर बल देते हैं। दूसरे शब्दों में, किसी त्रुटि के उपचार के लिए छात्र बार-बार अथवा कई बार अभ्यास करके अपनी गलती सुधारता है, लेकिन उपचारात्मक शिक्षण की इस प्रविधि में छात्र पर दबाव न डाला जाय। दबाव के स्थान पर उसे प्रेरणा दी जाय तभी प्रविधि उपयोगी हो सकती है। यदि छात्र की इच्छा के विरुद्ध आवृत्यात्मक अभ्यास कराया जायगा तो वह उपचारात्मक शिक्षण की प्रविधि के रूप में असफल होगा।

(4) व्याख्यात्मक अभ्यास (Exposition exercises) – जैसा कि इसके नाम से ही स्पष्ट है, इस प्रविधि में उन बातों पर बल देते हैं जो अध्ययन सम्बन्धी कठिनाई की व्याख्या द्वारा दूर करती है। अध्यापक इस उपचारात्मक शिक्षण की प्रविधि का उपयोग उन छात्रों की शैक्षणिक कठिनाइयों को दूर करने के लिए किया जाता है जो मानसिक दृष्टि से इतने विकसित हों कि व्याख्या की जाने वाली बातों को समझ सकें।

उपचारात्मक शिक्षण के उद्देश्य (Aims of Remedial teaching)

उपचारात्मक शिक्षण के मुख्य उद्देश्य निम्नलिखित हैं-

- ❖ छात्रों में अधिगम सम्बन्धित दोषों को दूर करना।
- ❖ उपचार हेतु शिक्षक द्वारा शिक्षण का नियोजन करना।
- ❖ शिक्षक द्वारा पृष्ठपोषण की प्रवधियों की व्यवस्था करना।
- ❖ छात्रों की ज्ञान सम्बन्धित त्रुटियों को दूर करना।
- ❖ छात्रों में उन आवश्यक आदतों तथा कुशलताओं का विकास करना जो अब तक उनमें विकसित नहीं हुई हैं।

- ❖ छात्रों में वांछनीय व्यवहार सम्बन्धित परिवर्तनों का विकास करना।
- ❖ छात्रों की अवांछनीय रुचियों तथा आदर्शों को वांछनीय रुचियों तथा आदर्शों में परिवर्तन करना।
- ❖ छात्रों के उच्चारण संबंधी दोषों को अभ्यास द्वारा दूर करना।

भाषा दोष:-

यदि बालक अपने स्वर यंत्रों पर नियंत्रण नहीं कर पाता है तो उसमें भाषा दोष उत्पन्न हो जाता है ऐसे बालक समाज से कतराने लगते हैं इनमें ताकि ग्रंथ विकसित हो जाती है यह अकेले नहीं रहते हैं किसी के सामने बोलने में सकते हैं भाषा दोष का प्रभाव बालक के जीवन में अन्य क्षेत्रों पर भी पड़ता है उनकी शैक्षिक उपलब्धि भी प्रभावित होती है इन बालकों को पिछड़ा बालक कहा जाता है यह भाषा दोष के प्रकार के हैं।

भाषा दोष निम्न प्रकार के हैं:-

- ❖ **तुतलाना (Lisping)**
- ❖ **जल्दी जल्दी बोलना (Cluttering)**
- ❖ **हकलाना (Stuttering)**
- ❖ **अस्पष्ट उच्चारण (Slurring)**
- ❖ **ध्वनि परिवर्तन (sound change)**

हरलॉक के अनुसार

अशुद्ध उच्चारण में अक्षर ध्वनि का प्रतिस्थापन होता है उदाहरण के लिए पानी को मानी, करेला को कसैला ,पेड़ को पेर, सड़क को सरक कहता है आयुवृद्धि के साथ ऐसे दोष दूर हो जाते हैं

उच्चारण दोष के कुछ प्रकार नीचे दिये जा रहे हैं:

- स्वर-लोप: **अर्थात स्वर का लोप (गायब) हो जाना यथा 'क्षत्रिय' का 'छत्री', 'परमात्मा' का 'प्रमात्मा', 'ईश्वर' का 'इस्सर'।**
- स्वर-भक्ति: **जब र् और ल् अक्षरों के पश्चात् कोई ऊष्मवर्ण (श, ष, स, ह) या कोई व्यंजन हो तब स्वरभक्ति होती है। यथा 'बृजेन्द्र' को बढ़ाकर 'बरजेन्दर', 'श्री' को 'सिरी', 'शक्ति' को 'सकती'**
- स्वरागम: **अर्थात स्वर का आ जाना। यथा 'स्नान' में 'अ' का आगम होकर होकर 'अस्नान्', 'स्कूल' में 'इ' का आगम होकर 'इस्कूल'।**

भाषा कौशल से संबंधित भाषा विकार :-

भाषा विकार से तात्पर्य उस अवस्था से है जहाँ बच्चों को अपने भावों को दूसरों के समक्ष रखने में कठिनाई हो। क्योंकि भाषा का सम्प्रेषण लिखित, मौखिक आदि माध्यमों से होता है। अतः ये विकार भी उन्ही के अनुसार होते हैं।

जो निम्नलिखित हैं:-

वाक् क्षमता सम्बन्धी विकार या डिस्फेजिया (Dysphasia) - इस अक्षमता में बालक मस्तिष्क सम्बन्धी क्षति के कारण बोलने में या व्याख्यान करने में कठिनाई अनुभव करता है।

यह एक प्रकार का भाषा विकार है जो एक व्यक्ति की क्षमता को प्रभावित करता है जो भाषा को समझने और व्यक्त करने में शामिल होता है।

- यह आमतौर पर स्थायी या अस्थायी रूप से दिमागी चोट, स्ट्रोक, या अन्य न्यूरोलॉजिकल स्थितियों के परिणामस्वरूप होता है।
- यह ज्यादातर संवाद, पठन, और लेखन संवाद के रूपों को प्रभावित करता है। इसके प्रभाव या गंभीरता का स्तर व्यक्ति से व्यक्ति अलग हो सकता है, लेकिन सबसे आम रूप से, यह स्वर, शब्दों का उच्चारण, और वाक्य निर्माण के क्षमता को प्रभावित करता है।

डिस्लेक्सिया (Dyslexia):-

- डिस्लेक्सिया एक पठन सम्बन्धी अधिगम विकार है। जो छात्र के पठन कौशल को प्रभावित करता है।
- कक्षा में अनेक बालक होते हैं। जिनमें से प्रत्येक बालक का स्तर भिन्न-भिन्न होता है।
- जिसमें से शिक्षक के द्वारा सबसे ध्यान योग्य वे छात्र होते हैं, जो किसी न किसी प्रकार से विशिष्ट होते हैं।
- चाहे वह शारीरिक हो या मानसिक या फिर अधिगम सम्बन्धी विकार।

डिस्ग्राफ़िया(Dysgraphia) - इस अक्षमता के अन्तर्गत बालकों में लेखन सम्बन्धी दोष प्राप्त होते हैं, जिनमें वाक्य रचना सम्बन्धी दोष, व्याकरण सम्बन्धी त्रुटियाँ आदि। इसके तीन प्रकार हैं -

1. एग्राफिया - इसके अंतर्गत इससे ग्रस्त बालकों में शुद्ध लेखन सम्बन्धी अक्षमता होती है।
2. स्थानिक एग्राफिया - स्थानिक एग्राफिया से ग्रस्त बालक वाक्य में शब्दों के आधार को ऊपर नीचे कर देते है या कभी-कभी शब्दों पर शब्दों को लिख देते हैं या फिर शब्दों में समान स्थान नहीं रखते हैं।
3. एग्राफिला विद एलेक्सिया - इसके अन्तर्गत बालक को लिखने और पढ़ने के साथ-साथ बोलने में भी समस्या होती है।

डिसार्थरिया (Dysarthria):-

भाषण की क्षमता को प्रभावित करने वाली एक न्यूरोलॉजिकल स्थिति है।

डिस्प्रैक्सिया(Dyspraxia):-

एक न्यूरोलॉजिकल (मस्तिष्क संबंधी) स्थिति है। इसे विकासात्मक समन्वय विकार (डीसीडी) भी कहा जाता है। डिस्प्रैक्सिया से पीड़ित लोगों को मोटर कौशल सीखने और कार्य करने में समस्या होती है। डिस्प्रैक्सिया की पहचान प्रायः बचपन में ही हो जाती है और यह जीवन भर बनी रहती है।

हकलाना(Stuttering):-

एक भाषण विकार है जो आपके बोलने के तरीके की लय और प्रवाह को प्रभावित करता है। यह विकार आपके बोलने के तरीके को बाधित करता है, जिससे अनपेक्षित ध्वनियाँ, रुकावटें या सहजता से बात करने में अन्य समस्याएँ पैदा होती हैं। हकलाना (बचपन में शुरू होने वाला प्रवाह विकार)।

विगत वर्षों में आए हुए एवं संभावित प्रश्न

1. विद्यार्थियों में उपस्थित त्रुटियों की ओर छात्रों का ध्यान यथा शीघ्र खींचना चाहिए अन्यथा
   (a) वह त्रुटि छात्रों की आदत बन सकती है।
   (b) अन्य छात्र भी उसी प्रकार की त्रुटियाँ कर सकते हैं।
   (c) त्रुटियों की अवहेलना नई त्रुटियों को जन्म दे सकती है।
   (d) त्रुटिपूर्ण कार्य का मूल्यांकन करने में

2. उपचारात्मक शिक्षण के लिए शिक्षक द्वारा अपनाई जाने वाली विधि के संबंध में कोई निश्चित मापदंड नहीं है। वस्तुतः यह एक सतत प्रक्रिया है क्योंकि
   (a) इस शिक्षण के लिए किसी भी विधि का प्रयोग किया जा सकता है।
   (b) परिस्थितियों के अनुरूप विधि का चयन किया जाता है।
   (c) इसमें अधिक श्रम एवं समय लगता है।
   (d) सभी छात्रों का बौद्धिक स्तर भिन्न-भिन्न होता है।

3. हिंदी में विशेषण से भाववाचक संज्ञा बनाते समय एक से अधिक प्रत्ययों का प्रयोग अवांछनीय है। यदि विद्यार्थी सुंदर से सौन्दर्यता की रचना करता है तो इसका अभिप्राय है-
   (a) वह नियमों से अनभिज्ञ है।
   (b) ज्ञानपरक अशुद्धियाँ छात्र जानबूझकर कर रहा है।
   (c) भाषिक व्याघात संबंधी दोषों को दूर करना अनिवार्य है।
   (d) छात्र में अनुचित भाषाई आदतें विकसित हो गई हैं।

4. डिस्लेक्सिया, भाषा विकार किससे संबंधित है ?
   (a) पठन
   (b) लेखन
   (c) श्रवण
   (d) वर्तनी

5. विद्यार्थियों में शब्दकोश देखने की प्रवृति को विकसित करना चाहिए इससे-
   (a) पाठों का वाचन सरल ढंग से होता है।
   (b) शब्द भंडार समृद्ध होता है।
   (c) त्रुटियों में कमी आती है।
   (d) शब्द का सही अर्थ ज्ञात होता है।

6. विद्यार्थियों की त्रुटियों का पता लगाकर प्रत्येक विद्यार्थी की व्यक्तिगत त्रुटियों को उस विद्यार्थी पर विशेष ध्यान देते हुए दूर करना उपचारात्मक शिक्षण की एक विधि है। इसका एकमात्र दोष है-
   (a) प्रत्येक शिक्षक बाल मनोविज्ञान का ज्ञाता नहीं होता।
   (b) शिक्षक का समूह शिक्षण की दृष्टि से प्रशिक्षित होना अनिवार्य है।
   (c) यह अत्यधिक समय एवं साधनों की अपेक्षा रखती है।
   (d) विद्यालय के पास बहुत सीमित साधन होते हैं।

7. कक्षा में विद्यार्थी के उच्चारण संबंधी दोषों को दूर करने के लिए -
   (a) वाचन के समय उन्हें टोकना नहीं चाहिए।
   (b) वाचन के समय तुरंत टोककर सही उच्चारण करवाना चाहिए।
   (c) वाचन के उपरांत छात्र को उनकी गलती बतानी चाहिए।
   (d) वाचन के उपरांत छात्र से उसकी उच्चारण अशुद्धियों के बारे में पूछना चाहिए।

8. यदि विद्यार्थी के वाचन की गति धीमी है तो उसे-
   (a) अधिक से अधिक पढ़ने पर बल देना चाहिए।
   (b) रोचक पाठ्य सामग्री का उपयोग करना चाहिए।
   (c) प्रश्नोत्तर प्रणाली का प्रयोग करना चाहिए।
   (d) उच्चारण पर अधिक ध्यान देना चाहिए।

9. यदि आपकी कक्षा में एक शिक्षार्थी को डिस्ग्राफिया है, एक शिक्षक के रूप में आप किस रणनीति को सर्वाधिक महत्वपूर्ण मानते हैं?
   (a) ऐसे बच्चों को आप लेखन के आकलन हेतु अतिरिक्त समय देंगे
   (b) आप केवल मौखिक परीक्षा लेंगे
   (c) आप उनकी स्व- वर्तनी को स्वीकार करेंगे और उनकी व्याकरणिक त्रुटियों को अनदेखा करेंगे
   (d) शिक्षार्थियों को अपनी गति से सीखने और लिखने की अनुमति देंगे

10. संरचना की दृष्टि से शुद्ध होते हुए भी यदि वाक्य तथ्यात्मक दृष्टि से अशुद्ध है तो इस प्रकार की अशुद्धि मानी जाती है-
   (a) ज्ञानपरक अशुद्धि
   (b) नियमों के अज्ञान से उत्पन्न अशुद्धि
   (c) भाषिक व्याघात संबंधी दोष
   (d) अनुचित भाषाई आदतों से उत्पन्न त्रुटियाँ

11. अपनी मातृभाषा अथवा बोली के कारण लेखन में उत्पन्न त्रुटियाँ-
   (a) प्रत्ययों का अवांछनीय प्रयोग है
   (b) भाषिक व्याघात संबंधी दोष है
   (c) भाषिक नियमों की अनभिज्ञता है
   (d) उच्चारण दोष हैं

12. शैक्षिक दोष शिक्षण-अधिगम की दोष-पूर्ण प्रविधियों का पुनः शिक्षण है। यह उपचारात्मक शिक्षक का-
   (a) निवारण पक्ष है
   (b) संवर्द्धित क्षमता पक्ष है
   (c) अनिवार्य पक्ष है
   (d) वैकल्पिक पक्ष है

13. उपचारात्मक शिक्षण में बालक की त्रुटियों को दूर करने में पाँच विधियाँ प्रयुक्त होती हैं, ये विधियाँ कहलाती हैं-
   (a) निवारणार्थ प्रयास
   (b) उपचारात्मक शिक्षण का माध्यम
   (c) अधिगम प्रणालियाँ
   (d) संवर्द्धित क्षमता पक्ष

14. डिस्ग्राफिया सीखने की अक्षमता है जो प्रभावित करती है-

(a) वाक्- ध्वनियों की पहचान को जो पठन में समस्या उत्पन्न करती हैं।
(b) चलन एवं समन्वय
(c) लिखावट एवं सूक्ष्म मोटर कौशल
(d) संप्रेषण

15. गृह कार्य देने से पाठ की पुनरावृत्ति होती है इसलिए-
(a) गृह कार्य नियमित रूप से देते रहना चाहिए।
(b) गृह कार्य का निरीक्षण अवश्य करना चाहिए।
(c) किसी भी विषय का गृह कार्य दिया जा सकता है।
(d) बुद्धिमान छात्रों के लिए गृह कार्य अनिवार्य नहीं होता।

16. शिक्षक की कक्षा के प्रति उदासीनता का कारण है?
(a) छात्रों में उच्छृंखलता का
(b) छात्रों के कक्षा से भागने की प्रवृत्ति का
(c) बालक की कक्षा में उदासीनता का
(d) बालकों के पिछड़ेपन का

17. उपचारात्मक शिक्षण का उद्देश्य विद्यार्थी के विभिन्न दोषों का निवारण करके उसे सामाजिक दृष्टि से अधिक कुशल एवं योग्य नागरिक बनाना है। इसके लिए आवश्यक है
(a) भाषा संबंधी त्रुटियों का निवारण
(b) भाषा एवं अन्य विषयों से संबंधित त्रुटियों का निवारण
(c) सामाजिक दृष्टि से संबंधित त्रुटियों का निवारण
(d) विद्यार्थी की अधिगम संबंधी सभी त्रुटियों का निवारण

18. .... एक वाक् विकार है जिससे एक ही शब्द बार- बार दोहराने से वाचन का प्रवाह बाधित होता है।
(a) हकलाना
(b) त्रुटिपूर्ण उच्चारण
(c) अफेज़िया
(d) डिस्फेज़िया

19. तंत्रिका संबंधी विकार से हुई संज्ञानात्मक क्षति जिसमें शिक्षार्थी अक्षरों और शब्दों को पढ़ पाने और व्याख्या कर पाने में असमर्थ रहते हैं तथा एकसमान आकृति व ध्वनि से भ्रमित हो जाते हैं, इसे क्या कहा जाएगा?
(a) अधिगम विकलांगता
(b) अधिगम प्राथमिकता
(c) अधिगम शैली
(d) अधिगम भिन्नता

20. किसी अरुचिकर विषय को पढ़ने पर विवश करने पर छात्र की प्रतिक्रिया होगी-
(a) वह उसके प्रति उपेक्षात्मक रवैया अपना लेगा।
(b) धीरे-धीरे उस विषय में रुचि लेने लगेगा।
(c) छात्र यांत्रिक रूप से उस विषय को पढ़ेगा।
(d) छात्र में उस विषय के प्रति गहरी अरुचि जागृत होगी।

21. छात्रों को कोई विषय अरुचिकर लगने के मूल में निहित है-
(a) छात्रों की अयोग्यता एवं उत्साहहीनता
(b) अनाकर्षण शिक्षण विधि
(c) शिक्षक का उपेक्षापूर्ण व्यवहार
(d) कठिन पाठ्य सामग्री

22. शिक्षक को छात्रों के व्यक्तिगत विभिन्नताओं को ध्यान में रखकर शिक्षा देनी चाहिए। इस आधार पर विशिष्ट ध्यान के पात्र हैं-

(a) अत्यंत प्रखर बुद्धि वाले छात्र
(b) सामान्य बुद्धि वाले बालक
(c) सभी छात्र विशिष्ट ध्यान के पात्र हैं
(d) मंद बुद्धि बालक

23. डिस्लेक्सिया का लक्षण है:

(a) केवल एकाग्रता में कठिनाई
(b) केवल वर्णमाला अधिगम में कठिनाई
(c) केवल वर्तनी दोष से पीड़ित होना
(d) उपरोक्त सभी

24. कक्षा का छात्र अर्पित विषय की अवधारणा को अच्छी तरह समझता है लेकिन लिखते समय समस्या का सामना करता है। वह जिस समस्या से ग्रस्त है, वह इसका एक लक्षण है:

(a) डिस्लैक्सिया
(b) डिस्फेसिया
(c) डिस्कैल्कुयिया
(d) डिसग्राफिया

25. बच्चों में हकलाने की समस्या होती है। इसका एक संभावित कारण है

(a) शिक्षक का विलंब से आना
(b) बोझिल परीक्षाएँ
(c) पाठ्यक्रम का बोझ
(d) आत्मविश्वास का अभाव

26. यदि अधिकतर छात्रों ने एक प्रकरण विशेष से संबंधित अनेक त्रुटियाँ की हैं तो इसका अभिप्राय है-

(a) सभी छात्रों में कमियाँ हैं।
(b) त्रुटि मुख्य रूप से शिक्षक की है।
(c) छात्र एवं शिक्षक दोनों उस त्रुटि के लिए उत्तरदायी हैं।
(d) प्रकरण विशेष अधिक कठिन एवं दुरूह है।

27. छात्रों की निष्पति पर प्रभाव डालने वाला प्रमुख कारक है-

(a) शैक्षिक क्षमता में सुधार
(b) मूलभूत कुशलताओं में वृद्धि
(c) कार्य तथा अध्ययन की आदतें
(d) अधिक भौतिक सुख-सुविधाएँ

28. छात्रों की कठिनाइयों के निराकरण के लिए किए गए उपचारात्मक कार्यक्रम में विशिष्ट बल दिया जाता है इस तथ्य पर कि-

(a) मूल्यांकन की प्रक्रिया निरंतर चलती रहनी चाहिए।
(b) बालकों का उपचार सामूहिक होना चाहिए।
(c) उपचार प्रक्रिया में सैद्धान्तिक तथ्यों पर बल देना चाहिए।
(d) अध्ययन की आदतों में सुधार होना चाहिए।

29. किसी विषय में पिछड़ जाने का एक कारण होता है कि बच्चे किसी मानसिक न्यूनता से ग्रस्त हैं। निर्म्न में से कौन सा मानसिक न्यूनता का सूचक नहीं है ?

(a) बालकों में बुद्धि लब्धि कम होना
(b) बालकों का एकाग्रचित होकर कार्य करना
(c) बालकों में किसी प्रकार का मानसिक रोग होना
(d) बालकों की स्मरणशक्ति का कम होना

30. छठी कक्षा के कुछ विद्यार्थी सीखने की अक्षमता से पीड़ित हैं। उस कक्षा के शिक्षक होने के नाते आप कक्षा को कैसे समावेशी बनाएँगे?

A. उनका एक विशेष समूह बनाकर।

B. विषय-वस्तु को सामग्री की सहायता से प्रस्तुत करके।

C. उन्हें कक्षा के अन्य सभी विद्यार्थियों के साथ मिलाकर।

D. उन्हें कक्षा की जिम्मेदारियों में सम्मिलित करके।

(a) A, B और D

(b) B, C और D

(c) A, C और D

(d) B और D

31. कक्षा आठ में पढ़ने वाली नन्दिनी लिखते समय वर्तनी की अशुद्धियाँ करती है। भाषा-शिक्षक के रूप में आप अपनी क्या जिम्मेदारी मानते हैं?

(a) नन्दिनी को ऐसे अवसर प्रदान करना कि वह स्वयं उनमें सुधार करे

(b) नन्दिनी की अशुद्धियों को काटकर सही करना और उन्हें बीस-बीस बार लिखवाना

(c) नन्दिनी को समझाना कि वर्तनी की अशुद्धियाँ करने पर उसके अंक कट जाएँगे

(d) नन्दिनी को समझाना कि वर्तनी की शुद्धता ही लेखन का सशक्त पहलू है

32. रमेश सातवीं कक्षा में पढ़ता है। वह सामान्य बातचीत में ठीक है, लेकिन पढ़ते समय वह बार-बार अटकता है। वह सम्भवतः .... से ग्रस्त है।

(a) डिस्कैल्कुलिया

(b) डिस्ग्राफिया

(c) डिस्लेक्सिया

(d) डिस्फेजिया

33. यदि आपकी कक्षा में दृष्टिबाधित बच्चे हैं, तो आप

(a) उन्हें पढ़ने के उपयुक्त साधन देंगे

(b) उन्हें सभी बच्चों से अलग गतिविधि देंगे

(c) उनसे कम गतिविधियाँ कराएँगे

(d) उन्हें विशेष सहानुभूति से पढ़ाएँगे

34. हिन्दी भाषा-शिक्षण में उपचारात्मक शिक्षण की विधि निम्न में से कौन-सी नहीं है?

(a) अतिरिक्त कक्षाएँ

(b) व्यायाम

(c) गोष्ठियाँ

(d) विशिष्ट अभ्यास

35. उपचारात्मक शिक्षण को सफल बनाने के लिए निम्नलिखित में से किसका सहारा लिया जाता है?

A. दृश्य-श्रव्य साधनों का

B. शिक्षण विधियों का

C. अभ्यास कार्य का

कूट

(a) केवल A

(b) केवल B

(c) केवल C

(d) ये सभी

36. उपाचारात्मक कार्य होना चाहिए

(a) प्रत्येक पाठ की समाप्ति पर

(b) प्रत्येक माह

(c) वर्ष में तीन बार

(d) वर्ष में चार बार

37. उपचारात्मक शिक्षण का आधार निम्नलिखित में से कौन-सा है?

(a) स्व-परीक्षण

(b) पाठ्य-पुस्तक परीक्षण

(c) निदानात्मक परीक्षण

(d) व्याख्यान परीक्षण

38. आठवीं कक्षा में पढ़ने वाली रूबीना लिखने में बेहद कठिनाई का अनुभव करती है। सम्भव है कि वह ....से ग्रसित हो।

(a) भाषाघात

(b) डिस्कैलकुलिया

(c) डिस्लेक्सिया

(d) डिस्ग्राफिया

39. यदि कोई विद्यार्थी निम्नलिखित कार्य करने में असमर्थ है तो किस विकलांगता से पीड़ित होने की सम्भावना है?

पाठ्य-सामग्री से अर्थ ग्रहण।

सारांशीकरण।

अपेक्षिक गति दर से पढ़ना।

ऊपरी ओर गहरे अर्थ का विश्लेषण।

(a) लेखन वैकल्य

(b) क्रिया वैकल्य

(c) गणन वैकल्य

(d) पठन वैकल्य

40. कक्षा में विद्यार्थी विषय-वस्तु को समझ जाते हैं किन्तु वे किसी चर्चा में भाग नहीं लेते हैं। उन्हें भाषा की कौन-सी कठिनाई है?

(a) सम्प्रेषण सम्बन्धी

(b) अभिव्यक्ति सम्बन्धी

(c) गाह्यता सम्बन्धी

(d) उच्चारण सम्बन्धी

41. उपचारात्मक शिक्षण की सफलता मुख्यत: निर्भर करती है

(a) बच्चों की समाज-सांस्कृतिक पृष्ठभूमि पर

(b) बच्चों की भाषागत त्रुटियों की सूची बनाने पर

(c) समस्याओं की पहचान पर

(d) समस्याओं के कारणों की सही पहचान पर

42. नेहा अपनी बात कहते समय अपनी मातृभाषा के शब्दों का प्रयोग करती है। आप क्या करेंगे?

(a) लक्ष्य भाषा के शब्द का प्रयोग करते हुए सहजता से उसके वाक्य को दोहराएँगे

(b) उसे डाँटेंगे कि वह अपनी भाषा के शब्दों का प्रयोग न करे

(c) उसे बताएँगे कि किसी शब्द विशेष को क्या कहते हैं

(d) उसे बताएँगे कि ये शब्द गलत हैं

43. . हिन्दी भाषा शिक्षण में शैक्षिक उपचार का प्रमुख उद्देश्य है

(a) बच्चों में अच्छी आदतों का विकास करना

(b) शैक्षणिक कठिनाइयों एवं दोषों का निवारण

(c) बालकों की अशुद्धियों का निराकरण

(d) उपरोक्त में से कोई नहीं

44. जो बच्चे विशेष रूप से पढ़ने में कठिनाई महसूस करते हैं, वे

(a) डिस्ग्राफिया से ग्रस्त होते हैं।

(b) मन्दबुद्धि होते हैं

(c) डिस्लेक्सिया से ग्रस्त होते हैं

(d) सीखने में अक्षम होते है

45. स्वलीन विकार (ऑटिस्टिक डिस्ऑर्डर) में बच्चा

(a) अपने हाथ-पैर हिलाने में कठिनाई का अनुभव करता है

(b) सामाजिक अन्त:क्रिया और सम्प्रेषण में कठिनाई का अनुभव करता है

(c) अक्सर खाने से मना कर देता है

(d) अपने ही कार्यों में लीन रहता है

उत्तर कुंजी

1	(a)	2	(b)	3	(a)	4	(a)	5	(b)	6	(c)	7	(c)	8	(a)	9	(a)	10	(a)
11	(b)	12	(a)	13	(b)	14	(c)	15	(b)	16	(c)	17	(d)	18	(a)	19	(a)	20	(a)
21	(b)	22	(c)	23	(d)	24	(d)	25	(d)	26	(d)	27	(c)	28	(a)	29	(b)	30	(b)
31	(a)	32	(c)	33	(a)	34	(b)	35	(d)	36	(a)	37	(c)	38	(d)	39	(b)	40	(b)
41	(d)	42	(a)	43	(b)	44	(c)	45	(b)										

मूल्यांकन

मूल्यांकन Evaluation

Meaning: मूल्यांकन का अर्थ है मूल्य + अंकन । अर्थात् मूल्यों का माप। मूल्यांकन शब्द का प्रयोग किसी वस्तु, क्रिया व्यक्ति या व्यक्ति की उपलब्धियों के महत्व, स्थान या स्थिति को स्पष्ट करने की प्रक्रिया के लिए किया जाता है। मूल्यांकन एक ऐसी प्रक्रिया है, जिसके द्वारा यह निर्धारित किया जाता है कि विधार्थियों ने किस सीमा तक अनुदेशनात्मक उद्देश्यों की प्राप्ति की है। जिसमें मापन (measurement) के अतिरिक्त अनेक विधियों द्वारा एकत्रित आंकडो का प्रयोग किया जाता है। यह केवल बौद्धिक विकास या विषय-वस्तु के ज्ञान की प्राप्ति तक ही सीमित नहीं है बल्कि मूल्यांकन का सम्बन्ध विषय-ज्ञान के अतिरिक्त, अस्तित्व के गुण, रुचि, अभिरुचि आदि से होता है।

Definitions:- राईट के अनुसार, "मूल्यांकन एक नई तकनीकी शब्द है। यह ऐसे मापन के लिए प्रयोग किया जाता है जो पुराने परीक्षणों एवं परीक्षाओं से अधिक व्यापक और नया है।"

रॉस के अनुसार, "मूल्यांकन बच्चे का उचित मापदण्ड स्थापित करता है। यह बच्चों का सम्पूर्ण मापन करता है। यह सम्पूर्ण शिक्षा परिस्थितियों का मूल्यांकन है।

कोठारी आयोग (1964-66) के अनुसार, "मूल्यांकन एक निरंतर गतिशील प्रक्रिया है। यह शिक्षा की सम्पूर्ण प्रणाली का अभिन्न अंग है एवं शिक्षा उद्देश्यों से सम्बन्धित है। यह विद्यार्थी की अध्ययन आदतों एवं शिक्षक की शिक्षा विधियों पर प्रभाव डालती है।

राष्ट्रीय शैक्षिक अनुसंधान एवं प्रशिक्षण परिषद् के अनुसार, "मूल्यांकन सतत् प्रक्रिया मानी जाती है, जिसके अंतर्गत निम्नलिखित को जाँचा जाता है :

1. छात्रों की अधिगम के संदर्भ में व्यवहार प्रक्रिया कितने अच्छे ढंग से हो रही है।
2. छात्र कक्षा में शिक्षक के द्वारा प्रदान किए जाने वाले अधिगम से किस हद तक अनुभव प्राप्त कर रहे हैं।
3. जिन निर्धारित शैक्षिक उद्देश्यों के लिए शिक्षण कराया गया था, उनका मूल्यांकन करने के लिए मूल्यांकन का प्रयोग किया जाता है।

मूल्यांकन की परिभाषा

टारगर्सन तथा एडम्स:- "मूल्यांकन करना किसी वस्तु या प्रक्रिया के महत्व को निर्धारित करना है। इस प्रकार शैक्षणिक मूल्यांकन शिक्षण प्रक्रिया

या सीखने युक्त अनुभव के औचित्य की मात्रा पर निर्णय प्रदान करना है।"

क्वालेन तथा हन्ना- "विद्यालय में हुए छात्रों के व्यवहार-परिवर्तन के संबंध में प्रदत्तों के संकलन तथा उनकी व्याख्या करने की प्रक्रिया को मूल्यांकन कहते हैं।"

जे. डब्ल्यू. राइटस्टोन के अनुसार, "मूल्यांकन में शिक्षा कार्यों में बल दिया जाता है और व्यापक व्यक्तित्व से संबंधित परिवर्तनों पर भी विशेष रूप से ध्यान दिया जाता है। इसके अंतर्गत विषय वस्तु के मूल्यांकन के साथ-साथ छात्रों की आदतों, वैयक्तिक तथा सामाजिक समायोजन योग्यताओं, आदर्शों, चिन्तन-विधियों, कार्य आदि का मूल्यांकन किया जाता है।

मूल्यांकन के उद्देश्य

मूल्यांकन के उद्देश्य निम्नलिखित प्रकार के होते हैं-

(i) बालकों में अपेक्षित व्यवहार एवं आचरण परिवर्तन की जाँच करना।

(ii) यह जाँचना कि बालकों ने योग्यताओं, कुशलताओं, वृत्तियों, रुचियों, समझदारी आदि को किस सीमा तक ग्रहण किया है। इससे बालकों का वर्गीकरण किया जा सकता है।

(iii) बालकों की शिक्षण कठिनाइयों, विफलताओं और सफलताओं (कुशलताओं) का निर्धारण करना तथा सीमाओं और दोषों को जानना।

(iv) उपचारात्मक शिक्षण प्रदान करना। व्यक्तिगत, सामूहिक एवं व्यावसायिक पथ-प्रदर्शन में सहायक।

(v) बालकों के चहुँमुखी विकास को निरंतर गति प्रदान करता है।

(vi) इससे बालकों को अध्ययन तथा शिक्षक के अध्यापन अवसरों की प्रभावशीलता का ज्ञान होता है।

(vii) शिक्षकों की कुशलता एवं सफलता के मापन में मूल्यांकन सहायक।

(viii) पाठ्यक्रम तथा परीक्षा-प्रणाली में सुधार लाने हेतु संबंधित जानकारी प्राप्त करना।

(ix) सीखने की प्रक्रिया को प्रोत्साहन प्रदान करना।

(x) मूल्यांकन द्वारा प्रयोजन, शिक्षण विधियों की उपयुक्तता एवं विद्यालय की समस्त क्रियाओं का अंकन करना।

(xi) शिक्षा योजना के पुनरावलोकन, पुनर्गठन एवं पुनर्विकास हेतु मूल्यांकन उपयोगी होता है।

(xii) बालक द्वारा ग्रहण की गयी पाठ्यवस्तु की जाँच करना तथा उसकी दुर्बलताओं का निदान करना।

मूल्यांकन की नवीन संकल्पना:- मूल्यांकन बालक के ज्ञानात्मक, भावात्मक एवं मनोक्रियात्मक पक्ष के विकास का मापन करता है और उसकी उपयुक्तता की जाँच करता है।

1. ज्ञानात्मक उद्देश्य- ज्ञानात्मक उद्देश्य विद्यार्थी से प्रत्यास्मरण, तर्क, मूल्यांकन, निर्णय और समस्या समाधान जैसी चिंतन प्रधान क्रिया कराते हैं।

2. भावात्मक उद्देश्य- भावात्मक उद्देश्यों का संबंध विद्यार्थी की रुचियों, अभिभूतियों एवं अभिवृत्तियों से होता है।

3. क्रियात्मक उद्देश्य-क्रियात्मक उद्देश्य कौशल प्रधान उद्देश्य हैं। इसमें मूलभूत जानकारी की प्राप्ति, क्रिया प्रधान कौशल का अवलोकन, अनुकरण एवं अभ्यास समाहित हैं।

मूल्यांकन का महत्त्व

शिक्षा में अध्यापक एवं छात्र दोनों के लिए मूल्यांकन का विशेष महत्व होता है। हिन्दी-शिक्षण में मूल्यांकन के महत्व को निम्नलिखित रूप से स्पष्ट किया जा सकता है।

1. शैक्षिक एवं व्यावसायिक मार्गदर्शन में सहायक है-मूल्यांकन के द्वारा छात्रों की योग्यताओं, क्षमताओं, मनोवृत्तियों, रुचियों तथा दृष्टिकोणों का पता चलता है। इससे छात्रों के शैक्षिक एवं व्यावसायिक निर्देशन में सहायता मिलती है।

2. छात्रों की प्रगति की जानकारी होती है- विद्यार्थियों को स्कूल में विषय संबंधी जितना भी ज्ञान प्रदान किया गया है, उसे विद्यार्थियों ने किस सीमा तक आत्मसात किया है, इस तथ्य की जानकारी मूल्यांकन से ही होती है।

3. शिक्षण पद्धति के सही चयन और उनके उपयोग में मददगार है-शिक्षण-प्रक्रिया एक त्रिध्रुवीय प्रक्रिया है। शिक्षण-उद्देश्यों के निर्धारण के पश्चात् उनकी प्राप्ति के लिए अध्यापक शिक्षण कार्य को क्रियान्वित करता है। शिक्षण-क्रिया को कुशलतापूर्वक सम्पन्न करने के लिए अध्यापक विभिन्न प्रकार की शिक्षण विधियों का प्रयोग करता है। इन शिक्षण-विधियों की सफलता या असफलता का ज्ञान मूल्यांकन के परिणाम से ही हो सकता है। मूल्यांकन की विभिन्न तकनीकों का प्रयोग करने के उपरान्त जो भी परिणाम प्राप्त होते हैं उनके आधार पर अध्यापक अपनी शिक्षण-विधि से औचित्य का निर्णय लेता है और उनमें वांछित सुधार करता है।

4. छात्रों की कमजोरियों को जानने में सहायक है:- मूल्यांकन-प्रक्रिया से छात्रों की कमजोरियों का ज्ञान होता है। कौन-सा छात्र भाषा के किस क्षेत्र में कमजोर है, किसे शुद्ध उच्चारण नहीं आता, किसकी लिखित अभिव्यक्ति में दोष है, कौन अक्षर-विन्यास संबंधी त्रुटि करता है, कौन वाचन में कमजोर है आदि बातों की जानकारी मूल्यांकन से ही होती है।

5. विद्यार्थी को भिन्न-भिन्न श्रेणियों में विभक्त करने में मददगार:-मूल्यांकन में जब छात्रों के उपलब्धि स्तर की जानकारी हो जाती है तो उसके आधार पर उन्हें अलग-अलग वर्गों में विभाजित करने में सहायता मिलती है। कौन-सा विद्यार्थी किस स्तर के योग्य है, कौन-से विद्यार्थी दूसरे विद्यार्थियों से अधिक योग्य या कम योग्य है इस बात का निर्णय लेने के उपरान्त ही उन्हें अलग-अलग वर्गों में वर्गीकृत किया

जाता है और उनके मानसिक स्तर के अनुरूप ही शिक्षण-विधि का प्रयोग किया जाता है।

6. छात्रों को अध्ययन के लिए प्रेरित करती है- मूल्यांकन-प्रक्रिया छात्रों को पढ़ाई करने के लिए प्रेरित करती है। जो छात्र विद्यालय में नियमित रूप से अध्ययन कार्य नहीं करते लेकिन जब उन्हें ज्ञात होता है कि परीक्षा या परीक्षण होने वाला है तो वे भी पढ़ाई में जुट जाते हैं।

7. विद्यार्थी को सबल बनाकर उनके उन्नयन में सहायक है-मूल्यांकन से जब छात्रों को अपनी कमजोरियों का पता लग जाता है तो वे उनके प्रति सचेत हो जाते हैं और उन्हें दूर करने का प्रयास करते हैं। अध्यापक उनका विशेष ध्यान रखते हैं और उनकी त्रुटियों को दूर करने का प्रयास करते हैं। इस प्रकार अध्यापक के मार्गदर्शन में छात्र विशेष अभ्यास कर अपनी कमजोरियों को दूर कर भाषा संबंधी विशिष्ट योग्यताओं को विकसित करने के लिए प्रयत्नशील होते हैं।

8. विद्यार्थी के व्यक्तित्व मार्गदर्शन में मददगार है-हर छात्र के अन्दर अधिगम-क्षमता, रुचि, योग्यताएँ आदि अलग-अलग होती हैं। कुछ छात्र प्रखर बुद्धि के होते हैं, कुछ सामान्य स्तर के तो कुछ मन्द बुद्धि के होते हैं। इन सब छात्रों को एक ही तरह से पढ़ाना उचित नहीं है। मूल्यांकन द्वारा छात्रों के इन व्यक्तिगत अंतरों का पता चल जाता है और अध्यापक छात्रों की योग्यता के अनुसार ही उचित मार्गदर्शन करने का प्रयास करता है।

9. हिन्दी-शिक्षण के उद्देश्यों की प्राप्ति में सहायक है:- मूल्यांकन ही वह प्रक्रिया है जिसके द्वारा शिक्षण के उद्देश्यों की प्राप्ति की जांच की जाती है। हिन्दी विषय के शिक्षण से पूर्व कुछ शिक्षण लक्ष्यों का निर्धारण किया जाता है और छात्रों में हुए व्यवहार-परिवर्तन के आधार पर उन उद्देश्यों की प्राप्ति का पता लगता है। छात्रों के व्यवहार-परिवर्तन के स्तर और सीमा की जांच मूल्यांकन की विभिन्न तकनीकों के द्वारा ही की जाती है। यदि उद्देश्यों की प्राप्ति वांछित स्तर तक नहीं होती है तो शिक्षण-क्रिया का पुनर्वेक्षण किया जाता है। इस प्रकार मूल्यांकन ही शिक्षक को उद्देश्योन्मुख बनाए रखता है। अच्छे मूल्यांकन के निम्नांकित गुण पाए जाते हैं-

(i) वैधता-जिस उद्देश्य का मूल्यांकन करना हो उस उद्देश्य का मूल्यांकन हो जाता है तो उन साधनों/उपकरणों को वैध कहा जाएगा, जिनके आधार पर मूल्यांकन होता है उनकी वैधता होना बहुत जरूरी है। तभी सही मूल्यांकन माना जाता है।

(ii) विश्वसनीयता-मूल्यांकन प्रक्रिया विश्वसनीयता प्रक्रिया होती है। छात्रों द्वारा प्राप्त अंकों में विचलन नहीं होता है। पुनर्मूल्यांकन करने के बाद भी अंक वही रहते हैं।

(iii) प्रामाणिकता-मूल्यांकन प्रामाणिक तथ्यों पर आधारित होता है। इसके लिए लिखित रूप निर्धारित किया जाता है तथा दूसरों के द्वारा भी जाँचने पर उसमें अंतर नहीं आता है। अंक प्रदान करने के भी अनुदेश हुआ करते हैं उसी के आधार पर अंक निर्धारण होता है।

(iv) वस्तुनिष्ठता-मूल्यांकन पक्षपातरहित होता है। परीक्षक की रुचियों, भावनाओं आदि का छात्र के मूल्यांकन पर कोई प्रभाव नहीं पड़ता है। उत्तरों के लिखित आधार पर ही मूल्यांकन

होता है, न कि परीक्षक की दृष्टि के आधार पर होता है।

(v) व्यापकता-मूल्यांकन का क्षेत्र संकुचित नहीं होता है, व्यापक होता है। पाठ्यक्रम के सम्पूर्ण अंश की परीक्षा ली जाती है।

(vi) उपयोगिता-एक अच्छे मूल्यांकन में जीवन से सम्बद्धता होती है। वह व्यावहारिक होता है तथा इसका शिक्षण एवं जीवन में उपयोग किया जा सकता है।

(vii) विभेदीकरण-मूल्यांकन में समर्थ और असमर्थ विद्यार्थियों में भेद कर सकने की सामर्थ्य होनी चाहिए, जिससे कि मूल्यांकन की निष्पादन क्षमता बनी रहे।

सतत् एवं व्यापक मूल्यांकन का आशय (CCE Means) -

सतत् एवं व्यापक मूल्यांकन बच्चों के विकास के समस्त क्षेत्रों का सतत् एवं नियमित आकलन है। जिसमें विभिन्न विधियों एवं उपकरणों के माध्यम से बच्चों का आकलन किया जाता है। सतत् एवं व्यापक मूल्यांकन में तीन शब्द हैं सतत्, व्यापक एवं मूल्यांकन ।

सतत् (Continuous)-

सतत् का शाब्दिक आशय "लगातार" है। सतत् के साथ आकलन शब्द जुड़ा है अर्थात लगातार आकलन करना। सतत् आकलन एवं कक्षा शिक्षण प्रक्रिया साथ-साथ चलने वाली प्रक्रिया है। इसे हम पृथक-पृथक रूप में नहीं देख सकते। यह शिक्षण अधिगम प्रक्रिया का समेकित भाग है। इसमें बच्चे का आकलन सतत् एवं नियमित रूप से किया जाता है जो पूरे वर्ष औपचारिक एवं अनौपचारिक रूप से चलता रहता है। इसमें न सिर्फ शैक्षिक क्रियाकलाप (विषय आधारित) बल्कि सहशैक्षिक क्रियाकलापों का भी सतत् आकलन किया जाता है, जिससे बच्चों के व्यवहार में वांछित परिवर्तन के साथ-साथ यह भी ज्ञात होता है कि बच्चे ने क्या सीखा एवं कहाँ उसके साथ कार्य करने की आवश्यकता है। सतत् आकलन, शिक्षक अपने अध्यापन के समय अवलोकन या अन्य उपकरणों की सहायता से कर सकता है जिससे प्राप्त फीडबैक का उपयोग वह अपनी शिक्षण विधि को सुधारने हेतु करता है। नियमित आकलन एक समय विशेष के अंतराल के बाद किया जाता है जिसमें शिक्षक विभिन्न तकनीक एवं उपकरणों का उपयोग कर फीडबैक प्राप्त करते हैं। यह फीडबैक शिक्षक के अलावा पालकों एवं बच्चों के लिए भी होता है।

व्यापक (Comprehensive)-

व्यापकता से आशय बच्चे के समस्त कौशलों / गुणों के विकास से है जिसमें शारीरिक, मानसिक, सामाजिक, नैतिक एवं संवेगात्मक विकास भी सम्मिलित है जो एक अच्छे नागरिक के लिए आवश्यक होता है। इन गुणों को हम दो भागों में बाँट सकते है। संज्ञानात्मक एवं सह-संज्ञानात्मक क्षेत्र। पूर्व में कक्षा उन्नति का आधार केवल पाठ्यपुस्तक केंन्द्रित होता रहा है जो संज्ञानात्मक क्षेत्र तक सीमित रहा। वर्तमान में इसमें बच्चों के सह-संज्ञानात्मक क्षेत्र जैसे-बच्चों की रूचि, अभिवृत्ति सृजनशीलता, खेलकूद, योग आदि को सम्मिलित किया गया है। इन गुणों का विकास धीमी गति से होता है तथा वांछित परिवर्तन लाने

के लिए पर्याप्त समय की आवश्यकता होती है। व्यापक आकलन, अवलोकन, चर्चा, साक्षात्कार आदि के माध्यम से किया जा सकता है।

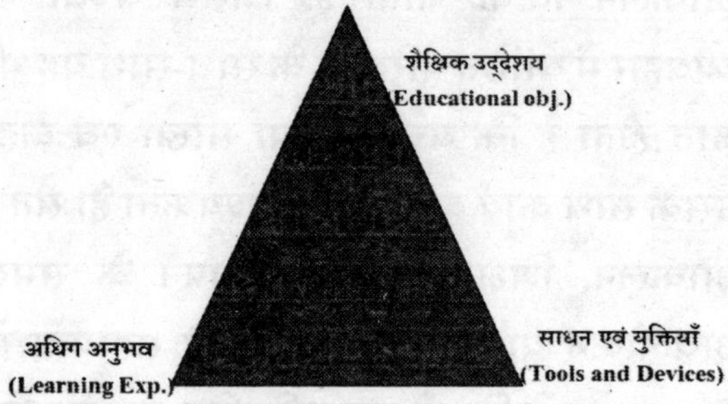

Measurement (मापन)	[illegible]
1.मापन का क्षेत्र सीमित है। The scope of measurement is limited.	मूल्यांकन का क्षेत्र व्यापक है। The scope of assessment is wide.
2.मापन व्यवहार के कुछ ही आयामों को प्रतीक प्रदान करता है The measurement provides a symbol for only a few dimensions of behavior.	मूल्यांकन व्यवहार के सभी आयामों को प्रतीक प्रदान करता है Evaluation assigns symbols to all dimensions of behavior.
3.मापन सतत प्रक्रिया नहीं है बल्कि यह मूल्यांकन प्रक्रिया का एक अंग है। Measurement is not a continuous process but it is a part of the evaluation process.	मूल्यांकन एक सतत प्रक्रिया है। Assessment is a continuous process.
4.मापन में केवल परिमाणात्मक निर्णय लिए जाते हैं। Only quantitative decisions are taken in measurement.	मूल्यांकन में गुणात्मक और परिमाणात्मक दोनों ही प्रकार के निर्णय लिए जाते हैं। Both qualitative and quantitative decisions are taken in evaluation.
5.मापन में मूल्यांकन हेतु आवश्यक आंकड़े उपलब्ध कराये जाते हैं। Necessary data are provided for evaluation in measurement.	मूल्यांकन में मापन द्वारा प्रदत्त आंकड़ों का विश्लेषण, व्याख्या एवं अशोधन किया जाता है। In evaluation, the data provided by measurement is analyzed, interpreted and generalized.

पोर्टफोलियो:-

पोर्टफोलियो प्रपत्रों का संगठित और क्रमबद्ध संग्रह होता है जो बच्चों द्वारा किसी विशेष समयांतराल या समय की एक निश्चित अवधि में तैयार किया गया हो। पोर्टफोलियो बच्चों की भाषायी क्षमता का आकलन करते हुए उनकी क्रमिक प्रगति को संदर्भित करता है।

पोर्टफोलियो से बच्चे की विभिन्न अवस्थाओं में भाषा विकास दर का पता चलता है। यह शिक्षक को बच्चे की प्रगति और भाषा क्षमता के आकलन के बारे में जानकारी देता है।

पोर्टफोलियो भाषा आकलन करने में सर्वाधिक सहायक है क्योंकि पोर्टफोलियो के प्रयोग द्वारा:

- बच्चों की भाषा विकास से संबंधित निरंतर प्रगति का विस्तृत वर्णन किया जाता है।
- बच्चों की उत्कृष्ट कार्यों को उद्देश्यपूर्ण तथा व्यवस्थित रूप से संकलित कर सुरक्षित रखा जाता है।
- बच्चों की भाषा संबंधी आवश्यकताओं और समस्याओं को समझ कर उपचारात्मक शिक्षण द्वारा दूर किया जाता है।
- बच्चों के लिखित कार्यों के नमूने, रचनात्मक लेखन, कला कार्य, लेख, आत्म आँकलन आदि सामग्री संलग्न किया जाता है।

विगत वर्षों में आए हुए एवं संभावित प्रश्न

1. पोर्टफोलियो .... में मदद करता है।
   (a) बच्चों को भयमुक्त वातावरण देने
   (b) समस्त क्षमताओं की जानकारी देने
   (c) क्रमिक प्रगति का आकलन करने
   (d) कार्य को संचित करने

2. मूल्यांकन का शाब्दिक अर्थ है 'मूल्य आंकना'।
   इस प्रकार मूल्यांकन प्रक्रिया जाँच करती है:
   (a) छात्रों की उपलब्धियों की
   (b) शिक्षण विधियों की सफलता की
   (c) शिक्षण उद्देश्यों की प्राप्ति के स्तर की
   (d) उपर्युक्त सभी की

3. निम्नलिखित में से कौनसा प्रदर्शन पोर्टफोलियो का उद्देश्य है?
   (a) शिक्षार्थियों के कठिनाई वाले क्षेत्रों की पहचान करना
   (b) शिक्षार्थियों द्वारा प्राप्त की गई उच्चतम उपलब्धि को प्रदर्शित करना
   (c) विशिष्ट अधिगम-प्रतिफल के संदर्भ में छात्रों के अधिगम का अभिलेखीकरण करना
   (d) पाठ्यचर्या के किसी क्षेत्र में शिक्षार्थियों की निपुणता को प्रदर्शित करना

4. शिक्षा प्रक्रिया में मूल्यांकन साथ-साथ चलता है। मूल्यांकन का आधार है-
   (a) मूल्यांकन प्रक्रिया की गतिशीलता
   (b) छात्रों की उपलब्धियों का विश्लेषण
   (c) छात्र में अपेक्षित व्यवहार परिवर्तन
   (d) बालकों का चहुमुखी विकास

5. कलाकृति, प्रयोगशाला रिपोर्ट या रीडिंग लॉग किस प्रकार के आकलन का उदाहरण हैं?
   (a) योगात्मक आकलन
   (b) रचनात्मक आकलन
   (c) सतत एवं व्यापक मूल्यांकन (CCE)
   (d) पोर्टफोलियो आकलन

6. राष्ट्रीय शैक्षिक अनुसंधान एवं प्रशिक्षण परिषद् ने मूल्यांकन को एक सतत् प्रक्रिया माना है क्योंकि :
   (a) यह छात्रों के व्यवहार परिवर्तन के लिए मुख्य रूप से उत्तरदायी है।
   (b) मूल्यांकन के लिए निश्चित अंतरालों का निर्धारण किया गया है।
   (c) यह छात्रों को हर समय सजग रखती है।
   (d) यह शिक्षण प्रक्रिया के साथ निरंतर चलती रहती है।

7. शिक्षार्थी के पोर्टफोलियो बनाने के लिए अच्छे तरीके क्या हैं?
   A. एक विशिष्ट कारण के आधार पर पोर्टफोलियो में शामिल किए जाने वाले काम का चयन करना।
   B. एक छात्र के काम की सभी वस्तुओं का चयन करना।
   C. छात्र से अपने काम का चयन करवाना और उसको उनके पोर्टफोलियो में शामिल करवाना।
   D. एक समय अवधि में छात्रों के कामों के विभिन्न स्तरों को एकत्र करना।

(a) A, B और C
(b) A और D
(c) A, B और D
(d) A, C और D

8. मूल्यांकन बालक के ज्ञानात्मक, भावात्मक एवं मनोक्रियात्मक पक्ष के विकास का मापन करता है, ज्ञानात्मक उद्देश्य संबंधित है-
(a) चिंतन प्रधान क्रिया से
(b) विद्यार्थियों की रुचियों एवं अभिवृत्तियों से
(c) मूलभूत जानकारी की प्राप्ति से
(d) अनुकरण के अभ्यास से

9. बच्चों द्वारा पूरे वर्ष के दौरान किए गए विभिन्न कार्यों का संग्रहण, जिसका लक्ष्य उनके प्रदर्शन का विवरण रखना है, कहलाता है।
(a) रुबरिक
(b) फ़ाइल
(c) सूचना पत्रक
(d) पोर्टफोलियो

10. कौशल प्रधान उद्देश्य है-
(a) ज्ञानात्मक उद्देश्य
(b) भावात्मक उद्देश्य
(c) क्रियात्मक उद्देश्य
(d) संकल्पनात्मक उद्देश्य

11. छात्रों की योग्यताओं, क्षमताओं, मनोवृत्तियों की जानकारी सहायक है-
(a) शिक्षण पद्धति के सही चयन में
(b) छात्रों के शैक्षिक एवं व्यावसायिक निर्देशन में
(c) छात्रों की कमजोरियों को जानने में
(d) छात्रों के उपचारात्मक शिक्षण में

12. प्राथमिक स्तर पर पोर्टफोलियो में निम्नलिखित में से क्या शामिल हैं?
(a) बच्चे द्वारा बनाई गई तस्वीरें
(b) आत्म मूल्यांकन पत्रक
(c) माता-पिता-मूल्यांकन पत्रक
(d) उपरोक्त सभी

13. जब छात्र विशेष अभ्यास द्वारा त्रुटियों को दूर कर भाषा संबंधी विशिष्ट योग्यता प्राप्त करने के लिए प्रयत्नशील होते हैं तब मूल्यांकन की भूमिका है:
(a) मूल्यांकन छात्रों को अध्ययन के लिए प्रेरित करता है
(b) विद्यार्थियों के उन्नयन में सहायक है
(c) छात्रों के विभिन्न स्तरों में विभक्तिकरण में सहायक है
(d) छात्रों के व्यक्तित्व मार्ग-दर्शन में सहायक है

14. मूल्यांकन द्वारा बालकों के विकास एवं प्रगति की जानकारी प्राप्त कर अभिभावक-
(a) बच्चे की शिक्षा के लिए उचित सुविधाओं की व्यवस्था करते हैं।
(b) छात्रों के व्यक्तिगत अंतर की जानकारी
(c) अन्य छात्रों से अपने बालकों के विकास एवं प्रगति का तुलनात्मक अध्ययन करते हैं।
(d) उनके लिए अलग शिक्षण विधि प्रयुक्त करने का परामर्श देते हैं।

15. पाठ पढ़ाते समय बीच-बीच में किया जाने वाला मूल्यांकन कहलाता है-
(a) पाठोपरांत मूल्यांकन
(b) पाठान्तर्गत मूल्यांकन

(c) मापक

(d) पुनरावृत्ति

16. पाठोपरांत मूल्यांकन किया जाता है-

(a) बोध प्रश्नों द्वारा

(b) पुनरावृत्ति प्रश्नों द्वारा

(c) विकासात्मक प्रश्नों द्वारा

(d) विचार-विश्लेषणात्मक प्रश्नों द्वारा

17. एक अनुच्छेद पढ़ाने के बाद छात्रों के अवबोध की जानकारी के लिए पूछे गए प्रश्न होते हैं:

(a) समस्यात्मक प्रश्न

(b) आवृत्यात्मक प्रश्न

(c) बोध प्रश्न

(d) पुनरावृत्ति प्रश्न

18. निम्नांकित कौन सी क्रिया पाठान्तर्गत मूल्यांकन में शामिल नहीं है ?

(a) छात्रों के उच्चारण सुधारने पर जोर दिया जाता है।

(b) वाक्यों में प्रयोग की विशेषता एवं कौशल की जाँच की जाती है।

(c) छात्रों द्वारा ज्ञान को आत्मसात किए जाने संबंधी जानकारी होती है।

(d) बालकों के प्रत्यक्ष ज्ञान का परीक्षण होता है।

19. पाठान्तर्गत मूल्यांकन बालकों के ज्ञान को स्थाई कर देता है क्योंकि -

(a) यह व्याकरण शिक्षण से संबंधित होता है।

(b) छात्रों के उच्चारण कौशल पर जोर देता है।

(c) इसमें बोध प्रश्नों द्वारा ज्ञान को आत्मसात कराया जाता है।

(d) यह मूल्यांकन विषय वस्तु को खंडों में पढ़ाने के बाद ही होता है।

20. पाठान्तर्गत मूल्यांकन में निम्न सामग्री से संबंधित प्रश्नों का प्रावधान होता है

(a) उच्चारण की शुद्धता एवं स्पष्टता से संबंधित प्रश्न

(b) शब्दों, लोकोक्तियों, मुहावरों, सूक्तियों आदि का वाक्य में प्रयोग संबंधी प्रश्न

(c) बोध प्रश्नों के द्वारा पठित सामग्री के भाव, अर्थ एवं तत्त्व ग्रहण की जाँच हेतु प्रश्न

(d) उपर्युक्त सभी

21. पाठोपरांत मूल्यांकन पुनरावृत्ति प्रश्नों के द्वारा होता है। इसमें शामिल नहीं है-

(a) वस्तुनिष्ठ प्रश्न

(b) लघुउत्तरात्मक प्रश्न

(c) निबंधात्मक प्रश्न

(d) बोध प्रश्न

22. विद्यार्थियों की अधिगम क्षमताएँ, योग्यताएँ एवं रुचियाँ भिन्न-भिन्न होती हैं। इसलिए-

(a) सभी छात्रों को एक ही विधि से नहीं पढ़ाना चाहिए

(b) सभी छात्रों पर समान ध्यान देना चाहिए

(c) छात्रों में तुलना करते रहना चाहिए

(d) प्रखर बुद्धि के छात्रों को स्वयं कार्य करने देना चाहिए

23. यदि शैक्षणिक उद्देश्यों की प्राप्ति वांछित स्तर तक नहीं होती है तो-

(a) शिक्षण लक्ष्यों का पुनः निर्धारण किया जाना चाहिए

(b) शिक्षण क्रिया का पुनर्वेक्षण किया जाना चाहिए

(c) शैक्षणिक गतिविधियों का संचालन किया जाना चाहिए

(d) शैक्षणिक उद्देश्यों में कमी की जानी चाहिए

24. जिस उद्देश्य का मूल्यांकन करना हो उस उद्देश्य का मूल्यांकन हो जाता है तो प्रयुक्त उपकरण या साधन होते हैं-

(a) वैध

(b) विश्वसनीय

(c) प्रामाणिक

(d) उपयोगी

25. मूल्यांकन प्रक्रिया विश्वसनीय प्रक्रिया होती है। इसमें छात्रों द्वारा प्राप्त अंकों में विचलन नहीं होता। इसका अभिप्राय है-

(a) अनुदेशों के अनुसार अंकों का निर्धारण हुआ है।

(b) उत्तरों का लिखित आधार पर मूल्यांकन हुआ है।

(c) परीक्षक स्वेच्छापूर्वक अंकों का वितरण करता है।

(d) पुनर्मूल्यांकन के बाद भी अंक वही रहते हैं।

26. मूल्यांकन प्रामाणिक तथ्यों पर आधारित होता है इसलिए-

(a) इसके लिए लिखित रूप निर्धारित किया जाता है।

(b) दूसरे के द्वारा जाँचने पर भी उसमें अंतर नहीं आता।

(c) अनुदेशों के अनुसार अंकों का निर्धारण होता है।

(d) उपर्युक्त सभी

27. एक अच्छा मूल्यांकन वस्तुनिष्ठता के गुण से युक्त होता है यदि-

(a) मूल्यांकन का क्षेत्र व्यापक होता है।

(b) मूल्यांकन पक्षपातरहित होता है।

(c) मूल्यांकन वैध होता है।

(d) मूल्यांकन प्रामाणिक होता है।

28. मूल्यांकन में पाठ्यक्रम के संपूर्ण अंश की परीक्षा ली जाती है क्योंकि-

(a) मूल्यांकन विभेदीकरण के विपरीत है

(b) मूल्यांकन व्यापक होता है

(c) छात्रों के मानसिक स्तर को जाँचने के लिए यह आवश्यक है।

(d) मूल्यांकन की प्रक्रिया निश्चित समय अंतराल के बाद होती है।

29. एक अच्छा मूल्यांकन जीवन से संबंध एवं व्यावहारिक होता है। इस दृष्टि से मूल्यांकन:

(a) शिक्षण एवं जीवन में उपयोगी है

(b) मूल्यांकन व्यावहारिक आधार पर होता है

(c) मूल्यांकन जीवन से संबंध करके देखना चाहिए

(d) मूल्यांकन एक अनिवार्य आवश्यकता है

30. विषय के आधार पर छात्रों की विषयगत योग्यता की जाँच की जाती है। इस प्रक्रिया को कहते हैं।

(a) परीक्षा

(b) मूल्यांकन

(c) मापन

(d) प्रयोग

31. परीक्षा मूल्यांकन की सबसे महत्वपूर्ण विधि है। परीक्षा का प्रमुख प्रकार है:

(a) लिखित

(b) मौखिक

(c) प्रायोगिक

(d) उपर्युक्त सभी

32. छात्रों की उपलब्धियों एवं व्यवहार-परिवर्तन की जाँच जब लिखित रूप में की जाती है तो उसे लिखित परीक्षा कहते हैं। लिखित परीक्षा में छात्र :
(a) व्यक्तिगत रूप से परीक्षा देते हैं
(b) पढ़कर अर्थग्रहण की क्षमता व्यक्त करते हैं
(c) लिखित रूप में विचारों को अभिव्यक्त करते हैं
(d) सामूहिक रूप से अलग-अलग विषयों की परीक्षा देते है।

33. निबंधात्मक परीक्षाएँ साधन न बन कर साध्य बन गई हैं क्योंकि-
(a) ये विषय की आंशिक जाँच करती हैं।
(b) इसमें रटे-रटाये उत्तर लिखे जाते हैं।
(c) परीक्षा में अच्छे अंक प्राप्त करने में सहायक है
(d) छात्र संपूर्ण विषय वस्तु के स्थान पर कुछ ही विषय सामग्री का अध्ययन करते हैं

34. निबंधात्मक प्रश्न महत्वपूर्ण माने जाते हैं-
(a) भाषा शैली की दृष्टि से
(b) शब्द भंडार की दृष्टि से
(c) विषय वस्तु की दृष्टि से
(d) अंकों की दृष्टि से

35. लघु उत्तरीय परीक्षाएँ :
(a) निबंधात्मक परीक्षा का परिष्कृत रूप है।
(b) छात्रों में अधिक लोकप्रिय हैं।
(c) विस्तृत ज्ञान की जाँच में सहायक हैं।
(d) तर्क, चिंतन पर आधारित होती हैं।

36. जिन प्रश्नों के उत्तर किसी निश्चित चिह्न या एक दो शब्द के द्वारा दिए जाते हैं, उन्हें कहते हैं :
(a) पुनः स्मरण प्रश्न
(b) वस्तुनिष्ठ प्रश्न
(c) बहु विकल्प प्रश्न
(d) लघु उत्तरीय प्रश्न

37. पोर्टफोलियो सतत और व्यापक मूल्यांकन का एक महत्वपूर्ण उपकरण है क्योंकि
(a) इसे लागू करना आसान है।
(b) यह न्यूनतम जानकारी प्रदान करता है।
(c) यह छात्रों में विकसित कौशल को दर्शाता है।
(d) यह अनिवार्य है।

38. पोर्टफोलियो भाषा आकलन करने में सर्वाधिक सहायक है क्योंकि पोर्टफोलियो के प्रयोग द्वारा:
(a) बच्चों की भाषा विकास से संबंधित निरंतर प्रगति का विस्तृत वर्णन किया जाता है।
(b) बच्चों की उत्कृष्ट कार्यों को उद्देश्यपूर्ण तथा व्यवस्थित रूप से संकलित कर सुरक्षित रखा जाता है।
(c) बच्चों की भाषा संबंधी आवश्यकताओं और समस्याओं को समझ कर उपचारात्मक शिक्षण द्वारा दूर किया जाता है।
(d) बच्चों के लिखित कार्यों के नमूने, रचनात्मक लेखन, कला कार्य, लेख, आत्म आँकलन आदि सामग्री संलग्न किया जाता है।

उत्तर कुंजी

1	(c)	2	(d)	3	(b)	4	(b)	5	(d)	6	(d)	7	(d)	8	(a)	9	(d)	10	(c)
11	(b)	12	(a)	13	(b)	14	(a)	15	(b)	16	(b)	17	(c)	18	(d)	19	(c)	20	(d)
21	(d)	22	(a)	23	(b)	24	(a)	25	(d)	26	(d)	27	(b)	28	(b)	29	(c)	30	(b)
31	(d)	32	(c)	33	(d)	34	(a)	35	(a)	36	(b)	37	(c)	38	(a)				

नई शिक्षा नीति 2020

नई शिक्षा नीति 2020

केंद्र सरकार ने 'राष्ट्रीय शिक्षा नीति- 2020' (National Education Policy- 2020) को मंज़ूरी दी है। नई शिक्षा नीति 34 वर्ष पुरानी 'राष्ट्रीय शिक्षा नीति, 1986' [National Policy on Education (NPE),1986] को प्रतिस्थापित करेगी।

नई शिक्षा नीति 2020 भारत की शिक्षा नीति है जिसे भारत सरकार द्वारा 29 जुलाई 2020 को घोषित किया गया। सन 1986 में जारी हुई नई शिक्षा नीति के बाद भारत की शिक्षा नीति में यह पहला नया परिवर्तन है। यह नीति अंतरिक्ष वैज्ञानिक के. कस्तूरीरंगन की अध्यक्षता वाली समिति की रिपोर्ट पर आधारित हैं।

जरूरत है कि शिक्षण प्रक्रिया शिक्षार्थी-केन्द्रित हो, जिज्ञासा, खोज, अनुभव और संवाद के आधार पर संचालित हो, लचीली हो और समग्रता और समन्वित रूप से देखने-समझने में सक्षम बनाने वाली और, अवश्य ही, रुचिपूर्ण हो। शिक्षा शिक्षार्थियों के जीवन के सभी पक्षों और क्षमताओं का संतुलित विकास करे इसके लिए पाठ्यक्रम में विज्ञान और गणित के अलावा बुनियादी कला, शिल्प, मानविकी, खेल और फिटनेस, भाषाओं, साहित्य, संस्कृति और मूल्य का अवश्य ही समावेश किया जाये। शिक्षा से चरित्र निर्माण होना चाहिए, शिक्षार्थियों में नैतिकता, तार्किकता, करुणा और संवेदनशीलता विकसित करनी चाहिए और साथ ही रोज़गार के लिए सक्षम बनाना चाहिए।

पुरानी शिक्षा नीति में बदलाव

नई शिक्षा नीति में वर्तमान में सक्रिय 10+2 के शैक्षिक मॉडल के स्थान पर शैक्षिक पाठ्यक्रम को 5+3+3+4 प्रणाली के आधार पर विभाजित करने की बात कही गई है।

तकनीकी शिक्षा, भाषाई बाध्यताओं को दूर करने, दिव्यांग छात्रों के लिये शिक्षा को सुगम बनाने आदि के लिये तकनीकी के प्रयोग को बढ़ावा देने पर बल दिया गया है।

इस शिक्षा नीति में छात्रों में रचनात्मक सोच, तार्किक निर्णय और नवाचार की भावना को प्रोत्साहित करने पर बल दिया गया है।

MHRD के नाम में परिवर्तन .

कैबिनेट द्वारा 'मानव संसाधन विकास मंत्रालय' (Ministry of Human Resource Development- MHRD) का नाम बदल कर 'शिक्षा मंत्रालय' (Education Ministry) करने को भी मंज़ूरी दी गई है।

NEP2020- के तहत MHRD का नाम बदलकर 'शिक्षा मंत्रालय' करने का उद्देश्य 'शिक्षा और सीखने (Education and Learning)' पुन: अधिक ध्यान आकर्षित करना है।

स्वतंत्र भारत की अभी तक **तीन शिक्षा नीति** आई है-

शिक्षा नीति	वर्ष	प्रधानमंत्री
प्रथम शिक्षा नीति	1968	इंदिरा गाँधी
दूसरी शिक्षा नीति	1986	राजीव गाँधी
तीसरी शिक्षा नीति	2020	नरेंद्र मोदी

नई शिक्षा नीति 2020 की महत्वपूर्ण बातें इस शिक्षा नीति को किस बिल के तहत लाया गया – NHEB(National High Education Bill)।

कक्षा 5 तक की शिक्षा मातृभाषा में दी जाएगी शिक्षा के क्षेत्र में जीडीपी का 6% हिस्सा खर्च होगा।

इसका नाम मानव विकास मंत्रालय से बदल कर शिक्षा मंत्रालय रख दिया गया है ।

इस शिक्षा नीति में 10+2 के फार्मेट को पूरी तरह खत्म कर दिया गया है। अब इसे 10+2 से बांटकर 5+3+3+4 फार्मेट में ढाला गया है।

पहले पांच साल - **इसमें प्री-प्राइमरी स्कूल के तीन साल और कक्षा 1 और कक्षा 2 सहित फाउंडेशन स्टेज कहा गया है। बच्चे के मन में शिक्षा के प्रति रूचि पैदा करना इसका उद्देश्य होता है। इसमें बच्चे की नींव मजबूत की जाती है। इसके तहत बच्चे को खेलकूद जैसी गतिविधियों के साथ पढ़ाई कराई जाएगी।**

अगले तीन साल - **इसे कक्षा 3 से 5 की तैयारी के चरण में विभाजित किया जाएगा। इस स्टेज पर बच्चे को गणित, विज्ञान, कला, सामाजिक विज्ञान आदि विषयों से परिचित करवाया जाएगा।**

अगले तीन साल- **इसे मध्य चरण (कक्षा 6 से 8) कहा गया है। इस चरण में बच्चे को एप बनाना, सॉफ्टवेयर बनाना, कोडिंग करना आदि काम करवाये जाएंगे जो चीन जैसे देशों मे होता है।**

शिक्षा के दो उद्देश्य होते है एक तो व्यक्तित्व का निर्माण करना और दूसरा रोजगार की प्राप्ति।

हमारे देश में शिक्षा रोजगारपरक नहीं है। इसलिए नई शिक्षा नीति के तहत हमें शिक्षा को रोजगारपरक बनाना होगा।

अगले 4 वर्ष- **इसमें माध्यमिक अवस्था के चार वर्ष (कक्षा 9 से 12) में छात्रों में गहरी सोच विकसित करने का प्रयत्न किया जाएगा। छात्रों की विश्लेषण क्षमता में काम करने का प्रयास किया जाएगा। इससे बच्चे का सर्वांगीण विकास किया जाएगा।**

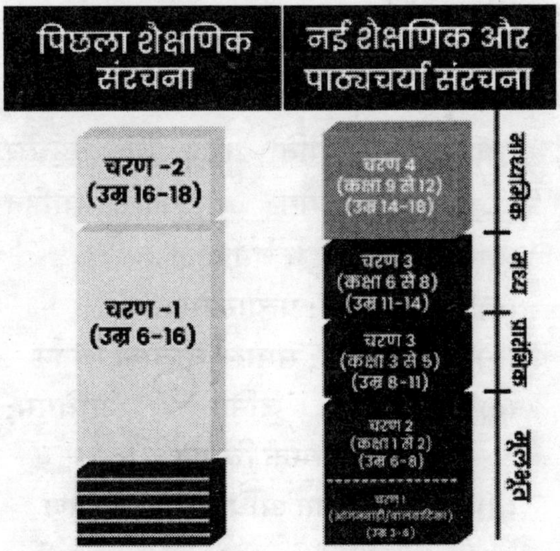

5+3+3+4 क्या है ?

स्कूल पाठ्यक्रम के 10+2 के ढांचे की जगह 5+3+3+4 का नया पाठ्यक्रम ढांचा लागू होगा।

यह ढांचा उम्र के अनुसार होगा-

3 से 8 वर्ष

8 से 11 वर्ष

11 से 14 वर्ष

14 से 18 वर्ष

क्र. स.	चरण	वर्ष संख्या	कक्षा	विद्यार्थी की उम्र
1	पहला – फाउंडेशन स्टेज	5 वर्ष	प्री – प्राईमरी (3 वर्ष) +कक्षा 1 व 2	3 से 8 वर्ष तक
2	दूसरा -प्रीपेरटरी स्टेज	3 वर्ष	कक्षा 3 से लेकर कक्षा 5 तक	8 से 11 वर्ष
3	तीसरा -मिडिल स्टेज	3 वर्ष	कक्षा 6 से लेकर कक्षा 8 तक	11 से 14 वर्ष
4	चौथा – सेकेंडरी स्टेज	4 वर्ष	कक्षा 9 से लेकर 12 कक्षा तक	14 से 18 वर्ष

1. फॉउन्डेशन स्टेज

- **इसमें 3 से 8 वर्ष तक के बच्चे होंगे।**
- **पहले 3 वर्ष तक बच्चे आँगनबाडी एवं प्री-स्कूलिंग शिक्षा लेंगे।**
- **अगले 2 वर्ष स्कूल में कक्षा 1 व 2 में पढ़ेंगे।**

2. प्रीपेटरी स्टेज

- **इसमें 8 से 11 वर्ष तक के बच्चे होंगे।**
- **इसमें कक्षा 3 से 5 तक की शिक्षा ग्रहण करेंगे।**

3. मिडिल स्टेज

- **इसमें 11 से 14 वर्ष के बच्चे होंगे।**
- **इसमें कक्षा 6 से 8 तक की शिक्षा ग्रहण करेंगे।**

4. सैकेण्डरी स्टेज

- **इसमें 14 से 18 वर्ष तक के बच्चे होंगे।**
- **इसमें कक्षा 9 से 12 तक की शिक्षा ग्रहण करेंगे।**

'बुनियादी साक्षरता और संख्यात्मक ज्ञान पर एक राष्ट्रीय मिशन'

NEP में MHRD द्वारा 'बुनियादी साक्षरता और संख्यात्मक ज्ञान पर एक राष्ट्रीय मिशन' (National Mission on Foundational Literacy and Numeracy) की स्थापना की मांग की गई है।

राज्य सरकारों द्वारा वर्ष 2025 तक प्राथमिक विद्यालयों में कक्षा- 3 तक के सभी बच्चों में बुनियादी साक्षरता और संख्यात्मक ज्ञान प्राप्त करने हेतु इस मिशन के क्रियान्वयन की योजना तैयार की जाएगी।

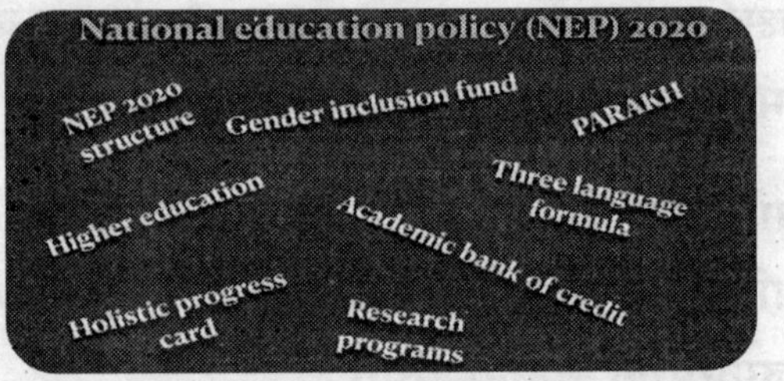

विगत वर्षों में आए हुए एवं संभावित प्रश्न

1. राष्ट्रीय शिक्षा नीति 2020 द्वारा अनुशंसित स्कूली शिक्षा की संरचना क्या है?
   (a) 5+3+3+4
   (b) 5+4+4+3
   (c) 3+4+4+5
   (d) 2+2+3+3+5

2. राष्ट्रीय शिक्षा नीति 2020 में प्रस्तावित बदलाव है
   (a) मानकीकरण से लचीलापन
   (b) रचनात्मक मूल्यांकन से योगात्मक मूल्यांकन
   (c) संरचनाओं की समझ से परीक्षा के लिए सीखना
   (d) बहुविशेषता से कठोरता

3. राष्ट्रीय शिक्षा नीति, 2020 सामाजिक आर्थिक रूप से वंचित समुदायों से आने वाले विद्यार्थियों के अवधारणा के लिए क्या प्रस्तावित करती है?
   (a) रटकर सीखना
   (b) पाठ्यचर्या व मूल्यांकन का मानकीकरण
   (c) प्रदर्शन उन्मुख परीक्षण
   (d) संदर्भित व अर्थ पूर्ण पाठ्यचर्या

4. राष्ट्रीय शिक्षा नीति 2020 पूरे देश के लिए प्राथमिक स्तर पर किस भाषा को निर्देश के माध्यम से प्रस्तावित करती है ?
   (a) हिंदी
   (b) अंग्रेजी
   (c) संस्कृत
   (d) मातृभाषा/ घर की भाषा

5. राष्ट्रीय शिक्षानीति 2020 के अनुसार ______ का प्रयोग ______ को प्रोत्साहित करने के लिए करना चाहिए।
   (a) कंठस्थकरण; प्रत्यास्मरण
   (b) कंठस्थकरण; समालोचात्मक चिंतन
   (c) अनुभव जनित अधिगम; समालोचनात्मक चिन्तन
   (d) अनुभव जनित अधिगम; प्रत्यास्मण

6. राष्ट्रीय शिक्षा नीति 2020 क्या प्रस्तावित करती है?
   (i) विद्यालय की पाठ्यचर्या की विषय वस्तु में कटौती।
   (ii) विद्यालय की पाठ्यचर्या के लचीलापन में वृद्धि
   (iii) रटन्त अधिगम को महत्व देना।

(iv) विवेचनात्मक चिंतन को महत्व देना।

(a) (ii), (iv)
(b) (i), (ii) और (iii)
(c) (i), (ii) और (iv)
(d) (ii), (iii) और (iv)

7. राष्ट्रीय शिक्षा नीति 2020 किस पर बल देती है?

(a) लचीला बहुस्तरीय गति आधारित अधिगम
(b) बच्चों के केवल संज्ञानात्मक विकास से संबंधित पहलू
(c) राष्ट्रीय पाठ्यचर्या के मानकीकरण पर
(d) बच्चों के स्मरण कौशलों के मापन पर

8. राष्ट्रीय शिक्षा नीति 2020 के अनुसार मूल्यांकन का उद्देश्य किस की जानकारी देता है?

(a) विद्यार्थियों को कक्षा में व कक्षा के बाहर कैसे सहायता दी जा सकती है।
(b) विद्यार्थी का उसके सहपाठियों की तुलना में प्रदर्शन |
(c) विद्यार्थियों के सीखने में कमियां व अभाव ताकि उसकी असफलता की पुष्टि पहचान की जा सके।
(d) विद्यार्थियों के बैठने की क्षमता की जानकारी।

9. राष्ट्रीय शिक्षा नीति 2020 के अनुसार शिक्षा को किस पर बल देना चाहिए।

(a) संकल्पनात्मक समझ
(b) गैर – संदर्भित विषय – वस्तु
(c) रट कर सीखना
(d) परीक्षाओं के लिए सीखना

10. आकलन के संदर्भ में राष्ट्रीय शिक्षा नीति 2020 क्या प्रस्तावित करती है ?

(a) विश्लेषण और आलोचनात्मक सोच जैसे उच्च क्रम के कौशल का परीक्षण।
(b) प्रत्यास्मरण आधारित वस्तुनिष्ठ प्रकार के परीक्षण।
(c) आकलन के योगात्मक तरीके |
(d) परीक्षा के लिए सीखना।

11. राष्ट्रीय शिक्षा नीति, 2020 किसकी और बदलाव का प्रस्ताव रखती है?

(a) यह सीखना कि कैसे सीखना है।
(b) बैठकर सीखने की प्रक्रिया
(c) पाठ्यक्रम सामग्री में वृद्धि
(d) प्रमाणीकरण

12. राष्ट्रीय शिक्षा नीति 2020 किस पर बल देती है ?

(a) परीक्षा के लिए पढ़ना
(b) स्मरण आधारित शिक्षा
(c) वेधन और अभ्यास
(d) संप्रत्ययीय समझ

13. राष्ट्रीय शिक्षा नीति 2020 के अनुसार अधिगम ________ होना चाहिए।

(a) विषय वस्तु अभिमुखी
(b) पाठ्यपुस्तक केंद्रित
(c) प्रयोगात्मक
(d) व्यवहारात्मक

14. निम्न में से कौन सी शिक्षा शास्त्रीय रणनीति राष्ट्रीय शिक्षा नीति 2020 द्वारा प्रस्तावित है?

i. अन्वेषण आधारित अधिगम
ii. कथावाचन आधारित शिक्षा शास्त्र

iii. वेधन तथा बार-बार अभ्यास

iv. चर्चा आधारित कक्षाएँ

(a) (i), (ii), (iii)

(b) (i), (ii), (iv)

(c) (ii), (iii), (iv)

(d) (i), (iii), (iv)

15. राष्ट्रीय शिक्षा नीति 2020 में विद्यार्थियों के आकलन हेतु प्रस्तावित समग्र 360 डिग्री बहुआयामी रिपोर्ट के संदर्भ में कौन सा कथन सही नहीं है?

(a) रिपोर्ट में शामिल सहपाठियों का आकलन सम्मिलित होगा।

(b) रिपोर्ट में विद्यार्थियों की संख्यात्मक, भावनात्मक और मनोगत्यात्मक आयामों की प्रगति शामिल होगी।

(c) रिपोर्टर और विद्यालय के मंदिर एक महत्वपूर्ण संबंध बनाएगी।

(d) रिपोर्ट केवल व्यक्तिगत कार्यों पर केंद्रित होगी और सामूहिक कार्यों को शामिल नहीं करेगी।

16. राष्ट्रीय शिक्षा नीति 2020 में निम्न में से कौन सा कथन प्रस्तावित है।

(a) अपनी मातृभाषा में शिक्षित होना शैक्षिक और प्रौद्योगिक उन्नति में बाधक है।

(b) विद्यालयों को बच्चों को अंग्रेजी भाषा की प्रथम भाषा के रूप में सिखाने और बोलने के लिए प्रोत्साहित करना चाहिए।

(c) बाल विद्यार्थियों के लिए बहुभाषी होने के उच्च संख्यात्मक लाभ है।

(d) द्विभाषी उपगम विद्यार्थियों में उलझन पैदा करता है और सीखने में बाधा डालता है।

17. राष्ट्रीय शिक्षा नीति 2020 के अनुसार प्राथमिक स्तर तक के बच्चों की शिक्षा के लिए __________ को प्राथमिकता दी जानी चाहिएं।

(a) मातृभाषा

(b) विदेशी भाषा

(c) अंग्रेजी भाषा

(d) केवल संकेतिक भाषा

18. राष्ट्रीय शिक्षा नीति 2020 किस प्रकार के शिक्षाशास्त्रों का प्रस्ताव रखती है?

(a) परीक्षा केन्द्रित

(b) अध्यापक केन्द्रित

(c) अधिगमकर्ता केन्द्रित

(d) बहिष्कार केंद्रित

19. अभिकथन (A): राष्ट्रीय शिक्षा नीति 2020 के अनुसार पांचवी तक के सभी बच्चों को उनकी मृतभाषा में शिक्षा दी जानी चाहिए। कारण (R) : छोटे बच्चे अपनी अमृत भाषा में सार्थक अवधारणाओं को अधिक तेजी से सीखते वह समझते हैं सही विकल्प चुने :

(a) (A) और (R) दोनों सही है और (R) , (A) की सही व्याख्या करता है।

(b) (A) और (R) दोनों सही है लेकिन (R), (A) की सही व्याख्या नहीं करता है।

(c) (A) सही है लेकिन (R) गलत है।

(d) (A) और (R) दोनों गलत

20. राष्ट्रीय शिक्षा नीति 2020 बहुभाषिकता-

(a) को बच्चे के सीखने में एक रुकावट की तरह दिखती है।

(b) को कक्षा में पूंजी के रूप में देखती है।

(c) शिक्षण अधिगम की प्रक्रिया को एक आवश्यक जटिलता के रूप में देखती है।

(d) समावेशी शिक्षा में अवरोध के रूप में दिखती है।

21. भारत में अब तक शिक्षा नीति किस वर्ष आई है

(a) 1968

(b) 2020

(c) 1986

(d) उपर्युक्त सभी

22. भारत में कितने वर्षों के बाद "नई शिक्षा नीति" लागू की गई है

(a) 34 वर्ष

(b) 36 वर्ष

(c) 38 वर्ष

(d) 40 वर्ष

23. NEP का फुल फर्म क्या है ?

(a) New Education Policy

(b) National Education Policy

(c) National Exchange Policy

(d) National Exam Policy

24. नई शिक्षा नीति 2020 में "मानव संसाधन विकास मंत्रालय" को क्या नाम दिया गया है

(a) मानव संसाधन मंत्रालय

(b) नया शिक्षा मंत्रालय

(c) विकास मंत्रालय

(d) शिक्षा मंत्रालय

25. राष्ट्रीय शिक्षा नीति 2020 या NEP- National Education Policy 2020 या नई शिक्षा नीति 2020 किसने तैयार की है

(a) कोठारी समिति

(b) के० कस्तुरीरंगन समिति

(c) एस० आर० रंगनाथन

(d) केंद्रीय माध्यमिक शिक्षा बोर्ड

26. राष्ट्रीय शिक्षा नीति 2020 के अनुसार राष्ट्रीय मूल्यांकन केंद्र किसके लिए बनाया जाएगा

(a) शिक्षकों के लिए

(b) बच्चों के लिए

(c) माता-पिता के लिए

(d) उपर्युक्त सभी

उत्तर कुंजी

1	(a)	2	(a)	3	(d)	4	(d)	5	(c)	6	(c)	7	(a)	8	(a)	9	(a)	10	(a)
11	(a)	12	(d)	13	(c)	14	(b)	15	(d)	16	(c)	17	(a)	18	(c)	19	(a)	20	(b)
21	(d)	22	(a)	23	(b)	24	(d)	25	(b)	26	(b)								

भाषा और लिपि

भाषा - भाषा मनुष्यों के बीच परस्पर संप्रेषण का एक माध्यम है। सरल शब्दों में कहें तो "जिस साधन के द्वारा मनुष्य अपने विचारों और भावों को लिखकर या बोलकर प्रकट करता है, उसे भाषा कहते हैं। भाषा ध्वनि प्रतीकों की व्यवस्था है, इस व्यवस्था में विभिन्न ध्वनियाँ मिलकर अर्थवान शब्द बनाती है, और ये शब्द विभिन्न वस्तुओं के वाचक होते है।

लिपि - मौखिक भाषा या उच्चारित भाषा को स्थायी रूप देने के लिए भाषा के लिखित रूप का विकास हुआ। प्रत्येक ध्वनि के लिए लिखित चिह्न या वर्ण बनाए गए। वर्णों की इसी व्यवस्था को 'लिपि' कहा जाता है।

रामविलास शर्मा के अनुसार:-

"एक भाषा कई लिपियों में लिखी जा सकती है, और दो या दो से अधिक भाषाओं की एक ही लिपि हो सकती है। भाषा संस्कृति का वाहन है और उसका अंग भी।",

देवनागरी लिपि

देवनागरी लिपि एक वैज्ञानिक लिपि है। 'हिन्दी' और 'संस्कृत' देवनागरी लिपि में लिखी जाती हैं। 'देवनागरी' लिपि का विकास 'ब्राही लिपि' से हुआ, जिसका सर्वप्रथम प्रयोग 7वीं -8वीं सदी में गुजरात नरेश जयभट्ट के एक शिलालेख में मिलता है। 8वीं एवं 9वीं सदी में क्रमशः राष्ट्रकूट नरेशों तथा बड़ौदा के ध्रुवराज ने अपने देशों में इसका प्रयोग किया था। महाराष्ट्र में इसे 'बालबोध' के नाम से संबोधित किया गया।

विद्वानों का मानना है कि प्राचीनतम लिपि ब्राह्मी से देवनागरी का विकास सीधे-सीधे नहीं हुआ है, बल्कि यह उत्तर शैली की कुटिल, शारदा और प्राचीन देवनागरी के रूप में होता हुआ वर्तमान देवनागरी लिपि तक पहुँचा है। प्राचीन नागरी के दो रूप विकसित हुए- पश्चिमी तथा पूर्वी। इन दोनों रूपों से विभिन्न लिपियों का विकास इस प्रकार हुआ-

भाषा	लिपि	भाषा	लिपि
हिंदी	देवनागरी	फ्रेंच	रोमन
संस्कृत	देवनागरी	पंजाबी	गुरुमुखी
उर्दू	फ़ारसी	नेपाली	देवनागरी
जर्मन	रोमन	बँगला	बाँग्ला
अंग्रेज़ी	रोमन	अरबी	अरबी

भाषा और लिपि में अंतर

#	भाषा (Language)	लिपि (Script)
1.	प्रत्येक भाषा की अपनी ध्वनियाँ होती है।	सामान्यतः एक लिपि किसी भी भाषा में लिखी जा सकती है।
2.	भाषा सूक्ष्म होती है।	लिपि स्थूल होती है।
3.	भाषा में अपेक्षाकृत अस्थायित्व होता है, क्योंकि भाषा उच्चरित होते ही गायब हो जाती है।	लिपि में अपेक्षाकृत स्थायित्व होता है, क्योंकि किसी भी लिपि को लिखकर ही व्यक्त किया जा सकता है।
4.	भाषा ध्वन्यात्मक होती है।	लिपि दृश्यात्मक होती है।

5.	भाषा तुरंत प्रभावकारी होती है।	लिपि थोड़ी विलंब से प्रभावकारी होती है।
6.	भाषा ध्वनि संकेतों की व्यवस्था है।	लिपि वर्ण संकेतों की व्यवस्था है।
7.	भाषा ही संगीत का माध्यम है।	परंतु लिपि नहीं।

भाषा-परिवार

आपस में सम्बंधित भाषाओं को भाषा-परिवार कहते हैं। कौन भाषाएँ किस परिवार में आती हैं, इनके लिये वैज्ञानिक आधार हैं।

ग्रियर्सन के अनुसार भारत में 6 भाषा-परिवार, 179 भाषाएँ और 544 बोलियाँ हैं।

विश्व मे भाषा के कुल 12 परिवार है लेकिन भारत मे भाषा के कुल 4 परिवार है

- **भारोपीय भाषा परिवार**
- **द्रविड़ भाषा परिवार**
- **तिब्बती बर्मी भाषा परिवार**
- **आगेनय भाषा परिवार**

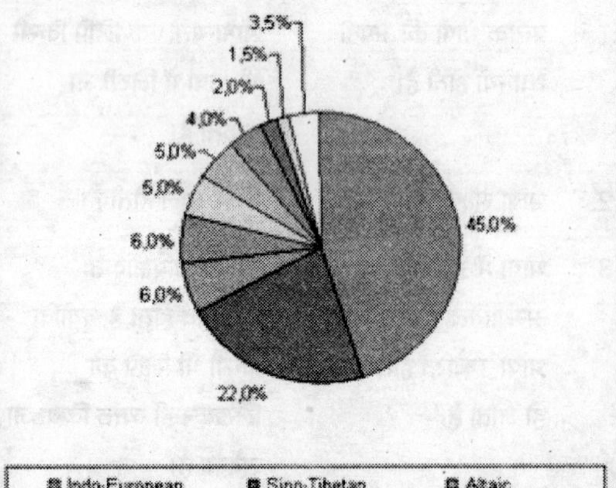

बोली

एक छोटे से कस्बे, क्षेत्र व नगर में बोली जाने वाली भाषा को देशी शब्दो मे हम बोली कहते है हिन्दी की पांच उपभाषाएं है जिनकी बोलियों का विवरण निम्न प्रकार से नीचे दर्शाया गया है

उपभाषा	बोलियां
पश्चिमी हिन्दी	खड़ी बोली, ब्रज, बुंदेली, कन्नौजी, हरियाणावी बांगरू
पूर्वी हिन्दी	अवधि, बघेली व छत्तीसगढ़ी
राजस्थानी हिन्दी	मेवाती, मेवाड़ी, मारवाड़ी, हाड़ौती, मालवी व जयपुरी
पहाड़ी हिन्दी	गढ़वाली, मंडयाली व कुमायूंनी
बिहारी हिन्दी	भोजपुरी, मगही व मैथिली

बोली और भाषा में अन्तर

1. **बोली का क्षेत्र कुछ जिलों या ग्रामों तक सीमित होता है, जबकि भाषा का क्षेत्र व्यापक होता है।**
2. **बोली क्षेत्र विशेष में बोली जाती है अत: विकसित नहीं होती, जबकि भाषा बोली का पूर्ण विकसित रूप होता है।**
3. **बोली में साहित्य लेखन क्षेत्रीय होता है, जबकि भाषा में साहित्य की प्रचुरता होती है।**
4. **बोली का प्रयोग राजकार्यों में नहीं होता है, जबकि भाषा का प्रयोग राजकार्य में भी होता है।**

5. बोली का व्याकरण सीमित होता है, जबकि भाषा का व्याकरण सुव्यवस्थित एवं पूर्ण होता है।
6. बोलियों में जैसे- कन्नौजी, कुमाउनी, मेवाती आदि। भाषाओं में जैसे- हिन्दी, अंग्रेजी।

विभाषा

विभाषा का क्षेत्र बोली की अपेक्षा विस्तृत होता है यह एक प्रान्त या उपप्रान्त में प्रचलित होती है। एक विभाषा में स्थानीय भेदों के आधार पर कई बोलियाँ प्रचलित रहती हैं। विभाषा में साहित्यिक रचनाएं मिल सकती हैं। विभाषा को उपभाषा भी कहते हैं। जैसे- ब्रज और अवध।

भाषा और विभाषा में अंतर

1. भाषा का क्षेत्र व्यापक होता है। जबकि विभाषा का क्षेत्र सीमित होता है।
2. भाषा बोली का पूर्ण विकसित रूप होता है। जबकि विभाषा बोली का अर्ध विकसित रूप होता है।
3. भाषा साहित्य की प्रचुरता तथा महत्ता होती है। जबकि विभाषा में साहित्य तो रहता है परंतु उसे महत्ता प्राप्त नहीं हो पाती है।
4. भाषा का प्रयोग राजकार्य में भी होता है। जबकि विभाषा केवल साहित्य तथा बोलचाल तक ही सीमित होती है।
5. भाषाओं में जैसे- हिन्दी, अंग्रेजी। और विभाषाओं में जैसे- ब्रज और अवध।

राजभाषा -

राजभाषा का शाब्दिक अर्थ - राज काज की भाषा है।

14 सितंबर 1949 को भारत के संविधान में हिंदी को राजभाषा की मान्यता प्रदान की गई।

भारतीय संविधान के भाग 17 में अनुच्छेद 343 से 351 तक राजभाषा का संविधान में प्रावधान किया गया है।

राष्ट्रभाषा - राष्ट्रभाषा वह भाषा है जिसका किसी देश में सबसे अधिक प्रयोग होता है।

यह देश की आधिकारिक भाषा होती है और देश का प्रतिनिधित्व करती है।

भारतीय संविधान में भारत की कोई राष्ट्र भाषा नहीं है।

संपर्कभाषा - किसी क्षेत्र में सामान्य रूप से किसी भी दो ऐसे व्यक्तियों के बीच प्रयोग हो जिनकी मातृभाषाएँ अलग हैं। इसे सेतु-भाषा, व्यापार भाषा, सामान्य भाषा या वाहन-भाषा भी कहते हैं।

विगत वर्षों में आए हुए एवं संभावित प्रश्न

1. हिन्दी भाषा की लिपि क्या है?
   (a) ब्राह्मी
   (b) खरोष्ठी
   (c) देवनागरी
   (d) गुरुमुखी
2. लिपि की आवश्यकता होती है।
   (a) भाषा संकेत में
   (b) भाषा बोलने में
   (c) भाषा लिखने में
   (d) तीनों में
3. संघ की राजभाषा हिंदी और लिपि देवनागरी होगी यह संविधान के किस अनुच्छेद में वर्णित है?
   (a) अनुच्छेद 343
   (b) अनुच्छेद 345
   (c) अनुच्छेद 344
   (d) अनुच्छेद 346
4. देवनागरी लिपि का सर्वप्रथम प्रयोग किस राज्य में हुआ माना जाता है?
   (a) महाराष्ट्र
   (b) उत्तर प्रदेश
   (c) राजस्थान
   (d) गुजरात
5. देवनागरी लिपि की सबसे बड़ी विशेषता क्या है?
   (a) प्राचीन लिपि होना
   (b) हिंदी भाषा की लिपि होना
   (c) सर्वाधिक वैज्ञानिक लिपि होना जैसे कि एक ध्वनि के लिए एक संकेत
   (d) अनेक भारतीय भाषाओं की लिपि होना
6. प्रत्येक वर्ष हिन्दी-दिवस का आयोजन कब किया जाता है-
   (a) 14 नवम्बर
   (b) 14 सितम्बर
   (c) 14 अगस्त
   (d) 14 अक्टूबर
7. भाषा के जिस रूप से मां के भावों का आदान-प्रदान बोलकर और सुनकर किया जाता है उसे .... भाषा कहते हैं।
   (a) लिखित
   (b) लिपि
   (c) मौखिक
   (d) कोई भी नही
8. भाषा का अर्थ है........
   (a) लिखना
   (b) लिखकर कहना
   (c) बोलकर कहना
   (d) ऊपर दिए गए सभी
9. भाषा का आरंभ होता है?
   (a) ध्वनि से
   (b) अर्थ से
   (c) शब्द से
   (d) वाक्य से
10. कौन पूर्वी हिन्दी की बोली नहीं है?
   (a) ब्रज
   (b) अवधी

(c) बघेली

(d) छत्तीसगढ़ी

11. 'कन्नौजी' हिन्दी की किस उपभाषा की एक बोली है?

(a) पूर्वी हिन्दी

(b) पश्चिमी हिन्दी

(c) राजस्थानी हिन्दी

(d) पहाड़ी हिन्दी

12. कौन बिहारी हिन्दी की बोली है?

(a) बुंदेली

(b) मगही

(c) हड़ौती

(d) अवधी

13. भाषा का निर्माण होता है?

(a) अमूर्त ध्वनियों से

(b) मूक संकेतों से

(c) व्यक्त ध्वनियों से

(d) आंखों से

14. भाषा की सार्थक लघुत्तम इकाई है?

(a) ध्वनि

(b) शब्द

(c) वाक्य

(d) संयुक्त वाक्य

15. जो भाषा देश की जनता की जागृति से जुड़कर व्यापकता ग्रहण करती है, वह है?

(a) राजभाषा

(b) राष्ट्रभाषा

(c) परिनिष्ठित भाषा

(d) अलंकृत भाषा

16. किस रचनाकार ने हिन्दी भाषा को 'हिन्दवी' कहा गया है?

(a) सूरदास

(b) कबीरदास

(c) अमीर खुसरो

(d) मुल्ला दाउद

17. भाषा का वह रूप जिसका प्रयोग सामान्य जनता अपने समूह या घरों में करती है, उसे क्या कहते हैं?

(a) परिनिष्ठित भाषा

(b) क्षेत्रीय बोली

(c) राजभाषा

(d) राजकीय भाषा

उत्तर कुंजी

1	(c)	2	(c)	3	(a)	4	(d)	5	(c)	6	(b)	7	(c)	8	(c)	9	(a)	10	(a)
11	(b)	12	(b)	13	(c)	14	(a)	15	(b)	16	(c)	17	(b)						

हिन्दी व्याकरण

परीक्षा की दृष्टि से व्याकरण को भी इस पुस्तक में शामिल किया गया है, सामान्य रूप से देखा गया है कि प्रत्यक्ष रूप से नही पर अप्रत्यक्ष रूप से गद्य / पद्य में व्याकरण के प्रश्न परीक्षा में पूंछे जाते हैं इन्हें परीक्षार्थी अवश्य पढ़ें।

वर्ण:-

वह सबसे छोटी ध्वनि जिसके टुकड़े या खंड नहीं किए जा सकते है। उसे वर्ण कहते हैं।

ध्वनि :-

अ, आ, इ, ई आदि जब मनुष्य की वागिन्द्रि (जीभ) द्वारा व्यक्त होते हैं। तब ये ध्वनियां कहलाती है। भाषा की सबसे छोटी इकाई ध्वनि है।

वर्णमाला :-

वर्णों के व्यवस्थित समूह को वर्णमाला कहते हैं। मूलतः हिन्दी में 52 वर्ण है। उच्चारण की दृष्टि से हिन्दी वर्णमाला को दो भागों में बांटा गया है।

NOTE:- केन्द्रीय हिन्दी समिति ने हिन्दी वर्णमाला में संसोधन करते हुए "ळ" को विशिष्ट व्यंजन के रूप में शामिल किया है, अब कुल वर्णों की संख्या 52 से बढ़कर 53 हो गई है।

1. स्वर
2. व्यंजन

स्वर :-

स्वतंत्र रूप से बोले जाने वाले वर्ण स्वर कहलाते हैं।

हिन्दी वर्णमाला में कुल 11 स्वर हैं-

अ, आ, इ, ई, उ, ऊ, ऋ, ए, ऐ, ओ, औ

ह्रस्व स्वर / मूल स्वर :-

जिन स्वरों की उत्पत्ति दूसरे स्वरों से नहीं हुई है। उन्हें मूल स्वर कहते हैं। ये एक मात्रिक कहलाते हैं – अ, इ, उ, ऋ।

दीर्घ स्वर :-

किसी मूल या ह्रस्व को उसी स्वर के साथ मिलाने पर जो स्वर बनता है। वह दीर्घ स्वर कहलाता है।

आ (अ+अ),

ई (इ+इ),

ऊ (उ+उ)

संयुक्त स्वर (Sanyukt Swar)

ऐसे मूल स्वर जो किसी अन्य मूल से मिलकर बने हों संयुक्त स्वर कहलाते हैं।

ए (अ+ई),

ऐ (अ+ए) ,

ओ (अ +उ),

औ (अ +ओ)

व्यंजन :-

स्वरों की सहायता से बोले जाने वाले वर्ण व्यंजन कहलाते है। हिन्दी वर्ण माला में कुल 33 व्यंजन हैं।

व्यंजन		
1. स्पर्श व्यंजन	2. अंतस्थ व्यंजन	3. ऊष्म व्यंजन

1. स्पर्श व्यंजन – 25
2. अंतस्थ व्यंजन – 4
3. ऊष्म व्यंजन – 4

स्पर्श व्यंजन: जिन व्यंजनों का उच्चारण करते समय मुख से निकलने वाली वायु उच्चारण स्थान- विशेष को स्पर्श करती हुई निकलती है, उन्हें स्पर्श व्यंजन कहते हैं। ये निम्नलिखित हैं-

क	वर्ग	क	ख	ग	घ	ङ
च	वर्ग	च	छ	ज	झ	ञ
ट	वर्ग	ट	ठ	ड	ढ	ण
त	वर्ग	त	थ	द	ध	न
प	वर्ग	प	फ	ब	भ	म

अंतस्थ व्यंजन :-	य, र, ल, व
ऊष्म व्यंजन :-	स, श, ष, ह
संयुक्त व्यंजन :-	
क्ष = (क् + ष)	त्र = (त् + र)
ज्ञ = (ज् + ञ)	श्र = (श् + र)

संज्ञा :-

संज्ञा वे शब्द है जो किसी व्यक्ति, प्राणी, वस्तु, स्थान, भाव आदि के नाम के स्वरूप में प्रयुक्त होते हैं। अतः सभी नामपदों को संज्ञा कहते हैं। जैसे-मोहन ,कानपुर, आम, मिठास, गाय आदि।

संज्ञा के तीन भेद है – व्यक्तिवाचक, जातिवाचक, भाववाचक संज्ञा। परन्तु प्रयोग के आधार पर संज्ञा के पांच भेद हैं, क्योंकि जातिवाचक संज्ञा के दो भाग बढ़ जाते हैं।

1. व्यक्तिवाचक संज्ञा
2. जातिवाचक संज्ञा → 4. द्रव्यवाचक संज्ञा, 5. समूहवाचक संज्ञा
3. भाववाचक संज्ञा

व्यक्तिवाचक संज्ञा (Proper Noun)

जिस शब्द से किसी विशेष व्यक्ति, जाति, वास्तु तथा स्थान के नाम का बोध हो उसे व्यक्तिवाचक संज्ञा कहते हैं।

व्यक्तिवाचक संज्ञा के उदाहरण:

व्यक्ति का नाम:- **रेखा, राम, हरी, भोला, सचिन इत्यादि |**

उत्सवों के नाम- **होली, ईद, दिपावली, विजय दशमी आदि |**

पर्वतों के नाम - **हिमालय, विंध्यांचल, कराकोरम आदि |**

स्थान के नाम- **अयोध्या, जयपुर, कोलकाता, दिल्ली इत्यादि |**

नदियों के नाम- **गंगा, कृष्ण, कावेरी, नील आदि |**

जातिवाचक संज्ञा (Common Noun)

जो शब्द किसी व्यक्ति, वस्तु या स्थान की संपूर्ण जाति का बोध कराते हैं, उन शब्दों को जातिवाचक संज्ञा कहते हैं।

जैसे :- मोबाइल, टीवी (वस्तु), गाँव, स्कूल (स्थान), व्यक्ति, जानवर (प्राणी), घोड़ा, शेर (जानवर) इत्यादि।

भाववाचक संज्ञा (Abstract Noun)

जो शब्द किसी चीज़ या पदार्थ की अवस्था, दशा या भाव का बोध कराते हैं, उन शब्दों को भाववाचक संज्ञा कहते हैं।

जैसे :- बचपन, बुढ़ापा, मोटापा, मिठास, चढ़ाई, थकावट आदि।

द्रव्य वाचक संज्ञा (Material Noun)

जो शब्द किसी धातु या द्रव्य का बोध करते हैं, द्रव्यवाचक संज्ञा कहलाते हैं।

जैसे :- कोयला, पानी, तेल, घी, लोहा, दाल, इत्यादि।

समूह वाचक संज्ञा (Collective Nouns)

जब किसी संज्ञा शब्द से व्यक्ति या वस्तु के समूह का बोध होता है तब उसे समूहवाचक संज्ञा या समुदायवाचक संज्ञा कहते हैं।

जैसे :- भीड़, झुंड, समूह, परिवार, कक्षा, सेना, पुलिस आदि।

लिंग

व्याकरण के सन्दर्भ में लिंग से तात्पर्य भाषा के ऐसे प्रावधानों से है जो वाक्य के कर्ता के स्त्री/पुरुष/निर्जीव होने के अनुसार बदल जाते हैं। हिन्दी में दो लिंग होते हैं (पुल्लिंग तथा स्त्रीलिंग) जबकि संस्कृत में तीन लिंग होते हैं- पुल्लिंग, स्त्रीलिंग तथा नपुंसक लिंग।

पुल्लिंग:-

जिन शब्दों से पुरुष जाति का बोध होता है उन्हें पुल्लिंग शब्द कहते हैं।

जैसे : पिता, भाई, शिव, हनुमान, लड़का, बैल।

स्त्रीलिंग:-

जिन शब्दों से स्त्री जाति का बोध होता है उन्हें स्त्रीलिंग शब्द कहते हैं ।

जैसे : माता, बहन, यमुना, गंगा, बुआ, लड़की, लक्ष्मी, गाय ।

वचन:-

जिस शब्द के द्वारा किसी व्यक्ति या वस्तु की संख्या बताई जाती हो, उसे वचन कहते हैं।

हिन्दी में वचन के निम्नलिखित दो भेद होते हैं:-

1. एकवचन (Singular)

2. बहुवचन (Plural)

1. एकवचन (Singular)

परिभाषा: जिस शब्द के कारण हमें किसी व्यक्ति, वस्तु, प्राणी, पदार्थ आदि के एक होने का पता चलता है उसे 'एकवचन' कहते हैं।

जैसे- लड़का, गाय, सिपाही, बच्चा, कपड़ा, माता, माला, पुस्तक, स्त्री, टोपी बंदर, मोर आदि

2. बहुवचन (Plural)

परिभाषा: जिस विकारी शब्द या संज्ञा के कारण हमें किसी व्यक्ति, वस्तु, प्राणी, पदार्थ आदि के एक से अधिक या अनेक होने का

पता चलता है उसे 'बहुवचन' कहते हैं। जैसे लड़के, गायें, कपड़े, टोपियाँ, मालाएँ, माताएँ, पुस्तकें, वधुएँ, गुरुजन, रोटियाँ, स्त्रियाँ, लताएँ, बेटे आदि।

कारक:-

क्रिया को करने वाला। क्रिया को करने में कोई न कोई अपनी भूमिका निभाता है, उसे कारक कहते है। अर्थात संज्ञा और सर्वनाम का क्रिया के साथ दूसरे शब्दों में संबंध बताने वाले निशानों को कारक कहते है।

कारक के भेद

हिन्दी में कारको की संख्या आठ है-

हिन्दी कारकों का सामान्य परिचय

कारक	चिह्न	अर्थ
कर्ता कारक	ने	काम करने वाला
कर्म कारक	को	जिस पर काम का प्रभाव पड़े
करण कारक	से, द्वारा	जिसके द्वारा कर्ता काम करें
सम्प्रदान कारक	को,के लिए	जिसके लिए क्रिया की जाए
अपादान कारक	से (अलग होना)	जिससे अलगाव हो
सम्बन्ध कारक	का, की, के; ना, नी, ने; रा, री, रे	अन्य पदों से सम्बन्ध
अधिकरण कारक	में,पर	क्रिया का आधार
संबोधन कारक	हे! अरे! अजी!	किसी को पुकारना, बुलाना

1. कर्ता कारक –

क्रिया को करने वाला ही 'कर्ता' कहलाता है। इसका विभक्ति चिह्न 'ने' है।

जैसे- मोहन ने पुस्तक पढ़ी।

मोहन (कर्ता) कारक हैं

कभी-कभी 'ने' का प्रयोग नहीं होता,

जैसे- बच्चे गीत गाते हैं।

2. कर्म कारक –

शब्द के जिस रूप पर क्रिया का फल पड़ता है, उसे 'कर्म कारक' कहते हैं। कर्म कारक की विभक्ति 'को' है, जिसका प्रयोग प्राय: प्राणिवाचक संज्ञाओं के साथ ही किया जाता है।

जैसे- अध्यापक ने बच्चों को पढ़ाया।

'बच्चों को' कर्म कारक है ।

3.करण कारक –

कर्ता जिसकी सहायता से कार्य संपन्न करता है, वह पद 'करण कारक' होता है। इसका विभक्ति चिह्न 'से/के द्वारा' है।

जैसे- बच्चा चम्मच से खीर खाता है।

'चम्मच से ' करण कारक है।

4. संप्रदान कारक –

जिसे कोई वस्तु प्रदान की जाए या जिसके लिए कोई क्रिया की जाए, उसे 'संप्रदान कारक' कहते हैं। इसके विभक्ति चिह्न 'को', 'के लिए' हैं।

जैसे-

1. हमने गरीबों को वस्त्र दिए।

'गरीबों को' संप्रदान कारक है।

5. अपादान कारक –

संज्ञा और सर्वनाम के जिस रूप से अलग होने का भाव प्रकट हो, उसे 'अपादान कारक' कहते हैं। अपादान का विभक्ति चिह्न 'से' है।

जैसे- वृक्ष से पत्ते गिरते हैं। 'वृक्ष' से' अपादान कारक है।

6. संबंध कारक –

शब्द के जिस रूप से किसी व्यक्ति या वस्तु का संबंध किसी दूसरे व्यक्ति या वस्तु के साथ जाना जाए, उसे 'सबंध कारक' कहते हैं। इसके विभक्ति चिह्न 'का', 'के', 'की', 'रा', 'रे', 'री', हैं। जैसे-

वह मोहन का भाई है और वह मेरा मित्र है।

'मोहन का' और 'मेरा' संबंध कारक है।

7. अधिकरण कारक –

जिस संज्ञा या सर्वनाम पद से क्रिया के आधार का बोध होता है, उसे 'अधिकरण कारक' कहते हैं। अधिकरण कारक के विभक्ति चिह्न 'में', 'पर' हैं।

जैसे- मछली पानी में रहती है और कौआ पेड़ पर बैठा है।

'पानी में' तथा 'पेड़ पर' अधिकरण कारक है।

8. संबोधन कारक –

जब किसी संज्ञा को संबोधित किया जाता है, तब 'संबोधन कारक' का प्रयोग होता है। इसके विभक्ति चिह्न 'हे' 'अरे' आदि हैं।

जैसे- हे लड़के ! इधर आओ।

'हे लड़के' संबोधन कारक है।

सर्वनाम

संज्ञा के स्थान पर जिस शब्द का प्रयोग किया जाता है, उसे सर्वनाम कहते हैं।

जैसे: वह, यह, मैं, तुम आदि।

सर्वनाम के मुख्यत: 6 भेद होते हैं|

1. पुरुषवाचक सर्वनाम :-

वे सर्वनाम जिसका प्रयोग किसी पुरुष / स्त्री आदि के लिए या बोलने वाले और सुनने वाले या किसी तीसरे व्यक्ति के लिए होता है उसे पुरुषवाचक सर्वनाम कहते है।

पुरुषवाचक सर्वनाम को तीन भेदों में बाँटा गया है।

पुरुषवाचक सर्वनाम के भेद

उत्तम पुरुष

मध्यम पुरुष

अन्यपुरुष

उत्तम पुरुष :- सर्वनाम जिनका प्रयोग बोलने वाले वक्ता के स्वयं के द्धारा किया जाता है जैसे :- मै , मुझे , मेरी , हमारी और मैंने आदि सर्वनाम का उपयोग उत्तम पुरुष में किया जाता है।

उदाहरण. मै आज जयपुर जाऊँगा।

मध्यम पुरुष :- वे सर्वनाम शब्द जिनका उपयोग सुनने वाले अर्थात श्रोता के लिए किया जाता है जैसे :-तुम, तुम्हें तुझे , आप ,तेरा और तुम्हारा आदि सर्वनाम शब्दो के प्रयोग मध्यम पुरुष के लिए किया जाता है।

उदाहरण. तुम यहाँ पर क्या कर रहें हो।

अन्य पुरुष :- वे सर्वनाम शब्द जिनका प्रयोग वक्ता और श्रोता दोनों के लिए न किसी अन्य तीसरे व्यक्ति के लिए होता है जैसे- उसके ,इसने, ये, वे और उनका आदि सर्वनाम शब्द अन्य पुरुष में प्रयुक्त होते है।

उदाहरण. वे हमेशा से पढ़ाई में तेज है।

2. निजवाचक सर्वनाम

जिस सर्वनाम का प्रयोग कर्ता कारक स्वयं के लिए करता है, वह निजवाचक सर्वनाम होता है ।

उदाहरण - मैं अपने आप चला जाऊँगा,

3. निश्चयवाचक सर्वनाम

जिस सर्वनाम से किसी वस्तु या व्यक्ति अथवा पदार्थ के विषय में ठीक और निश्चित ज्ञान हो, वह निश्चयवाचक सर्वनाम होता है ।

उदाहरण - यह एक किताब है,

4. अनिश्चयवाचक सर्वनाम

वह सर्वनाम, जो किसी निश्चित वस्तु या व्यक्ति का बोध नहीं कराए, वह अनिश्चयवाचक सर्वनाम होता है ।

उदाहरण - कुछ काम करो,

5. प्रश्नवाचक सर्वनाम

जिस सर्वनाम का प्रयोग प्रश्न करने के लिए किया जाता है , वह प्रश्नवाचक सर्वनाम होता है ।

उदाहरण - आपने क्या खाया है ?

6. सम्बन्धवाचक सर्वनाम

जिस सर्वनाम से एक शब्द या वाक्य का दूसरे शब्द या वाक्य से सम्बन्ध जाना जाता है , वह सम्बन्धवाचक सर्वनाम होता है ।

उदाहरण - जो सोवेगा सो खोवेगा, जो करेगा सो भरेगा, जो जागेगा सो पावेगा

विशेषण

विशेषता उत्पन्न करने वाला या विशेषक। जो शब्द संज्ञा और सर्वनाम की विशेषता बताते हैं, उसे विशेषण कहते हैं।

विशेषण के भेद

विशेषण के चार भेद होते हैं:

1. गुणवाचक

2. संख्यावाचक

3. परिमाण वाचक

4. सार्वनामिक

1. गुणवाचक विशेषण

वे विशेषण जो संज्ञा शब्दों के गुण, दोष, आकार तथा रंग आदि की विशेषताएँ बताते हैं, गुणवाचक विशेषण कहलाते हैं।

जैसे:

- गुण-दोषः **अच्छा, बुरा, सुंदर, मुलायम, मीठा, खट्टा, शुद्ध, वीर आदि।**
- आकारः **लंबा, चौड़ा, छोटा, बड़ा, मोटा, पतला, नाटा, गोल, चौकार आदि।**
- रंगः **काला, लाल, पीला, नीला, नारंगी, आसमानी आदि।**
- स्थानः **भारतीय, जापानी, ग्रामीण, शहरी, पहाड़ी रेगिस्तानी आदि।**
- **स्वभावः शांत, कमजोर, बुद्धिमान, गुस्सैल, गंभीर आदि।**
- **स्थितिः गरीब, बीमार, प्रसन्न, क्रुद्ध, उदास आदि।**

2. संख्यावाचक विशेषण

वे विशेषण जो संज्ञा शब्दों की संख्या का बोध कराते हैं, उन्हें संख्यावाचक विशेषण कहते हैं।

इसके तीन भेद होते हैं:

- **निश्चित संख्यावाचक विशेषण (दो, सात, हजार, आदि)**
- **अनिश्चित संख्यावाचक विशेषण (कुछ, कई, बहुत से, आदि)**
- **क्रमिक संख्यावाचक विशेषण (तीसरा, दसवां, पहला, आदि)**

3. परिमाणवाचक विशेषण

जो विशेषण संज्ञा के परिमाण (नाप-तौल) का बोध कराते हैं, उन्हें परिणामवाचक विशेषण कहते हैं।

मापने के शब्द : **तीन लीटर (दूध), एक कटोरी (घी)**

मापने के शब्द : **दो मीटर (कपड़ा), सौ गज (जमीन)**

तौलने के शब्द : **एक किलो (आटा), सौ ग्राम (लाल मिर्च) आदि।**

ये तो सब निश्चित परिमाणवाचक विशेषण हैं। इनके अतिरिक्त अनिश्चित परिमाणवाचक विशेषण होते हैं।

जैसेः **कुछ लोग, थोड़ा-सा दूध, बहुत धन आदि।**

4. सार्वनामिक विशेषण

वे सर्वनाम जो किसी संज्ञा से पहले आकर उसकी विशेषता बताता हैं, उन्हे सार्वनामिक विशेषण कहते हैं।

जैसे:

- **वे फल**
- **ये लोग**

- यह किताब
- ये बच्चे

सार्वनामिक विशेषण की पहचान यह है कि वाक्य मे सर्वनाम और संज्ञा हमेशा साथ-साथ आते हैं।

क्रिया

परिभाषा - क्रिया वह शब्द है, जिससे किसी कार्य का करना या होना पाया जाए।

जैसे-

- प्रभंजन खायेगा।
- उसने पत्र लिखा।
- कलाधर्मी श्रोतृशाला गये।
- कंजिका पढ़ रही है।

क्रिया के भेद - रचना की दृष्टि से क्रिया के दो मुख्य भेद हैं।

1 - सकर्मक क्रिया

2 - अकर्मक क्रिया।

1. सकर्मक क्रिया

जिस क्रिया से सूचित होनेवाले व्यापार का फल कर्त्ता को छोड़कर कर्म पर पड़ता है, उसे 'सकर्मक क्रिया' कहते हैं।

जैसे 1. कंजिका चित्र बनाती है। 2. कर्णिका नृत्य करती है।

2. अकर्मक क्रिया

जब क्रिया के व्यापार का फल कर्त्ता में ही रहता है तब उसे 'अकर्मक क्रिया' कहते हैं।

जैसे 1. रति हँसती है। 2. जिगीषा गाती है।

इन वाक्यों में 'हँसती है' और ‹गाती है› के कर्त्ता 'रति' और 'जिगीषा' पर ही क्रियाओं का फल रहता है अतः क्रियाएँ अकर्मक हैं।

क्रिया विशेषण

" जो शब्द क्रिया की विशेषता बताते हैं उन्हें क्रिया विशेषण कहते हैं। «

- सुरेश सुंदर गाता है।
- मुकेश वहां रहता है।
- राधा प्रतिदिन पढ़ती है।
- मैं कल स्कूल जाऊंगा।

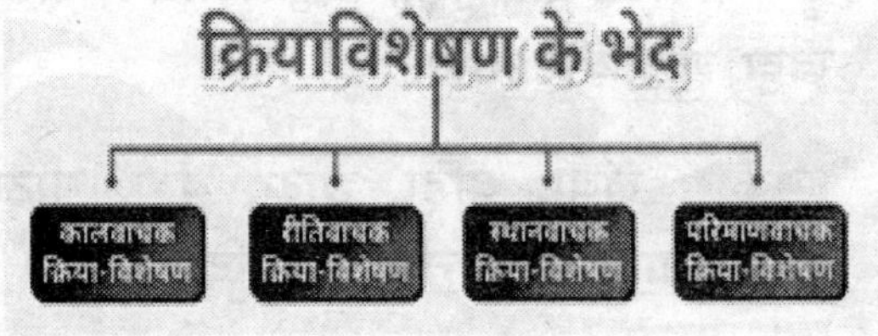

रीतिवाचक क्रिया विशेषण -

जिन क्रिया विशेषण से क्रिया के होने की रीति या विधि का ज्ञान हो उन्हें रीतिवाचक क्रिया विशेषण कहते हैं। इसकी पहचान इन अवयव शब्दों से कर सकते हैं – ऐसे, वैसे, कैसे, धीरे, कदाचित, इसलिए, अवश्य, तक, सा, तो, हां, जी, यथासंभव, अचानक आदि से कर सकते हैं।

- किसी भी कार्य को
- यथासंभव पूरा किया गया।
- गाड़ी धीरे चल रही है।

परिमाणवाचक क्रियाविशेषण -

जिन क्रिया विशेषण शब्दों से परिमाण या मात्रा का ज्ञान होता हो उन्हें परिमाणवाचक क्रियाविशेषण कहते हैं। इसकी पहचान इन अवयवों के माध्यम से की जा सकती है – बहुत, खूब, अत्यंत, अति, बस, काफी, ठीक, यथेष्ट, कुछ, किंचित, जरा, थोड़ा, अधिक, इतना, कम, उतना, बारी-बारी, तिल-तिल, थोड़ा-थोड़ा।

- **सुरेश बहुत कार्य करता है।**
- **मोहन के पास खूब सारा धन है।**
- **अप्सरा अत्यंत सुंदर होती है।**

कालवाचक क्रिया विशेषण-

जिस क्रिया विशेषण शब्द से क्रिया के होने का काल ज्ञात होता हो उसे कालवाचक क्रिया विशेषण कहते हैं। इसकी पहचान प्रमुख अवयव शब्दों से की जा सकती है – आज, कल, अभी, तुरंत, रात भर, दिन भर, आजकल, नित्य, हर बार, कई बार, प्रतिदिन, रोज, बहुधा, सदैव, लगातार, अभी, कभी, सायं, प्रातः।

- **मोहन को आज ही घर जाना पड़ा।**
- **बाकी सभी कार्य कल कर लूंगा।**
- **यह कार्य बहुत आवश्यक है अभी कर लेना चाहिए।**

स्थान वाचक क्रिया विशेषण -

जिन क्रिया विशेषण शब्दों से स्थान या स्थिति का ज्ञान होता है, उसे हम स्थान वाचक क्रिया विशेषण कहते हैं। इसकी पहचान के लिए मुख्य अवयव शब्द है – यहां, वहां, बाहर, भीतर, इधर, उधर, दाएं, बाएं, सर्वत्र, पास, दूर, नीचे, ऊपर, चारों ओर आदि।

- **महात्मा बुद्ध ने यहां बैठकर तपस्या की थी।**
- **घर से बाहर निकल कर देखा तो बेहद कड़ी धूप थी।**
- **समुद्र के भीतर अपार खनिज संपदा भरी पड़ी है।**

सन्धि

"दो वर्णों के मेल से उत्पन्न विकार (परिवर्तन) को संधि कहते हैं।" तथा इनसे बनने वाला शब्द संधि पद कहलाता है।

संधि के प्रकार

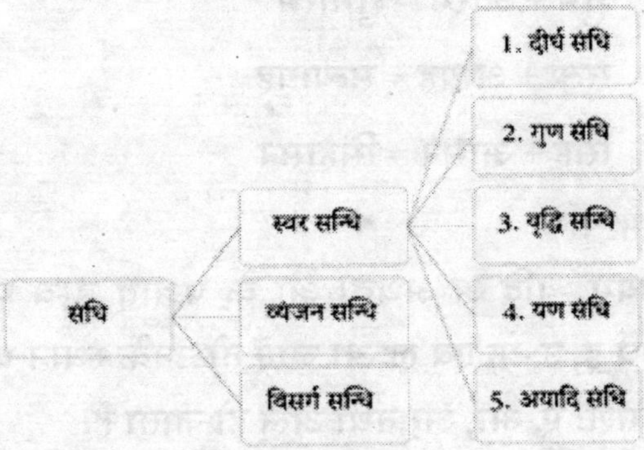

स्वर-सन्धि –

स्वरों का स्वरों के साथ मेल होने पर उनमें जो ध्वनि सम्बन्धी परिवर्तन होता है, उसे 'स्वर-सन्धि' कहते हैं।

भेद-स्वर सन्धि के मुख्य रूप से पाँच भेद होते हैं-

- **दीर्घ सन्धि,**
- **अयादि सन्धि,**
- **वृद्धि सन्धि,**

- **गुण सन्धि,**
- **यण सन्धि,**

दीर्घ सन्धि –

नियम-यदि ह्रस्व या दीर्घ स्वर अ, इ, उ, ऋ/ल के बाद क्रमशः ह्रस्व या दीर्घ अ, इ, उ, ऋ/ल आएँ तो दोनों के मिलने से क्रमशः दीर्घ आ, ई, ऊ, औ, ऋ हो जाते हैं;

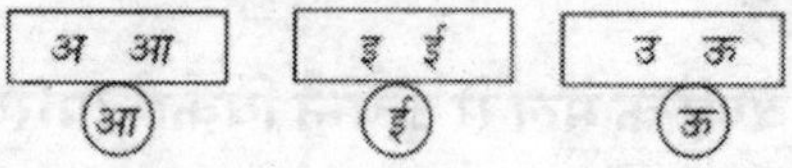

उदाहरण:-

शिव + आलय = शिवालय

शुभ + आरंभ = शुभारंभ

सत्य + आग्रह = सत्याग्रह

सिंह + आसन = सिंहासन

गुण सन्धि –

नियम -यदि अ अथवा आ के पश्चात् ह्रस्व या दीर्घ इ, उ, ऋ एवं ल आ जाएँ तो उनके स्थान पर क्रमशः ए, ओ, अर् तथा अल् हो जाता है;

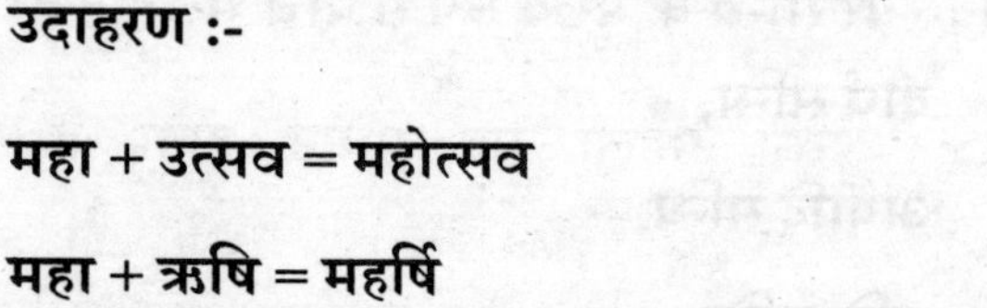

उदाहरण :-

महा + उत्सव = महोत्सव

महा + ऋषि = महर्षि

मरण + उपरान्त = मरणोपरान्त

महा + इन्द्र = महेन्द्र

मृग + इन्द्र = मृगेन्द्र

यण सन्धि –

नियम-यदि ह्रस्व या दीर्घ इ, उ, ऋ तथा लु के बाद कोई असमान स्वर आ जाए तो इ-ई का य्, उ-ऊ का व् और ऋ का र् तथा लु का ल हो जाता है। (जिस व्यंजन में ये स्वर संयुक्त होंगे वह इन स्वरों के निकल जाने पर हलन्त हो जाएगा);

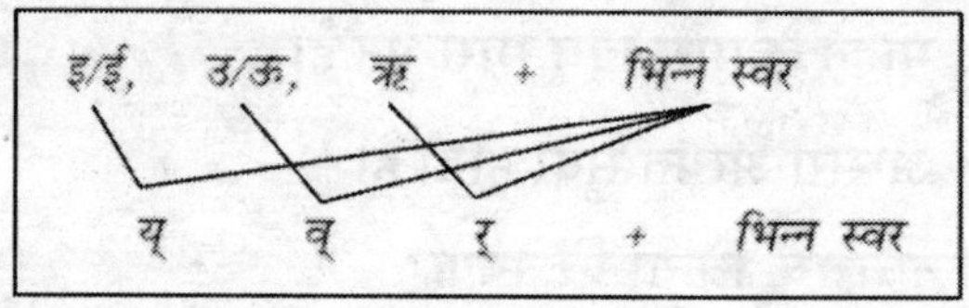

उदाहरण :-

वि + अर्थ = व्यर्थ

वि + आकुल = व्याकुल

वि + आयाम = व्यायाम

वि + उत्पत्ति = व्युत्पत्ति

वधू + आगमन = वध्वागमन

सु + आगत = स्वागत

अयादि सन्धि –

नियम-यदि ए, ओ, ऐ, औ के बाद कोई भी स्वर आए तो ए का अय्, ओ का अव, ऐ का आय तथा औ का आव् हो जाता है;

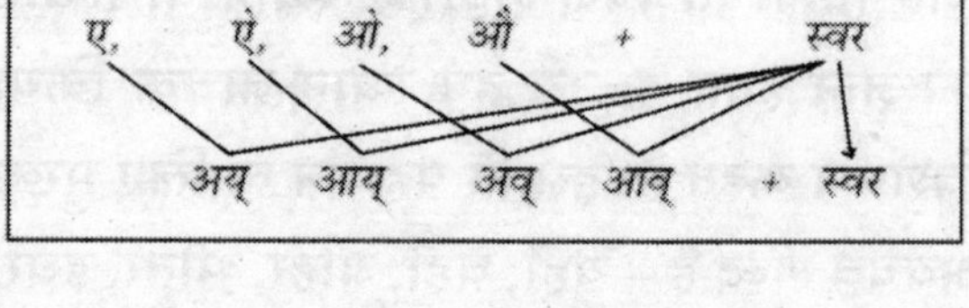

उदाहरण :-

पो + इत्र = पवित्र

ने + अन = नयन

पो + अन = पवन

भौ + उक = भावुक

शे + अन = शयन

वृद्धि सन्धि –

यदि किसी 'अ/आ' के बाद 'ए/ऐ' हो, तो उत्पन्न विकार 'ऐ' तथा 'ओ/औ' हो, तो उत्पन्न विकार 'औ' हो जाता है, इसे वृद्धि स्वर संधि कहते हैं।

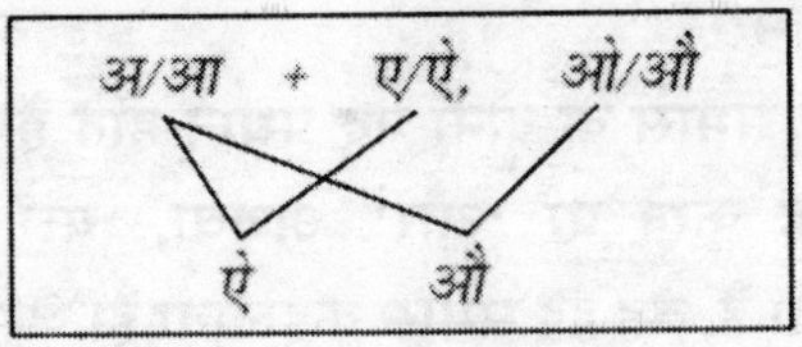

उदाहरण :-

गंगा + ऐश्वर्य = गंगैश्वर्य

गृह + औत्सुक्य = गृहौत्सुक्य

गंगा + ओध = गंगौध

परम + औषध = परमौषध

परम + औषधि = परमौषधि

व्यंजन संधि :-

"व्यंजन वर्ण के साथ स्वर वर्ण अथवा स्वर वर्ण के साथ व्यंजन वर्ण अथवा व्यंजन वर्ण के साथ व्यंजन वर्ण के मेल से जो विकार (परिवर्तन) उत्पन्न होता है, उसे व्यंजन संधि कहते हैं।"

जैसे- वाक् + ईश = वागीश

सत् + जन = सज्जन

उत् + हार = उद्धार

विसर्ग सन्धि :-

"विसर्ग के बाद स्वर या व्यंजन का मेल होने पर विसर्ग में जो विकार उत्पन्न होता है, उसे विसर्ग संधि कहते हैं।"

जैसे :-

धनु: + टंकार = धनुष्टंकार

चतु: + टीका = चतुष्टीका

नि: + कलंक = निष्कलंक

दु: + कर = दुष्कर

समास

समास से तात्पर्य है 'संक्षिप्तीकरण' अर्थात् दो या दो से अधिक शब्दों से मिलकर बने हुए एक नवीन एवं सार्थक शब्द को समास कहते हैं।

समास के प्रकार :-

समास के छह मुख्य भेद हैं

1. अव्ययीभाव समास

2. तत्पुरुष समास

3. कर्मधारय समास

4. द्विगु समास

5. द्वंद्व समास

6. बहुव्रीहि समास

1. अव्ययीभाव समास :-

इसमें पहला पद प्रधान होता है एवं परिवर्तनशीलता का भाव होता है। और अव्यय पद का रूप लिंग, वचन, कारक में नहीं

बदलता वह सदैव एक जैसा रहता है।

जैसे:-

प्रतिदिन – प्रत्येक दिन
बेशक – शक के बिना
निडर – डर के बिना

2. तत्पुरुष समास

जिस समास का उत्तरपद प्रधान हो और पूर्वपद गौण हो उसे तत्पुरुष समास कहते हैं।

जैसे – तुलसीदासकृत = तुलसीदास द्वारा कृत (रचित)

विभक्तियों के नाम के अनुसार तत्पुरुष समास के छह भेद हैं-

- कर्म तत्पुरुष
- करण तत्पुरुष
- संप्रदान तत्पुरुष
- अपादान तत्पुरुष
- संबंध तत्पुरुष
- अधिकरण तत्पुरुष

3. कर्मधारय समास

जिस समास का उत्तरपद प्रधान हो और पूर्वपद व उत्तरपद में विशेषण-विशेष्य अथवा उपमान-उपमेय का संबंध हो वह कर्मधारय समास कहलाता है। जैसे –

चन्द्रमुख – चन्द्रमा के सामान मुख वाला – (विशेषता)

दहीबड़ा – दही में डूबा बड़ा – (विशेषता)

गुरुदेव – गुरु रूपी देव – (विशेषता)

चरण कमल – कमल के समान चरण – (विशेषता)

4. द्विगु समास

जिस समास का पूर्वपद संख्यावाचक विशेषण हो उसे द्विगु समास कहते हैं। इससे समूह अथवा समाहार का बोध होता है। जैसे –

नवग्रह = नौ ग्रहों का समूह

दोपहर = दो पहरों का समाहार

त्रिवेणी = तीन वेणियों का समूह
पंचतन्त्र = पांच तंत्रों का समूह
त्रिलोक = तीन लोकों का समाहार

5. द्वन्द्व समास

जिस समास के दोनों पद प्रधान होते हैं तथा विग्रह करने पर 'और', अथवा, 'या', एवं लगता है, वह द्वंद्व समास कहलाता है। जैसे-

जलवायु = जल और वायु

अपना-पराया = अपना या पराया

पाप-पुण्य = पाप और पुण्य

राधा-कृष्ण = राधा और कृष्ण

अन्न-जल = अन्न और जल

6. बहुव्रीहि समास

जिस समास के दोनों पद अप्रधान हों और समस्तपद के अर्थ के अतिरिक्त कोई सांकेतिक अर्थ प्रधान हो उसे बहुव्रीहि समास कहते हैं।

जैसे –

गजानन = गज का आनन है जिसका (गणेश)
त्रिनेत्र = तीन नेत्र हैं जिसके (शिव)

नीलकंठ = नीला है कंठ जिसका (शिव)

लम्बोदर = लम्बा है उदर जिसका (गणेश)

दशानन = दश हैं आनन जिसके (रावण)

उपसर्ग

वे शब्दांश, जो किसी शब्द के शुरू (आरंभ) में जुड़कर उसके अर्थ में परिवर्तन या विशेषता ला देते हैं, उन्हें उपसर्ग कहते हैं;

उदाहरण :-

प्रति + अर्पण	प्रत्यपर्ण
अभि + मान	अभिमान
दूर + आचार	दुराचार
वि + हार	विहार
नि + योग	नियोग

प्रत्यय

प्रत्यय वह शब्दांश हैं जो शब्द के अंत में जुड़कर उसके व्याकरणिक रूप या अर्थ में परिवर्तन कर देता हैं।

प्रत्यय दो प्रकार के होते हैं।

क्रत प्रत्यय : जो धातु में जोड़े जाते हैं।

तद्धित प्रत्यय : जो संज्ञा, सर्वनाम, विशेषण में जोड़े जाते हैं।

शब्द	प्रत्यय	प्रत्यययुक्त शब्द
पाठ +	अक =	पाठक
चाल +	अक =	चालक
भूल +	अक्कड़ =	भुलक्कड़
कूद +	अक्कड़ =	कुदक्कड़
पढ़ +	आई =	पढ़ाई
लिख +	आई =	लिखाई
तैर +	आक =	तैराक
लड़ +	आकू =	लड़ाकू
समाज +	इक =	सामाजिक

अपठित गद्यांश

गद्यांश :- 1

निम्नलिखित गद्यांशों तथा उन पर आधारित प्रश्नोत्तरों को ध्यानपूर्वक पढ़िए।

हर बड़ा साहित्यकार साहित्य और विशेषकर शब्द की गरिमा और मर्यादा पर लड़ने-मरने को तैयार रहता हैं। बच्चन जी के साथ भी कुछ ऐसा ही है। बच्चन जी ने जितना आदर अपने साहित्य का किया उतना ही भारत तथा विदेशों के साहित्य का भी किया। इसलिए समय-समय पर अनुवाद संबंधी नीति बनाते हुए उन्होंने भाषा की गरिमा बनाए रखने पर बहुत बल दिया। उनका कहना था कि अंग्रेजी का अनुवाद बाजारू स्तर की हिंदी में माँगना हिंदी के साथ अन्याय करना है। जब-जब हिंदी अंग्रेजी के स्तर तक उठने की कोशिश करती है तो उस पर तुरंत दोष लगाया जाता है कि वह कठिन और क्लिष्ट है तथा जब वह उससे घबराकर अति सरलता की ओर जाती है. तो उसे अपरिपक्व कह दिया जाता है। बच्चन जी ने अपने गद्य और पद्य दोनों में ही एक सुंदर सुगठित और सरल हिंदी का प्रयोग करके यह सिद्ध कर दिया कि आवश्यकता के अनुसार संस्कृत की ओर झुकती हिंदी भी लोकप्रिय और लोकरंजक हो सकती है।

1. गद्यांश के अनुसार बच्चन जी के विषय में कौन-सा कथन सत्य है?
   (a) वे केवल अपने साहित्य का ही आदर करते थे।
   (b) वे केवल विदेशी साहित्य का ही आदर करते थे।
   (c) वे जितना आदर अपने साहित्य का करते थे उतना ही आदर भारत तथा विदेशों के साहित्य का भी करते थे।
   (d) इनमें से कोई नहीं।

2. अनुवाद संबंधी नीति बनाते समय बच्चन जी ने किस बात पर अधिक बल दिया?
   (a) अपने साहित्य के प्रचार-प्रसार पर
   (b) विदेशी साहित्य के प्रचार पर
   (c) आम बोल-चाल की भाषा के प्रयोग पर
   (d) भाषा की गरिमा बनाए रखने पर

3. अंग्रेजी से हिंदी में अनुवाद किए जाने के संदर्भ में बच्चन जी क्या चाहते थे?
   (a) अनुवाद विपणन योग्य हिंदी में होना चाहिए
   (b) अनुवाद विपणन योग्य हिन्दी में कतई नहीं होना चाहिए
   (c) अनुवाद किया ही न जाए
   (d) इनमें से कोई नहीं

4. बच्चन जी के अनुसार किस प्रकार की हिंदी लोकप्रिय और लोकरंजक हो सकती है?
   (a) आम बोलचाल की
   (b) उर्दू से प्रभावित हिंदी
   (c) संस्कृत की ओर झुकती हिंदी
   (d) इनमें से कोई नहीं

5. साहित्यकार किस पर लड़ने और मरने के लिए तैयार रहते हैं?

(a) समाज के उत्थान पर

(b) विदेशी साहित्य के उत्थान पर

(c) शब्द की गरिमा और मर्यादा पर

(c) भारत में अंग्रेजी भाषा के प्रचलन पर

6. 'लोकप्रिय' अर्थात 'लोक का प्रिय' में कौन-सा समास है?

(a) कर्म पुरुष

(b) संबंध तत्पुरुष

(c) स्थानांतरण तत्पुरुष

(d) इनमें से कोई नहीं

7. उपर्युक्त गद्यांश में दिए गए शब्द गरिमा का विलोम शब्द है

(a) अन्धकार

(b) लघिमा

(c) घृणा

(d) नीचता

8. गद्यांश में दिए गए शब्द क्लिष्ट का अर्थ है?

(a) मुश्किल

(b) आसान

(c) वरदान

(d) सरल

9. गद्यांश में दिए गए शब्द अपरिपक्व का हिंदी अर्थ है?

(a) अकुशल

(b) अंजान

(c) कुशल

(d) पारखी

उत्तर कुंजी

1	(c)	2	(d)	3	(b)	4	(c)	5	(c)
6	(b)	7	(b)	8	(a)	9	(a)		

गद्यांश :- 2

निम्नलिखित गद्यांशों तथा उन पर आधारित प्रश्नोत्तरों को ध्यानपूर्वक पढ़िए।

संसार में शांति, व्यवस्था और सद्भावना के प्रसार के लिए बुद्ध, ईसा मसीह, मुहम्मद चैतन्य, नानक आदि महापुरुषों ने धर्म के माध्यम से मनुष्य को परम कल्याण के पथ का निर्देश किया, किंतु बाद में यही धर्म मनुष्य के हाथ में एक अस्त्र बन गया। धर्म के नाम पर पृथ्वी पर जितना रक्तपात हुआ उतना और किसी कारण से नहीं। पर धीरे-धीरे मनुष्य अपनी शुभ बुद्धि से धर्म के कारण होने वाले अनर्थ को समझने लग गया है। भौगोलिक सीमा और धार्मिक विश्वासजनित भेदभाव अब धरती से मिटते जा रहे हैं। विज्ञान की प्रगति तथा संचार के साधनों में वृद्धि के कारण देशों की दूरियाँ कम हो गई हैं। इसके कारण मानव-मानव में घृणा, ईर्ष्या वैमनस्य कटुता में कमी नहीं आई। मानवीय मूल्यों के महत्त्व के प्रति जागरूकता उत्पन्न करने का एकमात्र साधन है शिक्षा का व्यापक प्रसार।

1. मनुष्य अधर्म के कारण होने वाले अनर्थ को कैसे समझने लगा है

(a) संतों के अनुभव से

(b) वर्ण भेद से

(c) घृणा, ईर्ष्या, वैमनस्य, कटुता से

(d) अपनी शुभ बुद्धि से

2. विज्ञान की प्रगति और संचार के साधनों की वृद्धि का परिणाम क्या हुआ है।

(a) देशों में भिन्नता बढ़ी है।

(b) देशों में वैमनस्यता बढ़ी है।

(c) देशों की दूरियाँ कम हुई है।

(d) देशों में विदेशी व्यापार बढ़ा है।

3. देश में आज भी कौन-सी समस्या है
(a) नफ़रत की
(b) वर्ण-भेद की
(c) सांप्रदायिकता की
(d) अमीरी-गरीबी की

4. भौगोलिक सीमा और धार्मिक विश्वास जनित भेदभाव पृथ्वी पर..... जा रहे हैं?
(a) बढ़ते
(b) घटते
(c) अपरिवर्तित
(d) इनमें से कोई नहीं

5. किस कारण से देश में मानव के बीच, घृणा, ईर्ष्या, वैमनस्यता एवं कटुता में कमी नहीं आई है?
(a) नफ़रत से
(b) सांप्रदायिकता से
(c) अमीरी गरीबी के कारण
(d) वर्ण-भेद के कारण

6. मानवीय मूल्यों के महत्त्व के प्रति जागरूकता उत्पन्न करने का एकमात्र साधन है
(a) शिक्षा का व्यापक प्रसार
(b) धर्म का व्यापक प्रसार
(c) प्रेम और सद्भावना का व्यापक प्रसार
(d) उपर्युक्त सभी

7. उपर्युक्त गद्यांश में दिए गए शब्द धीरे-धीरे में समास है?
(a) तत्पुरुष समास
(b) कर्मधारय समास
(c) अव्ययीभाव समास
(d) द्वन्द्व समास

8. 'मानवीय' शब्द है:
(a) देशज
(b) आगत
(c) तत्सम
(d) तद्भव

9. 'भौगोलिक' .... शब्द है।
(a) संज्ञा
(b) सर्वनाम
(c) क्रिया
(d) विशेषण

उत्तर कुंजी

1	(d)	2	(c)	3	(b)	4	(b)	5	(d)
6	(a)	7	(c)	8	(d)	9	(d)		

गद्यांश :- 3

निम्नलिखित गद्यांशों तथा उन पर आधारित प्रश्नोत्तरों को ध्यानपूर्वक पढ़िए।

कार्य का महत्त्व और उसकी सुंदरता उसके समय पर संपादित किए जाने पर ही है। अत्यंत सुघड़ता से किया हुआ कार्य भी यदि आवश्यकता के पूर्व न पूरा हो सके तो उसका किया जाना निष्फल ही होगा। चिड़ियों द्वारा खेत चुग लिए जाने पर यदि रखवाला उसकी सुरक्षा की व्यवस्था करे तो सर्वत्र उपहास का पात्र ही बनेगा।

उसके देर से किए गए उद्यम का कोई मूल्य नहीं होगा। श्रम का गौरव तभी है जब उसका लाभ किसी को मिल सके। इसी कारण यदि बादलों द्वारा बरसाया गया जल कृषक की फ़सल को

फलने-फूलने में मदद नहीं कर सकता तो उसका बरसना व्यर्थ ही है। अवसर का सदुपयोग न करने वाले व्यक्ति को इसी कारण पश्चाताप करना पड़ता है।

1. जीवन में समय का महत्त्व क्यों है?
   (a) समय काम के लिए प्रेरणा देता है।
   (b) समय की परवाह लोग नहीं करते।
   (c) समय पर किया गया काम सफल होता है।
   (d) समय बड़ा ही बलवान है।
2. खेत का रखवाला उपहास का पात्र क्यों बनता है?
   (a) खेत में पौधे नहीं उगते।
   (b) समय पर खेत की रखवाली नहीं करता।
   (c) चिड़ियों का इंतजार करता रहता है।
   (d) खेत पर मौजूद नहीं रहता।।
3. श्रम का गौरव तभी है जब इसका लाभ किसी को मिल सके गद्यांश में इसका अर्थ है?
   (a) सही समय पर किया गया श्रम
   (b) बहुत मेहनत से किया गया श्रम
   (c) एक से अधिक लोगों को लाभ मिले
   (d) सभी लोगों को लाभ मिले
4. चिड़ियों द्वारा खेत चुग लिए जाने पर यदि रखवाला उसकी सुरक्षा की व्यवस्था करे तो सर्वत्र उपहास का पात्र ही बनेगा। इस पदबंध का प्रकार होगा
   (a) संज्ञा
   (b) सर्वनाम
   (c) क्रिया
   (d) क्रियाविशेषण
5. बादल का बरसना व्यर्थ है, यदि
   (a) गरमी शांत न हो।
   (b) फ़सल को लाभ न पहुँचे
   (c) किसान प्रसन्न न हो
   (d) नदी-तालाब न भर जाएँ
6. सदुपयोग' का विलोम शब्द होगा।
   (a) दुरूपयोग
   (b) अनुप्रयोग
   (c) उपयोग
   (d) इनप्रयोग
7. गद्यांश का मुख्य भाव क्या है?
   (a) बादल का बरसना
   (b) चिड़ियों द्वारा खेत का चुगना
   (c) किसान का पछतावा करना
   (d) समय का सदुपयोग
8. 'सुन्दर' शब्द के लिए उपयुक्त भाववाचक संज्ञा है
   (a) सुन्दरतम
   (b) सौन्दर्य
   (c) सौन्दर्यता
   (d) सुन्दरता
9. उपर्युक्त गद्यांश में दिए गए शब्द फलने - फूलने में समास है?
   (a) तत्पुरुष समास
   (b) कर्मधारय समास
   (c) अव्ययीभाव समास
   (d) द्वन्द्व समास

उत्तर कुंजी

1	(c)	2	(b)	3	(a)	4	(a)	5	(b)
6	(a)	7	(d)	8	(d)	9	(d)		

गद्यांश :- 4

निम्नलिखित गद्यांशों तथा उन पर आधारित प्रश्नोत्तरों को ध्यानपूर्वक पढ़िए।

मानव के मर्मस्थल में परोपकार और त्याग जैसे सद्गुणों की जागृति तभी हो पाती है, जब वह अपने तुच्छ भौतिक जीवन को नगण्य समझकर उत्साह-उमंग के साथ दूसरों की सेवा-सुश्रूषा तथा सत्कार करता है। यह कठोर सत्य है कि हम भौतिक रूप में इस संसार में सीमित अवधि तक ही रहेंगे। हमारी मृत्यु के बाद हमारे निकट सम्बन्धी, मित्र, बन्धु-बांधव जीवन भर हमारे लिए शोकाकुल और प्रेमाकुल भी नहीं रहेंगे। दुःख मिश्रित इस निर्बल भावना पर विजय पाने के लिए तब हमारे अन्तर्मन में एक विचार उठता है कि क्यों न हम अपने सत्कर्मों और सद्गुणों का प्रकाश फैलाकर सदा-सदा के लिए अमर हो जाएँ।

सेवक-प्रवृत्ति अपनाकर हम ऐसा अवश्य कर सकते हैं। अपने निःस्वार्थ व्यक्तित्व और परहित कर्मों के बल पर हम हमेशा के लिए मानवीय जीवन हेतु उत्प्रेरणा बन सकते हैं। अनुपम मनुष्य जीवन को सद्गति प्रदान करने के लिए यह विचार नया नहीं है। ऐसे विचार सज्जन मनुष्यों के अन्तर्मन में सदा उठते रहे हैं तथा इन्हें अपनाकर वे दुनिया में अमर भी हो गए। इस धरा पर स्थायी रूप में नहीं रहने पर भी ऐसे परहितकारी कालान्तर तक पूजे जाते रहेंगे। अमूल्य मनुष्य जीवन की सर्वश्रेष्ठ शिक्षा यही है। यही सीखकर मनुष्य का जीवन आनन्दमय और समृद्धिशाली हो सकता है।

यदि इस प्रकार मानव जीवन उन्नत होता है, तो यह सम्पूर्ण संसार स्वर्गिक विस्तार ग्रहण कर लेगा। किसी भी मानव को आध्यात्मिकता का जो अन्तिम ज्ञान मिलेगा, वह भी यही शिक्षा देगा कि धर्म-कर्म का उद्देश्य सत्कर्मों और सद्गुणों की ज्योति फैलाना ही है।

1. गद्यांश में प्रयुक्त 'आध्यात्मिकता' शब्द किन उपसर्ग-प्रत्ययों से बना है?
   - **(a) आध्य, क, ता**
   - **(b) आ, इ, कता**
   - **(c) अधि, इक, ता**
   - **(d) आधि, इक, ता**
2. ऐसे परोपकारी लोग सदा पूजे जाते रहेंगे, जो
   - **(a) धरती पर स्थायी रूप से नहीं रहे।**
   - **(b) आनन्दमय जीवन जीते रहे।**
   - **(c) अमूल्य मानव जीवन में श्रेष्ठ शिक्षक रहे।**
   - **(d) सेवक वृत्ति अपनाकर परहित करते रहे।**
3. 'कठोर सत्य' किसे कहा गया है?
   - **(a) भौतिक शरीर की नश्वरता**
   - **(b) भावनाओं पर नियन्त्रण न कर पाना**
   - **(c) निकट सम्बन्धियों का अस्थायी प्रेम**
   - **(d) भौतिक संसार की तुच्छता**
4. निर्बल भावनाओं पर विजय पाने के लिए क्या किए जाने की आवश्यकता बताई गई है?
   - **(a) सदा-सदा के लिए अमर हो जाना**
   - **(b) विजय पाने के लिए योजना बनाना**
   - **(c) ऐसी भावनाओं को मन में न आने देना**
   - **(d) अच्छे कर्मों से नाम अमर कर लेना**
5. हमारा जीवन सदा प्रेरणा बन सकता है, यदि हम

(a) परसेवा के लिए सबको प्रेरित करें।

(b) सेवक-प्रवृत्ति का प्रचार-प्रसार करें।

(c) परहित और परोपकार करें।

(d) नि:स्वार्थ भाव से परोपकार करें।

6. शेष शब्दों से भिन्न शब्द पहचानिए।

(a) सद्गुण

(b) सद्गति

(c) सत्कर्म

(d) सत्यवादी

7. 'नि:स्वार्थ' शब्द का उपयुक्त विपरीतार्थी शब्द है।

(a) नि:स्वार्थी

(b) स्वार्थी

(c) परार्थी

(d) परोपकारी

8. पाठांश में प्रयुक्त 'आध्यात्मिकता' शब्द किन उपसर्ग-प्रत्ययों से बना है ?

(a) अधि इक, ता

(b) आधि इक, ता

(c) आध्य क, ता

(d) आ इ, कता

9. गद्यांश में दिए शब्द उत्साह - उमंग में समास है?

(a) कर्मधारय समास

(b) तत्पुरुष समास

(c) द्वन्द्व समास

(d) अव्ययीभाव समास

उत्तर कुंजी

1	(c)	2	(d)	3	(a)	4	(d)	5	(d)
6	(d)	7	(b)	8	(a)	9	(c)		

गद्यांश :- 5

निम्नलिखित गद्यांशों तथा उन पर आधारित प्रश्नोत्तरों को ध्यानपूर्वक पढ़िए।

विज्ञापन कला जिस तेजी से उन्नति कर रही है, उससे मुझे भविष्य के लिए और भी अंदेशा है। लगता है ऐसा युग आने वाला है जब शिक्षा, विज्ञान, संस्कृति और साहित्य आदि का केवल विज्ञापन कला के लिए ही उपयोग रह जाएगा, वैसे तो आज भी इस कला के लिए इनका खासा उपयोग होता है। बहुत-सी शिक्षण संस्थाएँ हैं, जो साम्प्रदायिक संस्थाओं का विज्ञापन हैं। अपनी पीढ़ी के कई लेखकों की कृतियाँ लाला छगनलाल, मगनलाल या इस तरह के नाम के किसी और लाल की स्मारक निधि से प्रकाशित होकर लाला जी की दिवंगत आत्मा के प्रति स्मारक होने का फर्ज अदा कर रही हैं। मगर आने वाले युग में यह कला दो कदम आगे बढ़ जाएगी। विद्यार्थियों को विश्वविद्यालय के दीक्षान्त समारोह पर जो डिग्रियाँ दी जाएँगी, उनके निचले कोने पर छपा रहेगा "आपकी शिक्षा के उपयोग का एक ही मार्ग है, आज ही आयात-निर्यात का धन्धा प्रारम्भ कीजिए। मुफ्त सूची-पत्र के लिए लिखिए। हर नए आविष्कारक का चेहरा मुस्कुराता हुआ टेलीविजन पर आकर कुछ इस तरह निवेदन करेगा मुझे यह कहते हुए हार्दिक प्रसन्नता है कि मेरे प्रयत्न की सफलता का सारा श्रेय के टायर बनाने वाली कम्पनी को है, क्योंकि उन्हीं के प्रोत्साहन और प्रेरणा से मैंने इस दिशा में कदम बढ़ाया था। विष्णु के मन्दिर खड़े खड़े होंगे, जिनमें संगमरमर की सुन्दर प्रतिमा

के नीचे पट्टी लगी होगी "याद रखिए, इस मूर्ति और इस भवन के निर्माण का श्रेय लाल हाथी के निशान वाले निर्माताओं को है। वास्तुकला सम्बन्धी अपनी सभी आवश्यकताओं के लिए लाल हाथी का निशान कभी मत भूलिए" और ऐसे-ऐसे उपन्यास हाथ में आया करेंगे जिनकी सुन्दर चमड़े की जिल्द पर एक और बारीक अक्षरों में लिखा होगा-साहित्य में अभिरुचि रखने वालों को इक्का मार्का साबुन वालों की एक और तुच्छ भेंट और बात बढ़ते-बढ़ते यहाँ तक पहुँच जाएगी कि जब एक दूल्हा बड़े अरमान से दुल्हन ब्याहकर घर आएगा और घूंघट हटाकर उसके रूप की प्रसन्नता में पहला वाक्य कहेगा, तो दुल्हन मधुर भाव से आँख उठाकर हृदय का सारा दुलार शब्दों में उड़ेलती हुई कहेगी "रोज सुबह उठकर नौ सौ इक्यावन नम्बर के साबुन से नहाती हूँ।

1. आज शिक्षण संस्थाएँ भी
   (a) साम्प्रदायिकता की शिक्षा देती हैं।
   (b) साम्प्रदायिकता को रोकती हैं।
   (c) साम्प्रदायिक संस्थाओं का विज्ञापन मात्र हैं।
   (d) साम्प्रदायिकता के विज्ञापन पर अंकुश लगाती हैं।
2. गद्यांश में प्रयुक्त 'महोत्सव' का सही सन्धि-विग्रह और उसका प्रकार निम्नलिखित है
   (a) महो+त्सव (स्वर सन्धि)
   (b) महोत् + सव (व्यंजन सन्धि)
   (c) महः + उत्सव (विसर्ग सन्धि)
   (d) महा + उत्सव (स्वर सन्धि)
3. सुन्दर प्रतिमाओं के नीचे लगी पट्टी में लिखा होगा
   (a) मूर्ति और भवन निर्माण का श्रेय हाथी -निशान को जाता है।
   (b) मूर्ति और भवन निर्माण का श्रेय हाथी और महावत को जाता है।
   (c) मूर्ति और भवन निर्माण का श्रेय लाल हाथी वाले को जाता है।
   (d) मूर्ति और भवन निर्माण का श्रेय शिल्पकार को जाता है।
4. भविष्य के लिए अंदेशा बढ़ता जा रहा है, क्योंकि
   (a) विज्ञापन के प्रचार में गतिशीलता नहीं है।
   (b) विज्ञापन का प्रचार-प्रसार बड़ी तेजी से हो रहा है।
   (c) विज्ञापन प्रसार में परिवर्तन नहीं हो रहा है।
   (d) विज्ञापन प्रचार-प्रसार का समय नहीं बढ़ाया जा रहा है।
5. दिए गए गद्यांश का सर्वाधिक उपयुक्त शीर्षक होगा
   (a) दूरदर्शन के कार्यक्रम
   (b) टायर कम्पनी की प्रेरणा
   (c) विज्ञापन युग
   (d) विज्ञापन और साहित्य
6. वास्तुकला संबंधी अपनी सभी आवश्यकताओं के लिए......... का निशान कभी मत भूलिए?
   (a) लाल हाथी का
   (b) लाल कपड़े का
   (c) नीले पत्थर का
   (d) हरे कपड़े का

7. विद्यार्थी को विश्वविद्यालय के दीक्षांत समारोह पर जो डिग्रियां दी जाएगी उनके निचले कोने पर क्या छपा रहेगा?
   (a) आपकी शिक्षा के उपयोग का एक ही मार्ग है आज ही आयात निर्यात का धंधा प्रारंभ कीजिए
   (b) आज ही देश छोड़कर विदेश चले जाइए
   (c) आज ही नौकरी छोड़कर खेती करने लगें
   (d) उच्च शिक्षा प्राप्त करने के लिए पूर्वोत्तर भारत चले जाएं
8. दिए गए गद्यांश में शब्द आयात-निर्यात में समास है?
   (a) तत्पुरुष समास
   (b) कर्मधारय समास
   (c) अव्ययीभाव समास
   (d) द्वन्द्व समास
9. 'अतिरिक्त' में प्रयुक्त उपसर्ग बताइए।
   (a) इति
   (b) अ
   (c) रिक्त
   (d) अति

उत्तर कुंजी

1	(c)	2	(d)	3	(c)	4	(b)	5	(c)
6	(a)	7	(a)	8	(d)	9	(d)		

गद्यांश :- 6

निम्नलिखित गद्यांशों तथा उन पर आधारित प्रश्नोत्तरों को ध्यानपूर्वक पढ़िए।

ज्ञान वृद्धि और आनंद की प्राप्ति का एक प्रमुख साधन अध्ययन है। वह आत्म-संस्कार के विधान का एक अंग है। किसी जाति के साहित्य में गति प्राप्त करने का कोई और द्वार नहीं है। किसी जाति के भाव और विचार साहित्य में ही व्यक्त रहते हैं तथा उसी में उसकी उन्नति के क्रम का लेख रहता है। मनुष्य जाति के सुख और कल्याण के विषय में संसार में प्रतिभा सम्पन्न लोगों ने जो सिद्धांत स्थिर किए हैं उन्हें जानने का साधन स्वाध्याय ही है। जो पढ़ता है नहीं, उसे इस बात की खबर ही नहीं रहती कि मनुष्य की ज्ञान परंपरा किस सीमा तक पहुंच चुकी है। वह और यह जानता ही नहीं कि मनुष्यों के श्रम से एक मार्ग तैयार हो चुका है।

1. ज्ञान वृद्धि और आनंद की प्राप्ति का एक प्रमुख साधन .... है?
   (a) प्रेम
   (b) घृणा
   (c) पूजा
   (d) अध्ययन
2. मनुष्य जाति के .... के विषय में संसार में प्रतिभा सम्पन्न लोगों ने जो सिद्धांत स्थिर किए हैं उन्हें जानने का साधन स्वाध्याय ही है।
   (a) भोग और विलास
   (b) प्रेम और प्रसंग
   (c) सुख और कल्याण
   (d) इनमें से कोई नही
3. गद्यांश में दिए गए शब्द स्वाध्याय में उपसर्ग है?
   (a) स्वा
   (b) स्व
   (c) सा

(d) अध्याय

4. उपयुक्त गद्यांश का उपयुक्त शीर्षक दीजिए?
   (a) ईश्वर प्रेम
   (b) अध्ययन
   (c) प्रेरणा
   (d) आत्मसम्मान

5. किसे इस बात की खबर ही नहीं रहती कि मनुष्य की ज्ञान परंपरा किस सीमा तक पहुंच चुकी है?
   (a) जो पढ़ता ही नही
   (b) जो सोता ही नही
   (c) जो कार्य नहीं करता
   (d) जो ईश्वर की प्रार्थना नही करता

6. किसी जाति के भाव और विचार किस में व्यक्त रहते हैं?
   (a) देश में
   (b) मूर्ख में
   (c) साहित्य में
   (d) जनता में

7. गद्यांश में प्रयुक्त शब्द आत्म संस्कार में समास है?
   (a) कर्मधारय समास
   (b) तत्पुरुष समास
   (c) द्वन्द्व समास
   (d) अव्ययीभाव समास

8. उन्नति' शब्द में कौन सी सन्धि है ?
   (a) व्यंजन सन्धि
   (b) स्वर सन्धि
   (c) विसर्ग सन्धि
   (d) इनमें से कोई नहीं

9. दिए गए शब्द परंपरा शब्द का विलोम है?
   (a) सनातन
   (b) आधुनिक
   (c) प्राचीनतम
   (d) पुरातात्विक

उत्तर कुंजी

1	(d)	2	(c)	3	(b)	4	(b)	5	(a)
6	(c)	7	(b)	8	(a)	9	(b)		

गद्यांश :- 7

निम्नलिखित गद्यांशों तथा उन पर आधारित प्रश्नोत्तरों को ध्यानपूर्वक पढ़िए।

लघु उद्योग उन उद्योगों को कहा जाता है, जिनके समारम्भ एवं आयोजन के लिए भारी-भरकम साधनों की आवश्यकता नहीं पड़ती। वे थोड़े-से स्थान पर, थोड़ी पूँजी और अल्प साधनों से ही आरम्भ किए जा सकते हैं। फिर भी उनसे सुनियोजित ढंग से अधिकाधिक लाभ प्राप्त करके देश की निर्धनता, गरीबी और विषमताओं से एक सीमा तक लड़ा जा सकता है। अपने आकार-प्रकार तथा साधनों की लघुता व अल्पता के कारण ही इस प्रकार के उद्योग-धन्धों को कुटीर उद्योग भी कहा जाता है। इस प्रकार के उद्योग-धन्धे अपने घर में भी आरम्भ किए जा सकते हैं और अपने सीमित साधनों का सदुपयोग करके आर्थिक लाभ कमाया जा सकता है और सुखी-समृद्ध बनाया जा सकता है।

भारत जैसे देश के लिए तो इस प्रकार के लघु उद्योगों का महत्त्व और भी बढ़ जाता है, क्योंकि यहाँ युवाओं की एक बहुत बड़ी

संख्या बेरोजगार है। इसी कारण महात्मा गांधी ने मशीनीकरण का विरोध किया था। उनकी यह स्पष्ट धारणा थी कि लघु उद्योगों को प्रश्रय देने से लोग स्वावलम्बी बनेंगे, मजदूर किसान फसलों की बुआई कटाई से फुर्सत पाकर अपने खाली समय का सदुपयोग भी करेंगे। इस प्रकार आर्थिक समृद्धि तो बढ़ेगी ही, साथ ही लोगों को अपने घर के पास रोजगार मिल सकेगा।

1. उन उद्योगों को लघु उद्योग कहा जाता है
   (a) जिन्हें निर्धन व्यक्ति आयोजित करते हैं।
   (b) जिनसे अल्प लाभ मिलता है।
   (c) जो अल्प अवधि तक चलते हैं।
   (d) जो कम साधनों से शुरू किए जा सकते हैं।
2. 'मशीनीकरण' से तात्पर्य है
   (a) मशीनों का अधिकाधिक उपयोग
   (b) मशीनों का अधिकाधिक निर्माण
   (c) मशीनों की अधिकाधिक उपलब्धता
   (d) मशीनों की अधिकाधिक खरीद
3. लघु उद्योगों को प्रश्रय देने के सन्दर्भ में गांधीजी की क्या धारणा थी?
   (a) किसानों को बुआई-कटाई से फुर्सत मिल सके।
   (b) मशीनीकरण का विरोध किया जा सके।
   (c) लोगों को आर्थिक रूप से आत्मनिर्भर बनाया जा सके।
   (d) समय का सदुपयोग किया जा सके
4. भारत जैसे देश के लिए लघु उद्योग-धन्धों का महत्त्व क्यों बढ़ जाता है?
   (a) क्योंकि यहाँ मशीनों की उपलब्धता बहुत कम है।
   (b) क्योंकि यहाँ के युवा वर्ग को मशीनों पर काम करना नहीं आता।
   (c) क्योंकि यहाँ कम पूँजी वाले लोग अधिक संख्या में हैं।
   (d) क्योंकि यहाँ बहुत-से लोगों को काम की जरूरत है।
5. गद्यांश के अनुसार 'प्रश्रय' शब्द का भाव है
   (a) नियुक्ति करना
   (b) अनुमोदन करना
   (c) स्वीकृति देना
   (d) संरक्षण देना
6. गद्यांश में दिए गए शब्द - ' सदुपयोग ' में उपसर्ग है -
   (a) सत्
   (b) स
   (c) सु
   (d) सद्
7. गद्यांश के अनुसार महात्मा गांधी ने किसका विरोध किया?
   (a) प्रगतिशीलता का
   (b) मशीनीकरण का
   (c) भारतीय वस्तुओं की
   (d) विदेशी वस्तुओं का
8. स्वावलंबन और आत्मनिर्भरता दोनों का वास्तविक अर्थ क्या है?
   (a) दूसरे का सहारा बनना
   (b) किसी दूसरे पर बोझ डाल देना
   (c) अपने-आप पर निर्भर रहना
   (d) अपना काम दूसरों से कराना
9. दिए गए शब्द महत्व में प्रत्यय का प्रयोग हुआ है?

(a) त्व

(b) व

(c) त

(d) महत

उत्तर कुंजी

1	(d)	2	(a)	3	(c)	4	(d)	5	(d)
6	(a)	7	(b)	8	(c)	9	(a)		

गद्यांश :- 8

निम्नलिखित गद्यांशों तथा उन पर आधारित प्रश्नोत्तरों को ध्यानपूर्वक पढ़िए।

स्वतन्त्रता संग्राम मनुष्य में उत्तम और स्पृहणीय विशेषताएँ पैदा करता है और भारतीय स्वातन्त्र्य संग्राम भी इसका अपवाद नहीं है। महात्मा गांधी के नेतृत्व में यह युद्ध बिना किसी ईर्ष्या-द्वेष तथा खून-खराबे के लड़ा गया था। गांधीजी इसे सत्याग्रह कहते थे। इसके पीछे उनकी शिक्षा, धार्मिक आस्था तथा अन्य उपलब्धियों का उतना हाथ नहीं था जितना उनके सदाचरण और व्यवहार का। इस स्वातन्त्र्य आन्दोलन को स्मरण रखने का मुख्य कारण यह है कि यह जनतान्त्रिक था अर्थात् इसमें देश के हर वर्ग और जाति के लोग सम्मिलित थे, चाहे वे धनी हों या गरीब, नर हों या नारी अथवा विभिन्न सम्प्रदायों के। इसके साथ ही यह धर्मनिरपेक्ष और स्वतन्त्रता कर्मियों का संघर्षशील राष्ट्रीय आन्दोलन था। स्वतन्त्र भारत के नागरिक के रूप में हम आज जनतान्त्रिकता और धर्मनिरपेक्षता का लाभ उठा रहे हैं। हम सोच नहीं सकते कि इतने बड़े देश में अपना शासन करने के लिए हम अपना प्रतिनिधि नहीं चुन सकते थे या कोई गन्दा कानून लागू कर दिया जाता तो हम उसके विरुद्ध आवाज नहीं उठा सकते थे और हम अपनी राय स्वतन्त्रतापूर्वक व्यक्त नहीं कर सकते थे।

1. उपर्युक्त गद्यांश के लेखक का उद्देश्य था
   (a) जनतान्त्रिकता से हानि बताना
   (b) अंग्रेजी राज्य के दोष गिनाना
   (c) धार्मिक आस्थाओं और सद्व्यवहार को बढ़ावा देना
   (d) भारतीय स्वतन्त्रता संग्राम की विशेषता बताना

2. धर्मनिरपेक्षता से अभिप्राय है
   (a) किसी भी धर्म को न मानना
   (b) धर्म की अवज्ञा
   (c) सभी धर्मों का आदर
   (d) धर्म में हस्तक्षेप न करना

3. कैसे माना जाए कि हमारा स्वतन्त्रता संग्राम जनतान्त्रिक था?
   (a) इसमें सभी जातियों, वर्गों, धर्मों के लोगों ने भाग लिया था।
   (b) यह स्वतन्त्रता-प्रेमियों का आन्दोलन था।
   (c) यह महात्मा गांधी के सद्व्यवहार और सदाचरण का प्रतीक था।
   (d) इसमें हिन्दू और मुसलमान सम्मिलित हुए थे।

4. दिए गए गद्यांश में प्रयुक्त 'स्पृहणीय' शब्द का अर्थ है
   (a) त्याग की हुई
   (b) त्याग करने योग्य
   (c) प्राप्त करने योग्य

(d) प्राप्त की हुई

5. दिए गए गद्यांश में लेखक ने मुख्य रूप से बताया है कि

(a) महात्मा गांधी के नेतृत्व में राष्ट्रीय आन्दोलन कैसा था।

(b) गुलाम देश की दशा कैसी थी।

(c) आजादी में क्रान्तिकारियों की विशेष भूमिका थी।

(d) आजादी के संघर्ष में कृषकों का क्या योगदान था।

6. 'ईर्ष्या-द्वेष' कौन-सा समास है?

(a) द्विगु

(b) तत्पुरुष

(c) द्वन्द्व

(d) अव्ययीभाव

7. गद्यांश में प्रयोग हुए संग्राम शब्द में उपसर्ग है?

(a) सम

(b) सम्

(c) समा

(d) ग्राम

8. दिए गए शब्द गंदा का पर्याय है?

(a) सुंदर

(b) मलिन

(c) अच्छा

(d) खूबसूरत

9. स्वतंत्र का विलोम शब्द है-

(a) गणतंत्र

(b) तंत्र

(c) परतंत्र

(d) आजाद

उत्तर कुंजी

1	(d)	2	(c)	3	(a)	4	(c)	5	(a)
6	(c)	7	(b)	8	(b)	9	(c)		

गद्यांश :- 9

निम्नलिखित गद्यांशों तथा उन पर आधारित प्रश्नोत्तरों को ध्यानपूर्वक पढ़िए।

मनुष्य के लिए भोजन एक सबसे महत्वपूर्ण विषय है। भोजन के लिए लोग न जाने क्या-क्या करते हैं और न जाने कहाँ से कहाँ तक चले जाते हैं, फिर भी हमारी दुनिया की एक बड़ी सच्चाई है कि रोज लगभग 70 करोड़ लोग भूखे रह जाते हैं, जिनमें से करीब 25 करोड़ लोग भुखमरी जैसी स्थिति में रहने को मज़बूर हैं। दुनिया में बहुत प्रयासों के बावजूद खाद्य असुरक्षा की समस्या बढ़ती चली जा रही है। जलवायु परिवर्तन, अत्यधिक बारिश या कम बारिश के कारण भी सामान्य खाद्यान्न उत्पादन पर गहरा असर पड़ रहा है। दुनिया में एक बड़े इलाके में स्थायी रूप से खेती प्रभावित होने लगी है। लोग खेती छोड़कर दूसरे व्यवसायों में लगने को मज़बूर हो रहे हैं और खेती करने वालों की संख्या घट रही है। कृषि उत्पादों की कीमत बढ़ रही है और लगे हाथ मंदी का दौर भी चल ही रहा है। तो कुल मिलकार दुनिया में यह एक बड़ी चिंता है कि आने वाले समय में वंचितों या भूखे लोगों का पेट कैसे भरा जाएगा? ऐसे में, 'ब्ल्यू फूड'की चर्चा दिनोंदिन तेज़ होती जा रही है। 'ब्ल्यू फूड'मतलब जलीय खाद्य पदार्थ।

इसमें कोई शक नहीं कि हमें पानी से मिलने वाले खाद्य पदार्थों के बारे में पूरी जानकारी है, लेकिन हमने कभी इस बात पर ध्यान नहीं दिया कि जलीय खाद्य पदार्थ क्षेत्र में कितनी संभावना है।

खाद्य आपूर्ति की हमारी योजनाओं में थल भाग या खेतों-वनों में पैदा होने वाले की ही बहुलता होती है। ये ब्ल्यू फूड कई खाद्य प्रणालियों का महत्वपूर्ण घटक है फिर भी खाद्य नीति बनाते समय इन पर बहुत कम ध्यान दिया गया है। हमें अपनी खाद्य नीति में जलीय खाद्य पदार्थों को भी शामिल करके खाद्य सुरक्षा का विस्तार करना चाहिए। भारत में ओडिशा या दक्षिण भारत के कुछ क्षेत्रों में दोपहर के भोजन में 'ब्ल्यू फूड'के ही एक प्रकार मछली का उपयोग शुरू हो रहा है, लेकिन इस कार्य को बड़े पैमाने पर उन तमाम क्षेत्रों में तो किया ही जा सकता है, जहाँ जलीय खाद्य पदार्थों की प्रचुर उपलब्धता है। जलीय खाद्य पदार्थ, मीठे पानी और समुद्री परिवेश से प्राप्त पशु, पौधे और शैवाल दुनिया में 3.2 अरब से भी अधिक लोगों को प्रोटीन की आपूर्ति करते हैं। दुनिया के कई तटीय, ग्रामीण समुदायों में यह पोषण का मुख्य आधार है। यह बात भी छिपी नहीं है कि जलक्षेत्र 80 करोड़ से अधिक लोगों की आजीविका का आधार है।

लेकिन इतना विशाल क्षेत्र होने के बावजूद दुनिया में लोग भूखे सोने को मज़बूर हैं। पोषण का बड़ा अभाव है। हमें ज़मीन आधारित खाद्य प्रणालियों की सीमा और उसके खतरों को भी समझना चाहिए। गौर कीजिए, ये खाद्य प्रणालियाँ संपूर्ण ग्रीनहाउस गैस उत्सर्जन में एक- चौथाई के लिए ज़िम्मेदार हैं। अत: जलीय खाद्यों को बढ़ावा देने के बारे में हमें गंभीरता से सोचना चाहिए। यह पौष्टिक और टिकाऊ आधार है। जिन देशों में जलीय खाद्य की संभावना ज़्यादा है, उन देशों को अपने यहाँ भोजन स्रोत में परिवर्तन पहले करना चाहिए। इस दिशा में प्रयास तेज़ होने चाहिए। एक सभ्य दुनिया में भोजन से जुड़े नैतिक दबावों के बजाय ज़्यादा ज़रूरी यह है कि किसी भी इनसान को भूखे न सोना पड़े।

1. प्रस्तुत गद्यांश का वर्ण्य विषय हो सकता है-
   (a) बढ़ती खाद्य समस्या
   (b) खाद्य असुरक्षा की समस्या
   (c) जलीय खाद्य की ज़रूरत
   (c) भुखमरी की समस्या
2. उपरोक्त गद्यांश के आधार पर बताइए कि खाद्यान्न कम क्यों हो रहा है ।
   (a) कृषि योग्य भूमि का कम होना
   (b) धरती के तापमान का बढ़ना
   (c) सिंचाई के लिए वर्षा पर निर्भरता
   (c) लोगों की कृषि कार्यों में
3. टिकाऊ में प्रत्यय है-
   (a) ऊ
   (b) आऊ
   (c) वू
   (d) उक
4. दिनोंदिन बढ़ती खाद्य समस्या से कैसे निपटा जा सकता है ?
   (a) कृषि संबंधी उत्पाद बढ़ाकर
   (b) जलीय खाद्य पदार्थों का सेवन कर

(c) फल-सब्ज़ियों का सेवन कर

(c) डेयरी उत्पादों का सेवन कर

5. जलीय खाद्य पदार्थ से क्या अभिप्राय है ?

(a) जल से पैदा होने वाले खाद्य पदार्थ

(b) जल में पैदा होने वाले खाद्य पदार्थ

(c) नदियों के आस-पास पैदा होने वाले खाद्य पदार्थ

(d) पानी के स्रोतों के आस-पास पैदा होने वाले खाद्य पदार्थ

6. हमारी खाद्य आपूर्ति की योजनाओं में किन उत्पादों पर विचार नहीं किया जाता?

(a) खेतों में पैदा होने वाले उत्पाद

(b) पशुओं से मिलने वाले उत्पाद

(c) जल में पैदा होने वाले उत्पाद

(c) वनों से मिलने वाले उत्पाद

7. गद्यांश में प्रयोग हुए शब्द भुखमरी में समास है?

(a) अव्ययीभाव समास

(b) द्वन्द्व समास

(c) तत्पुरुष समास

(d) कर्मधारय समास

8. 'आजीविका'शब्द का अर्थ गद्यांश के आधार पर है-

(a) जीवन

(b) पालन-पोषण

(c) व्यवसाय

(c) रोजी रोटी

9. उपरोक्त गद्यांश में मंदी शब्द का अर्थ है?

(a) महंगा

(b) सस्ता

(c) अच्छा

(d) कीमती

उत्तर कुंजी

1	(a)	2	(b)	3	(b)	4	(b)	5	(b)
6	(c)	7	(a)	8	(c)	9	(b)		

गद्यांश :- 10

निम्नलिखित गद्यांशों तथा उन पर आधारित प्रश्नोत्तरों को ध्यानपूर्वक पढ़िए।

युवा की विशेषता यही है कि उसके काम में तेजी, फुरती, और एक नया जोश है, उसमें ऊर्जा की भरमार है। पर हाँ, यह नहीं कि युवाओं से बड़े, जिन्हें हम बुजुर्ग कह सकते हैं, उनकी ज़रुरत नहीं है, ऐसा कहना उचित नहीं है। बुज़ुर्ग भी देश के विकास के लिए उतने ही ज़रूरी है जितने युवा। इन दोनों के ताल-मेल से बड़े से बड़े कार्य को जल्द से जल्द और एक बेहतर तरीके से कर सकते हैं। बड़े-बुज़ुर्ग अपने अनुभव और युवा अपनी ऊर्जा का उपयोग कर देश को नई उपलब्धि दिला सकते हैं। पर देश का दुर्भाग्य ही समझो कि युवा और बुज़ुर्गों के ताल-मेल में कमी आ रही है। हमारी संस्कृति जिसमें इन युवाओं को अपने बुज़ुर्गों से सीखना चाहिए वे उनसे दूर होते जा रहे हैं। आज का आधुनिकीकरण दोनों वर्गों में जैसे दीवार बन गया हो।

अब वक्त आ गया है कि युवा सक्रिय राजनीति में प्रवेश करें क्योंकि हमारी राजनीति बूढ़ी हो गई है और यह हमारे देश की अपेक्षा को पूरा नहीं कर सकती। भ्रष्टाचार को लगाम लगाने के लिए युवाओं को अब तैयार होना होगा। युवाओं को एक ज़िम्मेदार नागरिक बनना होगा। पढ़े-लिखे,

ज़्यादातर युवा राजनीति से दूरी बनाए रखते हैं, लेकिन कमल तोड़ना है तो कीचड़ में उतरना ही होगा। ठीक उसी प्रकार राजनीति में आए बिना राजनीति को शुद्ध करना संभव नहीं है। अतः मैं चाहता हूँ कि युवा राजनीति में प्रवेश करें। तभी देश के संसाधनों का सही इस्तेमाल होगा और तब जाकर कहीं शोषित-वंचित वर्ग को उनका हक मिल सकता है।

अतः आज के युवाओं को अपनी ज़िम्मेदारी समझनी चाहिए और कोई भी काम व्यक्तिगत लाभ की बजाय समाज तथा देश हित में करना चाहिए। परिवार से समाज बनता है और समाज से देश बनता है। आज की युवा पीढ़ी का अपने परिवार की ओर उदसीनता देख मेरा मन काफी व्यथित होता है। माँ-बाप सीमित संसाधनों में भी अपने बच्चों को तमाम सुख सुविधा देने का भरसक प्रयास करते हैं, परंतु माँ-बाप का बोझ आज की हमारी युवा पीढ़ी नहीं उठा पा रही है। यह बड़े ही शर्म की बात है जिसने हमारी दुनिया को सजाया हो उसे हम युवा वृद्धाश्रम में छोड़ आते हैं। उनकी कुछ बुनियादी ज़रुरतों को भी पूरा नहीं कर पाते। और अगर एक युवा इतना भी नहीं कर सकता तो वह युवा-पीढ़ी के लिए शर्म की बात है।

अतः हमारे युवाओं को अपने परिवार के प्रति संवेदनशील और ज़िम्मेदार बनाना ही होगा। मैं तो सोचता हूँ कि युवा पीढ़ी के रहते वृद्धाश्रम बनाना ही बड़े शर्म की बात है।

समाज में हो रहे अन्याय के खिलाफ आवाज़ उठाना ही सामाजिक ज़िम्मेदारी है। अर्थात एक स्वस्थ समाज की संकल्पना तभी पूरी हो सकती है, जब हर युवा व्यक्ति ईमानदारी से अपने परिवार, समाज और देश के प्रति छोटी- छोटी जिम्मेदरियों को पूरा करना होगा।

1. भारत को 'युवा भारत' क्यों कहा जाता है?
   (a) स्वतंत्रता प्राप्ति को अभी बहुत समय न होने के कारण
   (b) भारत की जनसंख्या विश्व में बहुत अधिक होने के कारण
   (c) भारत में युवाओं की संख्या अधिक होने के कारण
   (d) देश के विकास में युवाओं की सहभागिता अधिक होने के कारण
2. युवा पीढ़ी को किसी भी देश की 'रीढ़ की हड्डी' क्यों कहा गया है?
   (a) उसे दृढ़ता प्रदान करने की शक्ति के कारण
   (b) उसका भविष्य निर्माता होने के कारण
   (c) उसकी स्वतंत्रता की रक्षा करने के कारण
   (d) जोश और ताकत से ओत-प्रोत होने के कारण
3. 'युवाओं को अवसर देने' से स्वामी विवेकानंद जी का क्या अभिप्राय था?
   (a) देश की राजनीति में भागीदारी
   (b) देश के विकास में भागीदारी
   (c) देश की रक्षा में भागीदारी
   (d) देश की योजनाओं में भागीदारी
4. देश के विकास के लिए युवाओं और बुजुर्गों के बीच तालमेल क्यों ज़रूरी है?

(a) युवाओं को जोश और बुजुर्गों का संयम देश को नई उपलब्धि दिलवा सकता है।
(b) युवाओं की ऊर्जा और बुजुर्गों का अनुभव देश को नई उपलब्धि दिलवा सकता है।
(c) युवाओं की गति और बुजुर्गों का प्रबंधन देश को नई उपलब्धि दिलवा सकता है।
(d) युवाओं की फुरती और बुजुर्गों का धैर्य देश को नई उपलब्धि दिलवा सकता है।

5. विवेकानंद जी की दृष्टि में युवाओं के लिए शर्म की बात क्या है?
(a) बड़े-बुजुर्गों की उपेक्षा
(b) युवा-पीढ़ी की संवेदनहीनता
(c) वृद्धाश्रम का बनना-बनाना
(d) युवाओं का गैर-ज़िम्मेदार रवैया

उत्तर कुंजी

1	(c)	2	(b)	3	(b)	4	(b)	5	(c)

गद्यांश :- 11

निम्नलिखित गद्यांशों तथा उन पर आधारित प्रश्नोत्तरों को ध्यानपूर्वक पढ़िए।

विधाता-रचित इस सृष्टि का सिरमौर है मनुष्य। उसकी कारीगरी का सर्वोत्तम नमूना। इस मानव को ब्रह्माण्ड का लघु रूप मानकर भारतीय दार्शनिक ने 'यत् पिण्डे तत् ब्रह्माण्डे' की कल्पना की थी। उनकी यह कल्पना मात्र कल्पना नहीं थी, प्रत्युत यथार्थ भी थी क्योंकि मानव-मन में जो विचारणा के रूप में घटित होता है, उसी का कृति रूप ही तो सृष्टि है। मन तो मन, मानव का शरीर भी अप्रतिम है। देखने में इससे भव्य, आकर्षक एवं लावण्यमय रूप सृष्टि में अन्यत्र कहाँ है? अद्भुत एवं अद्वितीय है मानव-सौन्दर्य! साहित्यकारों ने इसके रूप-सौन्दर्य के वर्णन के लिए कितने ही अप्रस्तुतों का विधान किया है और इस सौन्दर्य-राशि से सभी को आप्यायित करने के लिए अनेक काव्य सृष्टियाँ रच डाली हैं। साहित्यशास्त्रियों ने भी इसी मानव की भावनाओं का विवेचन करते हुए अनेक रसों का निरूपण किया है। परन्तु वैज्ञानिक दृष्टि से विचार किया जाए तो मानव-शरीर को एक जटिल यन्त्र से उपमित किया जा सकता है। जिस प्रकार यन्त्र के एक पुर्जे में दोष आ जाने पर सारा यन्त्र गड़बड़ा जाता है, बेकार हो जाता है उसी प्रकार मानव-शरीर के विभिन्न अवयवों में से यदि कोई एक अवयव भी बिगड़ जाता है तो उसका प्रभाव सारे शरीर पर पड़ता है। इतना ही नहीं, गुर्दे जैसे कोमल एवं नाज़ुक हिस्से के खराब हो जाने से यह गतिशील वपुयन्त्र एकाएक अवरुद्ध हो सकता है,

व्यक्ति की मृत्यु हो सकती है। एक अंग के विकृत होने पर सारा शरीर दण्डित हो, वह कालकवलित हो जाए यह विचारणीय है। यदि किसी यन्त्र के पुर्जे को बदलकर उसके स्थान पर नया पुर्जा लगाकर यन्त्र को पूर्ववत सुचारु एवं व्यवस्थित रूप से क्रियाशील बनाया जा सकता है तो शरीर के विकृत अंग के स्थान पर नव्य निरामय अंग लगाकर शरीर को स्वस्थ एवं सामान्य क्यों नहीं बनाया जा सकता? शल्य चिकित्सकों ने इस दायित्वपूर्ण चुनौती को स्वीकार किया तथा निरन्तर अध्यवसाय पूर्णसाधना के अनन्तर अंग-प्रत्यारोपण के क्षेत्र में सफलता प्राप्त की। अंग-

प्रत्यारोपण का उद्देश्य है कि मनुष्य दीर्घायु प्राप्त कर सके। यहाँ यह ध्यातव्य है कि मानव शरीर हर किसी के अंग को उसी प्रकार स्वीकार नहीं करता, जिस प्रकार हर किसी का रक्त उसे स्वीकार्य नहीं होता। रोगी को रक्त देने से पूर्व रक्त-वर्ग का परीक्षण अत्यावश्यक है, तो अंग-प्रत्यारोपण से पूर्व ऊतक-परीक्षण अनिवार्य है। आज का शल्य चिकित्सक गुर्दे, यकृत, आँत, फेफड़े और हृदय का प्रत्यारोपण सफलतापूर्वक कर रहा है। साधन-सम्पन्न चिकित्सालयों में मस्तिष्क के अतिरिक्त शरीर के प्रायः सभी अंगों का प्रत्यारोपण सम्भव हो गया है।

1. मानव शरीर को यन्त्रवत् कहा गया है, क्योंकि
   (a) मानव शरीर विधाता की सृष्टि की अनुपम कृति है।
   (b) अवयव रूपी पुर्जों के विकृत होने से शरीर यन्त्रवत् निष्क्रिय हो जाता है।
   (c) मानव शरीर दृढ़ मांसपेशियों और अवयवों से निर्मित है।
   (d) मानव शरीर यन्त्र की भाँति लावण्यमय होता है।
2. शल्य-चिकित्सकों द्वारा स्वीकार की गई दायित्वपूर्ण चुनौती थी
   (a) शल्य-चिकित्सा का महत्त्व स्थापित करना
   (b) अंग-प्रत्यारोपण द्वारा शरीर को सामान्य बनाना
   (c) जीर्ण शरीर के स्थान पर स्वस्थ शरीर देना
   (d) मानव-शरीर को मृत्यु से बचाना
3. अनुच्छेद में प्रयुक्त 'निरामय' शब्द का पर्याय है
   (a) नवीन
   (b) अद्भुत
   (c) सुन्दर,
   (d) स्वस्थ
4. मानव को सृष्टि का लघु रूप माना गया है, क्योंकि
   (a) लघु मानव ही विधाता की सच्ची सृष्टि है।
   (b) मन की शक्ति अपराजेय है।
   (c) मानव-मन में जो घटित होता है, वही सृष्टि में घटित होता है।
   (d) मानव सृष्टि का सिरमौर है।
5. वैज्ञानिक दृष्टि का अपेक्षाकृत अभाव होता है
   (a) वैज्ञानिक में
   (b) शल्य-चिकित्सक में
   (c) साहित्यकार में
   (d) साहित्यशास्त्री में
6. विधाता - रचित में प्रयुक्त समास है?
   (a) तत्पुरुष समास
   (b) अव्ययीभाव समास
   (c) द्वन्द्व समास
   (d) कर्मधारय समास
7. गद्यांश में दिए गए शब्द काल कवलित का अर्थ है?
   (a) जो काल का ग्रास बन गया हो
   (b) जिसको काल ने छोड़ दिया हो
   (c) जिसको ईश्वर का आशीर्वाद प्राप्त हो
   (d) जो सुरक्षित हो

8. उपरोक्त गद्यांश में यथार्थ शब्द का विलोम है?
   (a) नूतन
   (b) काल्पनिक
   (c) आगत
   (d) शांत

9. प्रयुक्त शब्द प्रत्यारोपण में संधि है?
   (a) प्रति+आरोपन
   (b) प्रति+आरोपण
   (c) प्रत्या+अरोपण
   (d) प्रत्या+आरोपी

उत्तर कुंजी

1	(b)	2	(b)	3	(d)	4	(c)	5	(d)
6	(a)	7	(a)	8	(b)	9	(b)		

गद्यांश :- 12

निम्नलिखित गद्यांशों तथा उन पर आधारित प्रश्नोत्तरों को ध्यानपूर्वक पढ़िए।

राष्ट्र के सर्वांगीण विकास के लिए चरित्र-निर्माण परम आवश्यक है। जिस प्रकार वर्तमान में भौतिक निर्माण का कार्य अनेक योजनाओं के माध्यम से तीव्र गति के साथ सम्पन्न हो रहा है, वैसे ही वर्तमान की सबसे बड़ी आवश्यकता यह है कि देशवासियों के चरित्र निर्माण के लिए भी प्रयत्न किया जाए। उत्तम चरित्रवान् व्यक्ति ही राष्ट्र की सर्वोच्च सम्पदा है। जनतन्त्र के लिए तो यह एक महान् कल्याणकारी योजना है। जन-समाज में राष्ट्र, संस्कृति, समाज एवं परिवार के प्रति हमारा क्या कर्त्तव्य है इसका पूर्ण रूप से बोध कराना एवं राष्ट्र में व्याप्त समग्र भ्रष्टाचार के प्रति निषेधात्मक वातावरण का निर्माण करना ही चरित्र-निर्माण का प्रथम सोपान है।

पाश्चात्य शिक्षा और संस्कृति के प्रभाव से आज हमारे मस्तिष्क में भारतीयता के प्रति 'हीनभावना' उत्पन्न हो गई है। चरित्र-निर्माण जोकि बाल्यावस्था से ही ऋषिकुल, गुरुकुल, आचार्यकुल की शिक्षा के द्वारा प्राचीन समय से किया जाता था, आज की लॉर्ड मैकाले की शिक्षा पद्धति से संचालित स्कूलों एवं कॉलेजों के लिए एक हास्यास्पद विषय बन गया है। आज यदि कोई पुरातन संस्कारी विद्यार्थी सन्ध्यावन्दन या शिखा-सूत्र रखकर भारतीय संस्कृतिमय जीवन बिताता है, तो अन्य छात्र उसे 'बुद्ध' या अप्रगतिशील कहकर उसका मजाक उड़ाते हैं। आज हम अपने भारतीय आदर्शों का परित्याग करके पश्चिम के अन्धानुकरण को ही प्रगति मान बैठे हैं। इसका घातक परिणाम चारित्र्यदोष के रूप में आज देश में सर्वत्र दृष्टिगोचर हो रहा है।

1. चरित्र-निर्माण की परम आवश्यकता है
   (a) समाजोपयोगी कार्यों के लिए ,
   (b) राष्ट्र के सर्वांगीण विकास के लिए
   (c) राष्ट्र की योजनाओं के संचालन के लिए
   (d) मानवमात्र के कल्याण के लिए

2. जनतन्त्र के लिए लाभकारी हो सकते हैं
   (a) निष्ठावान श्रमिक
   (b) धनवान व्यक्ति
   (c) उत्तम चरित्रवान् व्यक्ति
   (d) शक्तिशाली सिपाही

3. उन्नत राष्ट्र के लिए विकास का प्रथम सोपान है

(a) भ्रष्टाचार के प्रति निषेधात्मक वातावरण
(b) जनता में साम्प्रदायिक सद्भाव
(c) राजनीति के कुशल दाँव-पेंच
(d) चरित्र-निर्माण के लिए शैक्षिक वातावरण

4. अप्रगतिशील रूप में मजाक उड़ाया जाता है, जो
(a) पाश्चात्य संस्कृति को हृदय से अपनाता है
(b) सत्संग में अधिक समय नहीं बिताता
(c) धार्मिक वातावरण में जीवन बिताता है
(d) भारतीय संस्कृतिमय जीवन बिताता है

5. भारतीयता के प्रति हीनभावना का कारण है
(a) पुरातन संस्कारी संस्कृतिमय जीवन
(b) लॉर्ड मैकाले की शिक्षा पद्धति
(c) प्राचीन गुरुकुल की शिक्षा पद्धति
(d) वर्तमान वैज्ञानिक शिक्षा पद्धति

6. उपरोक्त गद्यांश में भक्षण शब्द में विलोम है?
(a) भक्षण
(b) रक्षण
(c) रक्षक
(d) इनमें से सभी

7. गद्यांश में दिए गए शब्द निषेधात्मक का अर्थ है?
(a) स्वीकारना
(b) फेंक देना
(c) मनाही
(d) इनमें से कोई नहीं

8. उपरोक्त गद्यांश में पाश्चात्य शब्द का विलोम शब्द है?
(a) पौर्वात्य
(b) प्राप्य
(c) दीर्घकाय
(d) अधुनातन

9. देशवासी में प्रयुक्त समास है?
(a) कर्मधारय
(b) द्विगु
(c) तत्पुरुष
(d) बहुव्रीहि

उत्तर कुंजी

1	(b)	2	(c)	3	(a)	4	(d)	5	(b)
6	(c)	7	(c)	8	(a)	9	(c)		

गद्यांश :- 13

निम्नलिखित गद्यांशों तथा उन पर आधारित प्रश्नोत्तरों को ध्यानपूर्वक पढ़िए।

आधुनिक शिक्षा का नतीजा हमने देख लिया। हमने उस शिक्षा का नतीजा भी देख लिया, जिसमें 'विकसित विज्ञान' का सबसे महत्त्वपूर्ण स्थान है, जिसके कारण व्यक्ति को कहीं भी या कितना भी मिलने के बावजूद तृप्ति नहीं होती। इसका कारण यही है कि शिक्षा के स्वाभाविक और आवश्यक अंगों को छोड़कर हमने ऐसे विषयों पर अधिक ध्यान दिया, जो मनुष्य का एकतरफा विकास करते हैं, जिनके कारण व्यक्तित्व का बड़े-से-बड़ा भाग अतृप्त रह जाता है। बाल्यावस्था में भी कला-शिक्षा को अभी तक उचित स्थान नहीं मिला है। जहाँ मिलता भी है, वहाँ बच्चा ग्यारह-बारह वर्ष का होते ही उसके शिक्षा-क्रम में से कला-प्रवृत्तियों को निकाल दिया जाता है। ऐसा ही हरबर्ट रीड ने कहा है, "हमारा अनुभव हमें बताता है कि हर व्यक्ति ग्यारह वर्ष की आयु के बाद, किशोरावस्था

और उसके बाद भी सारे जीवनकाल तक किसी-न-किसी कला-प्रवृत्ति को अपने भाव-प्रकटन का जरिया बनाए रख सकता है। आज के सभी विषय जिन पर हम अपनी एकमात्र श्रद्धा करते हैं। जैसे-गणित, भूगोल, इतिहास, रसायनशास्त्र और यहाँ तक कि साहित्य भी-जिस तरह पढ़ाए जाते हैं, उन सबकी बुनियाद तार्किक है। इन पर एकमात्र जोर देने के कारण कला-प्रवृत्तियाँ, जो भावनाप्रधान होती हैं, पाठ्यक्रम से करीब-करीब निकल जाती हैं। ये प्रवृत्तियाँ केवल पाठ्यक्रम से ही नहीं निकल जातीं, बल्कि इन तार्किक विषयों को महत्त्व देने के कारण व्यक्ति के दिमाग से भी बिल्कुल निकल जाती हैं। किशोरावस्था को इस तरह गलत रास्ते पर ले जाने का नतीजा भयानक हो रहा है। सभ्यता दिन-प्रतिदिन बेढब होती जा रही है। व्यक्ति का गलत विकास हो रहा है। उसका मानस अस्वस्थ है, परिवार दुःखी है। समाज में फूट पड़ी है और दुनिया पर ध्वंस करने का ज्वर चढ़ा है। इन भयानक अवस्थाओं को हमारा ज्ञान-विज्ञान सहारा दे रहा है। आज की तालीम भी इसी दौड़ में साथ दे रही है।

1. ज्ञान-विज्ञान को बहुत अधिक महत्त्व देने के कारण
   (a) समाज में विभाजन हो रहा है।
   (b) व्यक्ति सृजन की राह पर है।
   (c) व्यक्ति विध्वंस की राह पर नहीं है।
   (d) समाज उन्नति कर रहा है।
2. अनुच्छेद के आधार पर कहा जा सकता है कि आधुनिक शिक्षा का नतीजा
   (a) दुःखद है।
   (b) औसत है।
   (c) पता नहीं है।
   (d) सुखद है।
3. आधुनिक शिक्षा में किस विषय को सबसे अधिक महत्त्व दिया
   (a) भाषा को
   (b) विज्ञान को
   (c) इतिहास को
   (d) कला को
4. अनुच्छेद के आधार पर हमें किस पर सर्वाधिक ध्यान देने की जरूरत है?
   (a) कला-प्रवृत्ति पर
   (b) किशोरावस्था पर
   (c) बाल्यावस्था पर
   (d) विज्ञान पर
5. अनुच्छेद के अनुसार गणित, भूगोल, इतिहास आदि विषय
   (a) भाव प्रधान हैं।
   (b) कला प्रधान हैं।
   (c) बोध प्रधान हैं।
   (d) तर्क प्रधान हैं।
6. 'स्वाभाविक' में प्रत्यय है -
   (a) विक
   (b) क
   (c) इक
   (d) भाविक
7. दिए गए शब्द ज्ञान - विज्ञान में प्रयुक्त समास है?
   (a) द्वन्द्व समास
   (b) द्विगु समास
   (c) कर्मधारय समास

(d) अव्ययीभाव समास

8. दिए गए शब्द तालीम का हिंदी अर्थ है?
(a) शिक्षा
(b) धर्म
(c) अधर्म
(d) पैसा

9. गद्यांश में मानस शब्द का अर्थ क्या है?
(a) हृदय में उत्पन्न
(b) मन में उत्पन्न
(c) दिल में उत्पन्न
(d) इनमें से कोई नहीं

उत्तर कुंजी

1	(a)	2	(a)	3	(b)	4	(a)	5	(d)
6	(c)	7	(a)	8	(a)	9	(b)		

गद्यांश :- 14

निम्नलिखित गद्यांशों तथा उन पर आधारित प्रश्नोत्तरों को ध्यानपूर्वक पढ़िए।

संसार में प्रत्येक सुन्दर वस्तु उसी सीमा तक है, जिस सीमा तक वह जीवन की विविधता के साथ सामंजस्य की स्थिति बनाए हुए है और प्रत्येक विरूप वस्तु उसी अंश तक विरूप है, जिस अंश तक वह जीवनव्यापी सामंजस्य को छिन्न-भिन्न करती है। अत: यथार्थ का द्रष्टा जीवन की विविधता में व्याप्त सामंजस्य को बिना जाने अपना निर्णय उपस्थित नहीं कर पाता और करे भी तो उसे जीवन की स्वीकृति नहीं मिलती और जीवन के सजीव स्पर्श के बिना केवल कुरूप और सुन्दर को एकत्र कर देने का वही परिणाम अवश्यम्भावी है, जो नरक-स्वर्ग की सृष्टि का हुआ। संसार में सबसे अधिक दण्डनीय वह व्यक्ति है, जिसने यथार्थ के कुत्सित पक्ष को एकत्र कर नरक का आविष्कार कर डाला, क्योंकि उस चित्र ने मनुष्य की सारी बर्बरता को चुन-चुनकर ऐसे ब्यौरेवार प्रदर्शित किया कि जीवन के कोने-कोने में नरक गढ़ा जाने लगा। इसके उपरान्त उसे यथार्थ के अकेले सुख पक्ष को पूँजीभूत कर इस तरह सजाना पड़ा कि मनुष्य उसे खोजने के लिए जीवन को छिन्न-भिन्न करने लगा।

1. उपर्युक्त गद्यांश में किस बात के प्रति सतर्क किया गया है?
(a) बुद्धि के अतिरेक के प्रति
(b) कल्पना के अतिरेक के प्रति
(c) यथार्थ की एकांगी अभिव्यक्ति के प्रति
(d) सौन्दर्य के अतिरेक के प्रति

2. 'नरक गढ़ा जाने लगा' का अभिप्राय है
(a) लोगों को यातनाएँ दी जाने लगी
(b) दु:खमय बनाया जाने लगा
(c) समस्त सुख नष्ट होने लगे
(d) जीवन वीभत्स बनने लगा

3. सौन्दर्य उपयोगी तभी होता है, जब
(a) जीवन का स्पर्श मिलता है।
(b) कल्पना को स्पर्श मिलता है।
(c) बुद्धि का स्पर्श मिलता है।
(d) भावना का स्पर्श मिलता है।

4. सुन्दर वस्तु जीवन की विविधता के साथ क्या करती है?
(a) व्यवस्थित
(b) विच्छिन्न

(c) समन्वय

(d) सामंजस्य

5. सबसे अधिक दण्डनीय व्यक्ति कौन है?

(a) सौन्दर्य का वीभत्स रूप प्रस्तुत करने वाला

(b) वीभत्स का सौन्दर्यीकरण करने वाला

(c) यथार्थ का घिनौना रूप प्रस्तुत करने वाला

(d) कल्पना को यथार्थ रूप में प्रस्तुत करने वाला

6. नरक - स्वर्ग में समास होगा..?

(a) द्वन्द्व समास

(b) द्विगु समास

(c) कर्मधारय समास

(d) अव्ययीभाव समास

7. उपयुक्त विलोम शब्द चुनिए - यथार्थ

(a) काल्पनिक

(b) मौलिक

(c) अनुदित

(d) अयथार्थ

8. गद्यांश में प्रयोग हुए शब्द बर्बरता में विलोम है?

(a) सभ्यता

(b) क्रूरता

(c) अमानवीय

(d) इनमें से सभी

9. कुत्सित का पर्याय है?

(a) निंदित

(b) अच्छा

(c) खूबसूरत

(d) शोभायमान

उत्तर कुंजी

1	(c)	2	(d)	3	(a)	4	(d)	5	(c)
6	(a)	7	(a)	8	(a)	9	(a)		

गद्यांश :- 15

निम्नलिखित गद्यांशों तथा उन पर आधारित प्रश्नोत्तरों को ध्यानपूर्वक पढ़िए।

यह नहीं भूलना चाहिए कि हमारा जो व्यवहार होता है, उसी के अनुसार फल भी मिलता है। जो समाज और संवेदना की नीतिमूलक स्थापनाओं को अपने व्यवहार का हिस्सा बनाता है, वही शान्ति पाने का हकदार होता है। महावीर, बुद्ध, क्राइस्ट, नानक, गांधी अगर हमारे जीवन पर विराजमान हैं, तो इसमें उनकी सदाशयता, निरहंकार और व्यवहार का योगदान है। वे जिए समस्त प्राणियों, प्रकृति और सृष्टि के लिए। उनके मन में किसी के लिए रत्ती भर भी भेदभाव नहीं रहा। अहंकार को विवेक से ही हटाया जा सकता है। गांधीजी ने गुलामी से आजादी, मनुष्यता की सेवा और विवेक से मित्रता को अपना लक्ष्य बनाया। सबके प्रति समान दृष्टि का ही भाव और व्यवहार था कि गांधीजी विश्व नेता बने। गीता में कहा गया है कि जो समस्त प्राणियों के हित में सदा संलग्न रहता है, सबका मित्र होता है। महावीर सत्य की साक्षात् अनुभूति में मैत्री की अनिवार्यता की घोषणा करते हैं। यह अनुभूत सत्य है कि जो अपना मित्र होगा, वह हर किसी का मित्र होगा। आप भी इसे आजमा कर देखें। महसूस होने लगेगा कि जिस शान्ति के लिए भटक रहे हैं, वह कहीं बाहर नहीं आपके अन्दर ही है।

1. निम्न में से किसे गांधीजी ने अपना लक्ष्य नहीं बनाया?
(a) गुलामी से आजादी
(b) मनुष्यता की सेवा
(c) विवेक से मित्रता
(d) गुलामों से आजादी
2. गद्यांश के अनुसार, किसे अपने व्यवहार का हिस्सा बनाना चाहिए?
(a) समाज और संवेदनाओं के नैतिक मूल्य
(b) गुरु नानक देव की शिक्षाएँ
(c) सत्य और असत्य की परिभाषा
(d) अहंकार और विवेक की परिभाषा
3. गांधीजी विश्व नेता बने, क्योंकि
(a) उन्होंने सत्याग्रह किया।
(b) वे स्वतन्त्रता आन्दोलन के नेता थे।
(c) वे अनुशासनप्रिय थे।
(d) सभी के प्रति उनकी समान दृष्टि व व्यवहार था।
4. महावीर, बुद्ध, क्राइस्ट, नानक व गांधीजी में क्या समानता है?
(a) सभी धर्मगुरु हैं।
(b) सभी संन्यासी हैं।
(c) सभी भारत में जन्मे हैं।
(d) सभी ने मानव-कल्याण किया।
5. शान्ति को कहाँ पाया जा सकता है?
(a) स्वयं में
(b) परिवार में
(c) समाज में
(d) धर्म में
6. अहंकार के लिए सही पर्यायवाची वाले शब्दों की पंक्ति को चुनिए।
(a) अभिमान, दंम, दर्प
(b) अभिमान, दंभ, सर्प
(c) अभिमान, दंभ, दर्प
(d) अभियान, दंभ, दर्प
7. शब्द-प्रकार के आधार पर 'मनुष्यता' शब्दों का कौन सा भेद है?
(a) गुणवाचक विशेषण
(b) जातिवाचक संज्ञा
(c) भाववाचक संज्ञा
(d) प्रेरणार्थक क्रिया
8. दिए गए गद्यांश में मित्र का पर्यायवाची है?
(a) अरि
(b) रिपु
(c) सखा
(d) दुश्मन
9. उपरोक्त गद्यांश में शब्द औचित्य का विलोम शब्द है?
(a) अनौचित्य
(b) चैतन्य
(c) अचैतन्य
(d) इनमें से कोई नहीं

उत्तर कुंजी

1	(d)	2	(a)	3	(d)	4	(d)	5	(a)
6	(c)	7	(c)	8	(c)	9	(a)		

गद्यांश :- 16

निम्नलिखित गद्यांशों तथा उन पर आधारित प्रश्नोत्तरों को ध्यानपूर्वक पढ़िए।

दर्शन वस्तुतः अपने आप को जानने की जीवन पर्यंत चलने वाली शिक्षा है। दर्शन का तात्पर्य ही देखना है। यहाँ देखने का अर्थ जानना ही है।

आत्मा क्या है? आत्म-ज्ञान क्या है? यह कैसे और किसे होता है? यह सब विवाद का विषय हो सकता है। परंतु आत्म-ज्ञान को आदर्श मानकर निरंतर आत्म-निरीक्षण करते रहने से व्यक्ति मानव चेतना के उत्तरोत्तर विकासमान उच्च से उच्चतर सोपानों को अवश्य प्राप्त करता है। यह निर्विवाद है। हम प्रायः आत्म-प्रवचना में जीते हैं। हम यथार्थ में होते कुछ और हैं तथा दिखाई देते हैं कुछ और। अपने दोषों को पहचानने और स्वीकार करने की अपेक्षा उनके औचित्य को सिद्ध करने में सारी शक्ति लगा देते हैं। व्यक्ति यदि असत्य भाषण को दोष न मानकर सफलता का सूत्र मानता है, तो इसे दूर करने की अपेक्षा ऐसा तरीका सीखना पसंद करेगा, जिससे वह अधिक कुशलता से झूठ बोल सके। आत्म-दर्शन अपने दोष को दोष रूप में और गुण को गुण रूप में स्वीकार करना है। दोष या दुर्गुण समाज में निंदनीय और अस्वीकार्य होते हैं, इसलिए अपने दुर्गुणों को स्वीकार करने में साहस की आवश्यकता होती है। दुर्गुण को व्यक्तित्व की कमी के रूप में स्वीकार करने पर उसे दूर करने की गुंजाइश बराबर बनी रहती है। अतः आत्मदर्शन हमे आंतरिक विकास की ओर अग्रसर करता है। जीवन दर्शन का सच्चा शिक्षक हमारा परिवेश है।

1. दर्शन का तात्पर्य 'देखना' है। यहाँ 'देखना' किस अर्थ में प्रयुक्त हुआ है?
   (a) देखना
   (b) दिखाई देना
   (c) जानना
   (d) दिखाना
2. आत्म-दर्शन है-
   (a) अपने गुण-दोष स्वीकारना
   (b) दूसरों के दोष क्षमा करना
   (c) स्वयं को निहारना
   (d) दर्शनशास्त्र का अध्ययन करना
3. दुर्गुण को दूर किया जा सकता है-
   (a) उसे अपनाने से
   (b) उसे स्वीकार करने से
   (c) उसे छिपाने से
   (d) दूसरों को बताने से
4. जीवन-दर्शन का सच्चा शिक्षक है-
   (a) समय
   (b) दार्शनिक
   (c) परिवेश
   (d) विद्यालय
5. अनुच्छेद के आधार पर कौन-सा साहसी है?
   (a) अपने दोषों को स्वीकार करने वाला
   (b) अपने दोषों को छिपाने वाला
   (c) अपने गुणों का वर्णन करने वाला
   (d) अपने गुणों को छिपाने वाला
6. आत्म दर्शन से .... विकास होता है।
   (a) आध्यात्मिक
   (b) आंतरिक
   (c) शारीरिक
   (d) भावनात्मक
7. दुर्गुण में उपसर्ग तथा मूल शब्द है-
   (a) दुर + गुण
   (b) दु + गुण
   (c) दूर + गुण
   (d) दुर् + गुण
8. आत्म-दर्शन का उचित विग्रह है-
   (a) आत्मा और दर्शन

(b) आत्मा का दर्शन

(c) आत्मा में दर्शन

(d) आत्मा या दर्शन

9. समूह से भिन्न शब्द छाँटिए-

(a) साहसी

(b) ज्ञानी

(c) वाणी

(d) तीखी

उत्तर कुंजी

1	(c)	2	(a)	3	(b)	4	(c)	5	(a)
6	(b)	7	(d)	8	(b)	9	(c)		

गद्यांश :- 17

निम्नलिखित गद्यांशों तथा उन पर आधारित प्रश्नोत्तरों को ध्यानपूर्वक पढ़िए।

आग के इस लोकानुग्रही रूप का विग्रह अलाव भी है, जो न केवल शीत दूर करने सेका माध्यम है, बल्कि लोक की सामूहिक सामूहिक चेतना का प्रतीक भी है। अलाव से ही जुड़े हैं नेह-छोह के अदृश्य बंधन जिनके पाश में बंधा हुआ था समूचा गाँव। जैसे-जैसे बदलाव ने पाँव पसारे हैं, अलाव अब प्रायः स्मृति की चीज बनता जा रहा है। गाँव जो अलाव के पास बैठकर अपने-अपने दुख-सुख बाँटता था, वह अब शहराता जा रहा है। समय के साथ-साथ हमारे प्रेम और अपनत्त्व के दायरे सिमटते जा रहे हैं। शहरों से आयातित शहरीपन गाँव की नस-नस में समाता जा रहा है। दुर्मुहापन आज की सबसे बड़ी आवश्यकता बनता जा रहा है। ऐसे में चौपाल पर अलाव के इर्द-गिर्द बैठकर इकहरे मन से बातें भला किसे रुचे।

1. अलाव को लोक की सामूहिक चेतना का प्रतीक क्यों कहा गया है?

(a) यह हाथ सेंकने का सर्वोत्तम माध्यम है।

(b) इसके चारों तरफ समूह में बैठने का नियम है।

(c) इसे जलाने की सामग्री मिल-जुल कर खरीदी जाती है।

(d) एक-दूसरे को कहने-सुनने का मौका मिलता है।

2. अलाव स्मृति की चीज क्यों बनता जा रहा है?

(a) शहर के प्रभाव ने गाँव की जीवन-शैली बदल दी है।

(b) अलाव जलाने की सामग्री समाप्त हो गई है।

(c) गाँव के लोगों के पास समय का अभाव है।

(d) बिजली आ जाने से अलाव की आवश्यकता नहीं रही।

3. "ऐसे में चौपाल पर अलाव के इर्द-गिर्द बैठकर इकहरे मन से बातें भला किसे रुचे।» 'इकहरे मन' से की जाने वाली बातों का क्या स्वरूप होगा?

(a) एक तरफा बात

(b) सीधी व स्पष्ट बात

(c) प्रिय लगने वाली बात

(d) उपदेशात्मक बात

4. "वह अब शहराता जा रहा है›, लेखक ने काले शब्द को किस भाव के लिए लिखा है?

(a) आधुनिक होने का भाव

(b) सामूहिकता समाप्त होने का भाव

(c) शहर में बस जाने का भाव

(d) सभ्य एवं आधुनिक होने का भाव

5. गद्यांश के अनुसार कौन-सा व्यवहार शहरीपन की ओर संकेत करता है?
   (a) अलाव का न जलना
   (b) इकहरे मन से बात करना
   (c) अपनेपन का भाव कम होना
   (d) शीत दूर करने के नए तरीके अपनाना
6. 'नेह-छोह' का अर्थ क्या है?
   (a) स्नेह
   (b) सम्मान
   (c) भक्ति
   (d) आस्था
7. 'दुर्मुहापन' से तात्पर्य है-
   (a) दो विषयों पर एक साथ चर्चा करना।
   (b) अवसर के अनुसार बात कहना।
   (c) कभी कुछ तो कभी कुछ कहना।+
   (d) दो समान तरह के भाव रखना।
8. 'लोकानुग्रही' का संधि विच्छेद है-
   (a) लोक + अनुग्रही
   (b) लोका + अनुग्रही
   (c) लोकानु + ग्रहो
   (d) लोका + नुग्रही
9. अपनत्व' में मूल शब्द है-
   (a) अपनापन
   (b) अपन
   (c) अप
   (d) अपना

उत्तर कुंजी

1	(b)	2	(a)	3	(b)	4	(b)	5	(c)
6	(a)	7	(c)	8	(a)	9	(d)		

गद्यांश :- 18

निम्नलिखित गद्यांशों तथा उन पर आधारित प्रश्नोत्तरों को ध्यानपूर्वक पढ़िए।

हमारी खराबी का स्रोत कहाँ है-इसका पता हमें लगाना चाहिए और वहीं से उसे ठीक करने का प्रयत्न करना चाहिए। स्रोत वहीं हो सकता है, जहाँ से हमारा जीवन प्रारम्भ होता है और वह है हमारा घर। हमारे घर की इस समय बड़ी दुर्व्यवस्था है। अवश्य ही आप लोगों को अपने घर से असंतोष होगा। असंतोष इसी कारण हो सकता है कि अपने घर में कुछ दोष आप पाते हैं परन्तु दोष की कुछ जिम्मेदारी आपके ऊपर भी तो है। ऐसी स्थिति में आपका कर्तव्य है कि आप इन दोषों को दूर करने का यत्न करें। सबके भावों का आदर करते हुए आपको ऐसा प्रयास करना होगा कि आपके कारण किसी दूसरे को कष्ट न हो। इससे घर की शांति और सौहार्द में वृद्धि होगी। आजकल की सबसे विचित्र बात यह है कि कोई अपने आप को दोष नहीं देता, सब दूसरे को दोष देते हैं। आज के संसार में आपकी बड़ी जिम्मेदारी है। आगे का भारत वैसा ही होगा जैसा आप लोग अपने जीवन से उसे बनाएँगे। यदि अपना काम ठीक तरह से करते हैं, तो आप सब देशभक्त हैं यदि अपने काम के प्रति उदासीन हैं तो आप वास्तव में देशद्रोही हैं।

1. हमारी खराबी का स्रोत कहाँ है?
   (a) हमारे जीवन में।
   (b) हमारे मन के भीतर।
   (c) हमारे असंतोष में।
   (d) हमारे अपने घर में।

2. हमारा कर्तव्य क्या है?
(a) अपना कार्य निष्ठापूर्वक करें।
(b) दोषों को दूर करने का यत्न करें।
(c) देश के प्रति वफादार बनें।
(d) सबके भावों का आदर करें।

3. दोषों को दूर करने के लिए क्या करना चाहिए?
(a) अपने आपको दोष न देना।
(b) दूसरों को दोष देना।
(c) यह प्रयास कि आपके कारण दूसरे को कष्ट न हो।
(d) अपने आसपास की परिस्थितियों को दोष देना।

4. गद्यांश के अनुसार सबसे विचित्र बात है-
(a) स्वयं के दोष न देखना
(b) स्वयं के दोषों की स्वीकृति
(c) दूसरे के दोष न देखना
(d) दूसरों को कष्ट न देना

5. देशभक्त शब्द का समास विग्रह है-
(a) देश में भक्त
(b) देश का भक्त
(c) देश की भक्त
(d) देश के लिए भक्त

6. गद्यांश में 'स्रोत' शब्द से तात्पर्य है-
(a) कारण
(b) वृद्धि
(c) जिम्मेदारी
(d) प्रारम्भ

7. सौंदर्य शब्द का अर्थ है-
(a) आदर
(b) मित्रता
(c) शांति
(d) संतोष

8. 'दुर्व्यवस्था' शब्द की संरचना है-
(a) दुर + व्यवस्था
(b) दुर् + व्यवस्था
(c) दुर् + अवस्था
(d) दुर + अवस्था

9. गद्यांश के अनुसार 'देशद्रोही' कौन है?
(a) जो देश से द्रोह करे।
(b) जो अपने घर से असंतुष्ट है।
(c) जो अपने दोष नहीं देखता।
(d) जो अपने काम के प्रति उदासीन है।

उत्तर कुंजी

1	(d)	2	(b)	3	(c)	4	(a)	5	(b)
6	(a)	7	(c)	8	(b)	9	(d)		

गद्यांश :- 19

निम्नलिखित गद्यांशों तथा उन पर आधारित प्रश्नोत्तरों को ध्यानपूर्वक पढ़िए।

22 मई, 1894 की शाम थी। डरबन स्थित दादा अब्दुल्ला के घर पर महात्मा गाँधी की विदाई व रात्रिभोज का आयोजन था। इस आयोजन में प्रिटोरिया डरबन और नेटाल के भारतीय आए थे। अब्दुल्ला एंड कंपनी के मुकदमे को निपटाने के बाद महात्मा गांधी वापस आने के लिए तैयार थे। तभी एक भारतीय व्यापारी ने महात्मा गाँधी को नेटाल मर्करी' नामक समाचार पत्र दिया और उनसे 'इंडियन फ्रेंचाइज' नामक शीर्षक से छपा लेख पढने के लिए कहा। लेख पढ़ने के बाद महात्मा गाँधी गंभीर हो गए। दरअसल यह लेख

नेटाल विधान सभा में पेश किए गए मताधिकार संशोधन विधेयक के विषय में जिसमें भारतीयों को मताधिकार से वंचित करने के सभी पक्षों की विवेचना थी। इसका सारांश यह था कि जिन लोगों ने अपने देश में मताधिकार का उपयोग नहीं किया उन्हें दूसरे देश में मताधिकार देने का कोई मतलब नहीं है। इसका वास्तविक उद्देश्य तो भारतीयों के व्यापार को रोकना था। हालात को बद से बदतर बनाने वाले कानून की जानकारी ने भारतीयों के होश उड़ा दिए। अब विदाई समारोह विधेयक परिचर्चा में बदल गया। विदा करने आए लोग गांधी जी से रुकने का आग्रह करने लगे। भारतीयों की पीड़ा और परेशानी देखकर गांधी जी काफी व्यथित हो गए। उन्होंने भारतीयों के निवेदन को स्वीकार करते हुए कहा कि विधेयक का विरोध सार्वजनिक कार्य है और इसके लिए वह किसी भी प्रकार का शुल्क नहीं लेंगे। उन्होंने समारोह को नेटाल इंडियन कांग्रेस में बदलकर भारतीयों के अधिकारों के लिए संघर्ष किया।

1. गाँधी जी किसका मुकदमा लड़ने के लिए डरबन गए थे?
   (a) अब्दुल्ला एंड कंपनी
   (b) अब्दुल्ला मर्चेंट कंपनी
   (c) अब्दुल्ला एंड संस कंपनी
   (d) अब्दुल्ला सॉफ्टवेयर कंपनी
2. रात्रिभोज का आयोजन किसकी विदाई के लिए किया गया था?
   (a) पंडित जवाहरलाल नेहरू
   (b) महात्मा गांधी
   (c) नेताजी सुभाषचंद्र बोस
   (d) गोपाल कृष्ण गोखले
3. गद्यांश में किस समाचार पत्र का उल्लेख किया गया है?
   (a) नेटाल मर्करी
   (b) इंडियन फ्रेंचाइज
   (c) इंडियन एक्सप्रेस
   (d) नेटाल टाइम्स
4. मताधिकार संशोधन विधेयक का क्या उद्देश्य था?
   (a) भारतीयों को मताधिकार देना
   (b) भारतीयों को मताधिकार से वंचित करना
   (c) भारतीयों को व्यापार के अधिक अवसर उपलब्ध कराना
   (d) भारतीयों को सत्ता में भागीदारी देना
5. लोग गाँधीजी से रुकने का आग्रह करने लगे क्योंकि-
   (a) वे गाँधीजी से प्रेम करने लगे थे।
   (b) उन्हें गाँधीजी का स्वाभाव बहुत पसंद था।
   (c) वे चाहते थे कि गाँधीजी उनके लिए मताधिकार संशोधन विधेयक का विरोध करें।
   (d) वे गाँधीजी से मताधिकार संशोधन विधेयक के लिए समर्थन चाहते थे।
6. गाँधीजी ने मताधिकार संशोधन विधेयक का विरोध करने के लिए कोई शुल्क क्यों नहीं लिया?
   (a) उन्हें विरोध करना प्रिय था।
   (b) यह सार्वजनिक कार्य था।
   (c) यह व्यक्तिगत कार्य था।

(d) यह सरकारी कार्य था।

7. 'होश उड़ना' मुहावरे का अर्थ है-
(a) बेहोश हो जाना
(b) होश में आना
(c) घबरा जाना
(d) समझ आना

8. 'स्वदेश' का विलोम शब्द है-
(a) अपना देश
(b) विदेश
(c) देश
(d) पडोसी देश

9. 'भारतीय' शब्द में प्रत्यय है-
(a) य
(b) तीय
(c) ईय
(d) इय

उत्तर कुंजी

1	(a)	2	(b)	3	(a)	4	(b)	5	(c)
6	(b)	7	(c)	8	(b)	9	(c)		

गद्यांश :- 20

निम्नलिखित गद्यांशों तथा उन पर आधारित प्रश्नोत्तरों को ध्यानपूर्वक पढ़िए।

मैं अक्सर सोचता हूँ कि वे शहर कितने दुर्भागे हैं, जिनके अपने कोई खण्डहर ही नहीं। उनमें रहना उतना ही भयानक अनुभव हो सकता है, जैसे किसी ऐसे व्यक्ति से मिलना, जो अपनी स्मृति खो चुका है, जिसका कोई अतीत नहीं। अगर मुझसे कोई नरक की परिभाषा पूछे तो वह है, हमेशा वर्तमान में रहना एक अंतहीन रोशनी, जहाँ कोई छाया नहीं, जहाँ आदमी हमेशा आँखे खोले रहता है।

जब वर्तमान का बोझ असह्य हो, मैं अपना घर छोड़कर शहर के दूसरे 'घरों' में चला जाता हूँ, जहाँ अब कोई लोग नहीं रहते-जहाँ अंधेरा होते ही चमगादड़ आते हैं। ये हमारे शहर में खण्डहर हैं-शहर की स्मृतियाँ और स्वप्न। एक ऐसा भी युग था, जब न शहर थे न खण्डहर आदमी अपना अतीत खुद अपने भीतर लेकर चलता था। यहाँ यू कहें कि स्मृति अभी तक इतिहास नहीं बनी थी।

1. 'जिनके अपने कोई खण्डहर नहीं' काले शब्द से आशय है-
(a) इतिहास
(b) वर्तमान
(c) अस्तित्व
(d) भविष्य

2. 'शहर के दूसरे घरों में चला जाता हूँ।› ‹दूसरे घरों' से लेखक का आशय है-
(a) मित्रों के घर
(b) अस्थायी निवास
(c) ऐतिहासिक इमारतें
(d) शहर की सड़कें

3. लेखक के अनुसार कौन-से शहर दुर्भागे हैं?
(a) जिनका अपना कोई नाम नहीं।
(b) जहाँ लोग नहीं रहते हैं।
(c) जिनकी अपनी कोई स्मृतियाँ नहीं।+
(d) जिनके वर्तमान पर कोई संकट हो।

4. लेखक के अनुसार 'नरक' की परिभाषा क्या है?
(a) सदैव स्वप्न देखना।

(b) सदैव अपने घर में रहना।

(c) सदैव वर्तमान में रहना।

(d) सदैव आँखें खोले रहना।

5. 'वर्तमान में रहने' से क्या आशय है?

(a) अपने पूर्वजों को याद न करना।

(b) भविष्य की चिंता न करना।

(c) ऐतिहासिकता का अनुभव न करना।

(d) दिन-प्रतिदिन की जरूरतों को पूरा करना।

6. 'जहाँ आदमी हमेशा आँखें खोले रहता है।› वाक्य के माध्यम से किस ओर संकेत करता है?

(a) देर तक विश्राम करने।

(b) देर तक व्यायाम करने।

(c) रात में भी जगने।

(d) रात में गहरी नींद सोने।

7. सही शब्द चुनिए-

'जहाँ .... होते ही चमगादड़ आते हैं।'

(a) प्रकाश

(b) एकान्त

(c) अंधकार

(d) शान्ति

8. कौन-सा शब्द भिन्न है?

(a) भयानक

(b) भुजंग

(c) भयंकर

(d) भावुक

9. वे शहर .... कितने हैं?

वाक्य में रिक्त स्थान के लिए उचित शब्द है-

(a) दुर्भाग्य

(b) दुर्भाग्यपूर्ण

(c) दुखद

(d) भाग्यपूर्ण

उत्तर कुंजी

1	(a)	2	(c)	3	(c)	4	(c)	5	(c)
6	(c)	7	(c)	8	(b)	9	(b)		

अपठित काव्यांश

काव्यांश:-1

निम्नलिखित काव्यांश को पढ़कर पूछे गए प्रश्नों के सबसे उपयुक्त उत्तर वाले विकल्प चुनिए: -

बात सभी ने यह है मानी।

हवा सुबह की बड़ी सुहानी।

सदा ताज़गी देती है यह।

आलस को हर लेती है यह ॥

यह रोगी न होने देती।

तनिक न सेहत खोने देती।

सुबह सैर पर जाकर देखो।

हवा निराली पाकर देखो।

अगर सैर पर नित जाओगे।

अच्छी सेहत तुम पाओगे।

1. इस कविता में किसका गुणगान किया गया है?
   (a) सुबह की ताज़गी भरी हवा का
   (b) सुबह-सुबह योगाभ्यास करने का
   (c) सुबह-सवेरे कसरत करने का
   (d) इन सभी का
2. सुबह की हवा के बारे में क्या बताया गया है?
   (a) सुबह की हवा ताज़गी देती है।
   (b) यह स्वस्थ रखती है।
   (c) यह अच्छी सेहत देती है।
   (d) उपर्युक्त सभी
3. सुबह सैर पर जाने से क्या लाभ मिलेगा?
   (a) व्यक्ति धनवान बनेगा।
   (b) अच्छा स्वास्थ्य मिलेगा
   (c) अच्छे दोस्त बनेंगे
   (d) इनमें कोई नहीं
4. इस कविता का सबसे उपयुक्त शीर्षक होगा
   (a) सुबह की हवा
   (b) सुबह की सैर
   (c) अच्छी सेहत एक वरदान
   (d) आलस्य दूर भगाने का मंत्र
5. काव्यांश में दिए गए शब्द 'तनिक' का अर्थ है?
   (a) ज्यादा
   (a) थोड़ा
   (c) बड़ा
   (d) बहुत
6. 'आलस्य' शब्द का विशेषण क्या है?
   (a) अलस
   (a) आलस
   (c) आलसीपन
   (d) आलसी

उत्तर कुंजी

1	(a)	2	(d)	3	(b)
4	(a)	5	(b)	6	(d)

काव्यांश:-2

निम्नलिखित काव्यांश को पढ़कर पूछे गए प्रश्नों के सबसे उपयुक्त उत्तर वाले विकल्प चुनिए: -

कार्तिक की हँसमुख सुबह

नदी-तट से लौटती गंगा नहाकर

सुवासित भीगी हवाएँ

सदा पावन

माँ सरीखी

अभी जैसे मंदिरों में चढ़ाकर खुशरंग फूल

ठंड से सीत्कारती घर में घुसी हो

और सोते देख मुझको जगाती हो

सिरहाने रख एक अंजलि फूल हरसिंगार के

नर्म ठंडी उँगलियों से गाल छूकर प्यार से

बाल बिखरे तनिक संवार के

1. कविता में किस हिंदी महीने की सुबह का वर्णन है?

(a) क्वार
(b) कार्तिक
(c) अगहन
(d) पौष

2. हवाओं को किसके समान माना है?

(a) पिता
(b) बहन
(c) माता
(d) मित्र

3. हवाएँ सिरहाने में कौन-से फूल रखकर गई हैं?

(a) हरसिंगार
(b) रातरानी
(c) गुलाब
(d) चमेली

4. नदी की ओर से आने वाली हवाएँ हैं।

(a) सूखी
(b) शुष्क
(c) गर्म
(d) भीगी

5. 'माँ सरीखी' में ...... अलंकार है।

(a) रूपक
(b) उत्प्रेक्षा
(c) उपमा
(d) यमक

6. 'हँसमुख सुबह' में भाव है।

(a) प्रसन्नता
(b) सुख
(c) आलस्य
(d) शोक

उत्तर कुंजी

1	(b)	2	(c)	3	(a)
4	(d)	5	(c)	6	(a)

काव्यांश:-3

निम्नलिखित काव्यांश को पढ़कर पूछे गए प्रश्नों के सबसे उपयुक्त उत्तर वाले विकल्प चुनिए: -

बहुत दिनों बाद मुझे धूप ने बुलाया।

ताते जल नहा पहन श्वेत वसन आई,

खुले लॉन में बैठ गई दमकती लुनाई,

सूरज खरगोश धवल गोद उछल आया।

बहुत दिनों बाद मुझे धूप ने बुलाया।

नभ के उद्यान-छत्र तले भेज टीला,

पड़ा हरा फूल कढ़ा मेज़पोश पीला,

वृक्ष खुली पुस्तक हर पृष्ठ फड़फड़ाया।

बहुत दिनों बाद मुझे धूप ने बुलाया।

पैरों में मखमल की जूती सी क्यारी,

मेघ ऊन का गोला बुनती सुकुमारी,

डोलती सलाई हिलता जल लहराया।

बहुत दिनों बाद मुझे धूप ने बुलाया।

1. कवि ने सूरज के लिए किस उपमान का प्रयोग किया है?
   (a) पीले मेजपोश पर हरे फूल काढ़े गए हों।
   (b) खुली पुस्तक के पन्ने फड़फड़ा रहे हों।
   (c) कोई युवती ऊन का गोला बुन रही हो।
   (d) सफेद रंग का खरगोश उछलकूद कर रहा हो।

2. 'बहुत दिनों बाद मुझे धूप ने बुलाया' से अभिप्राय है-
   (a) कोहरे भरे शीत के बाद धूप निकली हो।
   (b) कवि को बहुत दिनों बाद धूप में आने का अवसर मिला हो।
   (c) तेज वर्षा के बाद उजली धूप निकली हो।
   (d) बहुत दिनों बाद धूप में बैठने का आनंद आया हो।

3. धूप किस रंग के वस्त्र पहनकर आई है?
   (a) हरे
   (b) पीले
   (c) भूरे
   (d) सफेद

4. 'ताते जल नहा' में किसके स्नान का उल्लेख है?
   (a) धूप का
   (b) खरगोश का
   (c) सूरज का
   (d) कवि का

5. 'मेघ ऊन का गोला बुनती सुकुमारी' से आशय है-
   (a) समुद्र की लहरें उफन रही हैं।
   (b) आकाश में सतरंगे बादल छाए हैं।
   (c) वृक्ष पर पत्ते लहरा रहे हैं।
   (d) नभ में श्वेत बादल उड़ रहे हैं।

6. 'मुझे धूप ने बुलाया' में अलंकार है-
   (a) उपमा
   (b) रूपक
   (c) मानवीकरण
   (d) अनुप्रास

उत्तर कुंजी

1	(d)	2	(a)	3	(d)
4	(a)	5	(d)	6	(c)

काव्यांश:-4

निम्नलिखित काव्यांश को पढ़कर पूछे गए प्रश्नों के सबसे उपयुक्त उत्तर वाले विकल्प चुनिए: -

आज करना है जिसे, करते उसे हैं आज ही।

सोचते कहते हैं जो कुछ कर दिखाते हैं वही ।।

मानते जी की हैं सुनते हैं, सदा सबकी कही।

जो मदद करते हैं अपनी इस जगत में आप ही ।।

भूलकर भी दूसरों का मुँह कभी तकते नहीं।

कौन ऐसा काम है, वे कर जिसे सकते नहीं।।

1. कर्मवीर समय का सदुपयोग किस तरह करते हैं?
   (a) हर काम को समय पर करते हैं।
   (b) आज का काम कल पर नहीं छोड़ते।
   (c) बेकार की बातों में समय बरबाद नहीं करते
   (d) आलस्य में समय नहीं गँवाते हैं।

2. कर्मवीर के काम करने के तरीके की प्रमुख विशेषताएँ हैं
   (a) वे जो ठान लेते हैं, उसे पूरा करके दिखाते हैं, वे बेकार की बातों में समय बर्बाद नहीं करते
   (b) वे किसी के बहकावे में नहीं आते, मन में जो सोचते हैं वही करते हैं।
   (c) वे उचित काम को ही करते हैं।
   (d) वे वीरता के कार्य करते हैं, मुसीबतें आने पर कभी हिम्मत नहीं हारते

3. 'भूलकर भी दूसरों का मुँह कभी तकते नहीं' पंक्ति का भावार्थ है
   (a) वे दूसरों की मदद के लिए हाथ पर हाथ रखकर नहीं बैठते
   (b) वे दूसरों की मदद नहीं लेते।
   (c) वे दूसरों की सलाह नहीं मानते
   (d) वे दूसरों से कोई उम्मीद नहीं रखते

4. कर्मवीर की दो मुख्य विशेषताएँ हैं
   (a) वे कर्मवीर तथा स्वाभिमानी होते हैं
   (b) वे दृढ़ संकल्पी होते हैं, वे समय का सदुपयोग करते हैं
   (c) उनकी कथनी-करनी एक जैसी होती है।
   (d) वे किसी की मदद लेने की उम्मीद में बैठे नहीं रहते

5. प्रयुक्त शब्द मुँह का तत्सम है?
   (a) मुंह
   (a) मुख
   (c) अक्षि
   (d) चेहरा

6. प्रयुक्त शब्द जगत का हिन्दी अर्थ है?
   (a) संसार
   (a) परलोक
   (c) स्वदेश
   (d) चमकना

उत्तर कुंजी

1	(b)	2	(c)	3	(a)
4	(d)	5	(b)	6	(a)

काव्यांश:-5

निम्नलिखित काव्यांश को पढ़कर पूछे गए प्रश्नों के सबसे उपयुक्त उत्तर वाले विकल्प चुनिए: -

हम दीवानों की क्या हस्ती है

आज यहाँ कल वहाँ चले।

मस्ती का आलम साथ चला।

हम धूल उड़ाते जहाँ चले।

आए बनकर उल्लास अभी।

आँसू बनकर वह चले अभी।

सब कहते ही रह गए अरे

तुम कैसे आए कहाँ चले?

किस और चले?

यह मत पूछो चलना है

बस इसलिए चले।

जग से उसका कुछ लिए चले

जग को कुछ अपना दिए चले।

1. इस कविता में किस स्वभाव वाले व्यक्तियों की बात कवि ने की है?
   (a) हंसमुख स्वभाव वाले।
   (b) उदार स्वभाव वाले।
   (c) मनमौजी स्वभाव वाले।
   (d) गंभीर स्वभाव वाले।
2. "हमारे लिए सुख-दुख समान है» - यह भाव कविता की किस पंक्ति से व्यक्त होता है?
   (a) मस्ती का आलम साथ चला।
   (b) कुछ हँसे और फिर कुछ रोए।
   (c) हम धूल उड़ाते जहाँ चले।
   (d) आए बनकर उल्लास अभी आँसू बनकर बह चले अभी।
3. कविता में आए 'वहाँ चले' पद का भाव है-
   (a) कहीं बहुत दूर चले जाना
   (b) वीरगति को प्राप्त होना
   (c) एकांतवास में चले जाना
   (d) जीवन-संग्राम में हार जाना
4. "उल्लास" शब्द में कौन-सा उपसर्ग है?
   (a) उत्
   (b) उल्
   (c) उ
   (d) उल्ला
5. "चलना है बस इसलिए चले" पंक्ति में कवि का आशय है-
   (a) हमारे चलने का कोई लक्ष्य नहीं है।
   (b) हमारे चलने को कोई प्रयोजन नहीं है।
   (c) हमारा जीवन लक्ष्यहीन है।
   (d) चलना ही हमारे चलने का लक्ष्य है।
6. कविता में प्रयुक्त 'आलम' शब्द का अर्थ है-
   (a) अनुभव
   (b) हालत
   (c) घटना
   (d) विषय

उत्तर कुंजी

1	(c)	2	(b)	3	(b)
4	(a)	5	(d)	6	(b)

काव्यांश:-6

निम्नलिखित काव्यांश को पढ़कर पूछे गए प्रश्नों के सबसे उपयुक्त उत्तर वाले विकल्प चुनिए: -

भारत माता का मंदिर यह, समता को संवाद जहाँ।

सबका शिव कल्याण यहाँ पाएँ सभी प्रसाद यहाँ।

जाति-धर्म या संप्रदाय का, नहीं भेद व्यवधान यहाँ।

सबका स्वागत, सबका आदर, सबका सम्मान यहाँ।

राम-रहीम, बुद्ध ईसा का, सुलभ एक-सा ध्यान यहाँ।

भिन्न-भिन्न भव संस्कृतियों के, गुण-गौरव का ज्ञान यहाँ।

नहीं चाहिए बुद्धि वैर की, भला प्रेम उन्माद यहाँ।

सब तीर्थों का एक तीर्थ यह, हृदय पवित्र बना लें हम।

रेखाएँ प्रस्तुत हैं, अपने मन के चित्र बना लें हम।

सौ-सौ आदर्शों को लेकर, एक चरित्र बना लें हम।

कोटि-कोटि कंठों से मिलकर, उठे एक जयनाद यहाँ।

सबका शिव कल्याण यहाँ है, पाएँ सभी प्रसाद यहाँ।

1. कवि किस मंदिर की बात कर रहा है?
   (a) शिव मंदिर
   (b) शक्ति मंदिर
   (c) राम सीता मंदिर
   (d) भारत माता
2. जाति, धर्म, संप्रदाय का भेद कहाँ नहीं है?
   (a) भारत-माता मंदिर में
   (b) हनुमान मंदिर में
   (c) शिव मंदिर
   (d) बौद्ध मंदिर
3. सबका आदर सम्मान कहाँ होता है?
   (a) भारत देश में
   (b) ईरान
   (c) चीन में
   (d) पाकिस्तान में
4. काव्यांश में प्रयुक्त शब्द समता का अर्थ है?
   (a) अलगाव
   (a) परोपकारी
   (c) बराबरी
   (d) भिन्न
5. कविता में किनके बीच भेदभाव नही है?
   (a) जाति - धर्म या संप्रदाय में
   (a) व्यक्ति विशेष में
   (c) पुरुष और महिला में
   (d) इनमें से कोई नहीं
6. दिए गए शब्द सुलभ का विलोम है?
   (a) दुर्बल
   (a) दुर्गम
   (c) दुर्लभ
   (d) अगम

उत्तर कुंजी

1	(d)	2	(a)	3	(a)
4	(c)	5	(a)	6	(c)

काव्यांश:-7

निम्नलिखित काव्यांश को पढ़कर पूछे गए प्रश्नों के सबसे उपयुक्त उत्तर वाले विकल्प चुनिए: -

तन जिसका हो मन और आत्मा मेरा है,

चिन्ता नहीं बाहर उजाला या अँधेरा है।

चलना मुझे है, बस अंत तक चलना,

गिरना ही मुख्य नहीं, मुख्य है संभलना।

गिरना क्या उसका उठा ही नहीं जो कभी

मैं ही तो उठा था आप गिरता हूँ जो अभी।

फिर भी उठूंगा और बढ़के रहूँगा मैं नर हूँ,

पुरुष हूँ मैं, चढ़के रहूँगा मैं।

1. कवि का मुख्य भाव है-
   (a) दृढ निश्चयात्मकता का
   (b) साहसी होने का
   (c) प्राण साधने का
   (d) चढ़ाई करने का
2. कवि के अनुसार जीवन में सबसे जरूरी बात है-
   (a) गिरना
   (b) सँभलना
   (c) उजाला
   (d) चिन्ता
3. 'अंधेरा' प्रतीक है-
   (a) कठिनाइयों का
   (b) घोरनिशा का
   (c) गिर जाने का
   (d) अविश्वास का
4. 'चिंता' शब्द से बनने वाला विशेषण है-
   (a) चिंतन
   (b) चिंतित
   (c) चेष्टा
   (d) चिंतापरक
5. निम्न में से भिन्न शब्द है-
   (a) नर
   (b) पुरुष
   (c) आत्मा
   (d) गिरना
6. 'अंत तक चलने' से क्या तात्पर्य है?
   (a) लक्ष्य प्राप्ति तक चलना
   (b) दूर तक चलना
   (c) सड़क पर चलना
   (d) उद्देश्य के साथ चलना

उत्तर कुंजी

1	(a)	2	(b)	3	(a)
4	(b)	5	(d)	6	(a)

काव्यांश:-8

निम्नलिखित काव्यांश को पढ़कर पूछे गए प्रश्नों के सबसे उपयुक्त उत्तर वाले विकल्प चुनिए: -

मोको कहाँ ढूँढे रे बंदे,

मै तो तेरे पास में।

ना मैं देवल न मैं मसजिद,

ना काबे कैलास में।

ना तो कौनो-क्रिया-करम में,

नाहिं जोग बैराग में।

खोजी होय तो तुरतै मिलिहौं,

पल भर की तालास में।

कहै कबीर सुनो भाई साधो,

सब स्वाँसों की स्वाँस में।

1. मैं तो तेरे पास में› काले शब्द किसके लिए प्रयुक्त हुआ है?
   (a) मनुष्य
   (b) कवि स्वयं
   (c) धार्मिक स्थल
   (d) ईश्वर
2. कवि के अनुसार ईश्वर को धार्मिक स्थानों में नहीं पाया जा सकता, क्योंकि वह निवास करता है-
   (a) प्रत्येक प्राणी में।
   (b) कर्मकांडों में।
   (c) तीर्थस्थलों में।
   (d) योग वैराग्य में।
3. कवि के अनुसार ईश्वर तुरंत किसे मिल सकता है?
   (a) प्रत्येक विद्वान को।
   (b) सज्जन लोगों को।
   (c) समर्पित भक्त को।
   (d) मोह-माया त्यागने वाले को।
4. "ढूँढें" शब्द है-
   (a) क्रिया विशेषण
   (b) क्रिया
   (c) संज्ञा
   (d) विशेषण
5. 'सब स्वाँसों की स्वाँस में।› का आशय है-
   (a) ईश्वर सर्वव्यापी है।
   (b) सबको श्वास लेते रहना चाहिए।
   (c) ईश्वर श्वास में निवास करता है।
   (d) ईश्वर तीर्थाटन से मिलता है।
6. 'कौनों' का अर्थ है-
   (a) किसी भी
   (b) कोई भी
   (c) कभी भी
   (d) कहीं भी

उत्तर कुंजी

1	(d)	2	(a)	3	(c)
4	(b)	5	(a)	6	(b)

काव्यांश:-9

निम्नलिखित काव्यांश को पढ़कर पूछे गए प्रश्नों के सबसे उपयुक्त उत्तर वाले विकल्प चुनिए: -

सूर्योदय, सूर्यास्त असंख्यों

सोना ही सोना बरसा कर

मोल नहीं ले पाए इसको;

भीषण बादल

आसमान में गरज गरज कर

धरती को न कभी हर पाये,

प्रलय सिंधु में डूब-डूब कर

उभर-उभर आयी है ऊपर।

भूचालों-भूकम्पों से यह मिट न सकी है।

1. इस पद्यांश में मुख्यतः किसकी बात की गई है?
   (a) सूर्योदय की
   (b) धरती की
   (b) सूर्यास्त की
   (d) आसमान की
2. धरती पर आने वाले संकटों के लिए उपयुक्त शब्द नहीं है-
   (a) प्रलय
   (b) भूचाल
   (c) भूकंप
   (d) सिंधु
3. धरती को कौन डुबोना चाहता है?
   (a) अत्यधिक वृष्टि
   (b) अत्यधिक गर्जना
   (c) अत्यधिक भूकंप
   (d) अत्यधिक सिंधु
4. 'धरती अनमोल है।' भाव पद्यांश की किस पंक्ति से अभिव्यक्त हो रहा है?
   (a) सूर्योदय, सूर्यास्त असंख्यों
   (b) उभर-उभरकर आयी है ऊपर
   (c) मोल नहीं ले पाए इसको
   (d) यह मिट न सकी है
5. 'सिंधु' का पर्यायवाची शब्द नहीं है-
   (a) उदधि
   (b) सागर
   (c) जलधि
   (d) जलद
6. निम्नलिखित में से भिन्न शब्द-युग्म है-
   (a) गरज-गरज
   (b) भूचाल-भूकंपों
   (c) उभर-उभर
   (d) डूब-डूब

उत्तर कुंजी

1	(b)	2	(d)	3	(a)
4	(c)	5	(d)	6	(b)

काव्यांश:-10

निम्नलिखित काव्यांश को पढ़कर पूछे गए प्रश्नों के सबसे उपयुक्त उत्तर वाले विकल्प चुनिए: -

रेशम जैसी हँसती खिलती, नभ से आई एक किरण

फूल-फूल को मीठी, मीठी, खुशियाँ लाई एक किरण

पड़ी ओस की कुछ बूंदें, झिलमिल-झिलमिल पत्तों पर

उनमें जाकर दिया जलाकर, ज्यों मुसकाई एक किरण

लाल-लाल थाली-सा सूरज, उठकर आया पूरब में

फिर सोने के तारों जैसी, नभ में छाई एक किरण

1. कवि ने किरण के लिए किन-किन विशेषणों का प्रयोग किया है?
   (a) रेशम जैसी
   (b) हँसती खिलती
   (c) सोने के तारों जैसी
   (d) उपर्युक्त सभी
2. किरण फूलों के लिए क्या खुशियाँ लेकर आई?

(a) सुंदरता
(b) सुगंध
(c) मीठी-मीठी खुशियाँ
(d) विभिन्न रंग

3. ओस की बूंदों ने पत्तों पर क्या किया?
(a) उन्हें चमका दिया
(b) उन पर एक दिया-सा जला दिया
(c) उन्हें नहला दिया
(d) उन्हें चमका दिया

4. सूरज की विशेषता है
(a) वह गोल-गोल है।
(b) वह गोल-गोल तथा लाल-लाल है।
(c) वह लाल-लाल थाली जैसा है।
(d) वह लाल-लाल गेंद जैसा है।

5. रेशम जैसी हँसती खिलती, नभ से आई एक किरण में अलंकार है?
(a) मानवीयकरण
(a) अनुप्रास
(c) उपमा
(d) रूपक

6. 'थाली' का तत्सम रुप है:
(a) स्थाली
(a) थालिका
(c) ध्याली
(d) थालि

उत्तर कुंजी

1	(d)	2	(b)	3	(c)
4	(c)	5	(a)	6	(a)

काव्यांश:-11

निम्नलिखित काव्यांश को पढ़कर पूछे गए प्रश्नों के सबसे उपयुक्त उत्तर वाले विकल्प चुनिए: -

आज जीत की रात

पहरुए, सावधान रहना।

खुले देश के द्वार

अचल दीपक समान रहना

प्रथम चरण है नये स्वर्ग का

है मंजिले का छोर

इस जन-मंथन से उठ आई

पहली रतन हिलोर

अभी शेष है पूरी होना

जीवन मुक्ता डोर

क्योंकि नहीं मिट पाई दुख की

विगत साँवली कोर

ले युग की पतवार

बने अंबुधि समान रहना

पहरुए, सावधान रहना

ऊँची हुई मशाल हमारी

आगे कठिन डगर है।

शत्रु हट गया, लेकिन उसकी

छायाओं का डर है,

शोषण से मृत है समाज ,

कमज़ोर हमारा घर है।

किंतु आ रही नई जिंदगी

यह विश्वास अमर है।

1. कविता देश की कौन-सी सुखद घटना की ओर संकेत करती है?
   (a) युद्ध में जीत
   (b) 15 अगस्त की सुखद घटना
   (c) गणतंत्र दिवस की सुखद घटना
   (d) विपत्तियों से छुटकारे की रात
2. 'पहरुए' की 'दीपक' और 'अंबुधि' के समान बने रहने को क्यों कहा गया है?
   (a) क्योंकि दीपक ही प्रकाश देता है और अपनी गहराई से सबको प्रेरणा देता है।
   (b) दीपक और सागर के समान परोपकारी बनने की प्रेरणा
   (c) दीपक और सागर के समान अटल बनने की प्रेरणा
   (d) दीपक और सागर की तरह महान बनने की प्रेरणा
3. शोषण से मृत है समाज कमज़ोर हमारा घर है – पंक्ति का अर्थ क्या है?
   (a) देश की हालत खस्ता है।
   (b) देश की आर्थिक स्थिति दयनीय है।
   (c) देश की सामाजिक स्थिति ठीक नहीं है।
   (d) देश की आर्थिक, सामाजिक और राजनीतिक व्यवस्था कमजोर है।
4. 'ले युग की पतवार बने अंबुधि समान रहना' पंक्ति में अलंकार है?
   (a) उत्प्रेक्षा
   (b) रूपक
   (c) उपमा
   (d) मानवीकरण
5. काव्यांश में शोषण से मृत किसे कहा गया?
   (a) समाज को
   (a) संसार को
   (c) परलोक को
   (d) मनुष्य को
6. दिए गए शब्द शत्रु का पर्याय है?
   (a) मित्र
   (a) बंधु
   (c) रिपु
   (d) दोस्त

उत्तर कुंजी

1	(b)	2	(a)	3	(d)
4	(c)	5	(a)	6	(c)

काव्यांश:12

निम्नलिखित काव्यांश को पढ़कर पूछे गए प्रश्नों के सबसे उपयुक्त उत्तर वाले विकल्प चुनिए: -

ऐसा है आवेश देश में जिसका पार नहीं।

देखा माता का ऐसा रक्तिम श्रृंगार नहीं।

कंठ-कंठ में गान उमड़ते माँ के वंदन के।

कंठ-कंठ में गान उमड़ते माँ के अर्चन के।

शीश-शीश में भाव उमड़ते माँ पर अर्पण के।

प्राण-प्राण में भाव उमड़ते शोणित तर्पण के।

जीवन की धारा में देखी ऐसी धार नहीं।

सत्य अहिंसा का व्रत अपना कोई पाप नहीं।

विश्व मैत्री का व्रत भी कोई अभिशाप नहीं।

यही सत्य है सदा असत की टिकती चाप नहीं।

सावधान हिंसक! प्रतिहिंसा की कोई माप नहीं।

कोई भी प्रस्ताव पराजय का स्वीकार नहीं।

ऐसा है आवेश देश में जिसका पार नहीं।

1. उपरोक्त पद्यांश में किसके आवेश' का उल्लेख हुआ है?
   (a) माता के
   (b) देश के
   (c) शत्रु के
   (d) इनमें से कोई नहीं
2. कवि के मतानुसार असत्य है
   (a) स्थायी
   (b) व्रत
   (c) अभिशाप
   (d) अस्थायी
3. 'रक्ति श्रृंगार' का अर्थ है
   (a) वीर सपूतों का रक्त बलिदान करना
   (b) रक्त बहाना
   (c) शत्रु का खून बहाना।
   (d) उपरोक्त में से कोई नहीं
4. 'शोणित तर्पण' का अर्थ है
   (a) खून बहाकर आक्रमणकारी के पितरों का श्राद्ध करना
   (b) शत्रु का शोषण करना
   (c) दुखी होकर श्राद्ध करना
   (d) वीर सपूतों का रक्त बलिदान करना
5. पद्यांश में 'माता' का प्रतीक है–
   (a) देवी की
   (b) विश्वमैत्री की
   (c) सत्य-अहिंसा की
   (d) राष्ट्र (देश) की
6. काव्यांश में प्रयुक्त शब्द अहिंसा में समास है?
   (a) तत्पुरुष समास
   (a) द्विगु समास
   (c) द्वन्द्व समास
   (d) अव्ययीभाव समास

उत्तर कुंजी

1	(b)	2	(d)	3	(b)
4	(c)	5	(d)	6	(d)

काव्यांश:-13

निम्नलिखित काव्यांश को पढ़कर पूछे गए प्रश्नों के सबसे उपयुक्त उत्तर वाले विकल्प चुनिए: -

विघ्नों को गले लगाते हैं।

काँटों में राह बनाते हैं।

है कौन विघ्न ऐसा जग में

टिक सके आदमी के मग में,

खम ठोंक ठेलता है जब नर,

पर्वत के जाते पाँव उखड़,

मानव पत्थर जब जोर लगाता है।

पानी बन जाता है॥

गुण बड़े एक से एक प्रखर

हैं छिपे मानवों के भीतर,

मेहंदी में जैसे लाली हो

वर्तिका बीच उजियाली हो,

बत्ती जो नहीं जलाता है।

रोशनी नहीं वह पाता है।

1. पद्यांश के अनुसार 'पत्थर पानी' बन सकता है।
   (a) प्रेम द्वारा
   (b) धर्म द्वारा
   (c) परिश्रम द्वारा
   (d) नीति द्वारा
2. कवि के अनुसार मनुष्यों में गुण किस प्रकार छिपे रहते हैं?
   (a) मेहंदी में जैसे लाली हो
   (b) पूरब में जैसे सूरज हो
   (c) प्रकृति में हरियाली हो
   (d) सागर में पत्थर हो
3. 'विघ्नों को गले लगाते हैं, काँटों में राह बनाते हैं।, पंक्ति का भाव है-
   (a) विपत्ति में सहनशक्ति नहीं रखते हैं।
   (b) बाधाओं का धैर्य एवं परिश्रम से सामना करते हुए विजयी होना है।
   (c) विपत्ति में पीठ दिखाकर भाग जाना है।
   (d) राह में थककर सो जाते हैं।
4. 'वर्तिका' का अर्थ है-
   (a) शूरवीर
   (b) बहादुर
   (c) दीपक की बाती
   (d) सूरमा
5. 'रोशनी' का विलोम शब्द है-
   (a) अँधेरा
   (b) चमकीला
   (c) प्रकाश
   (d) रश्मि
6. 'पाँव उखड़ना' मुहावरे का सही अर्थ है-
   (a) पैरों पर खड़ा होना
   (b) पैरों से ताकत लगाना
   (c) ठनक जाना
   (d) हिम्मत हारना

उत्तर कुंजी

1	(c)	2	(a)	3	(b)
4	(c)	5	(a)	6	(d)

काव्यांश:-14

निम्नलिखित काव्यांश को पढ़कर पूछे गए प्रश्नों के सबसे उपयुक्त उत्तर वाले विकल्प चुनिए: -

चिड़िया तू जो मगन, धरा मगन, गगन मगन

फैला ले पंख ज़रा, उड़ तो सही, बोली पवन।

अब जब हौंसले से, घोंसले से आई निकल

चल बड़ी दूर, बहुत दूर, जहाँ तेरे सजन।

वृक्ष की डाल देखें

जंगल-ताल दिखें

खेतों में झूम रही

धान की बाल दिखें

गाँव-देहात दिखें, रात दिखे, प्रात दिखे

खुल कर घूम यहाँ, यहाँ नहीं घर की घुटन

चिड़िया तू जो मगन...

1. कविता का मूल स्वर है-
   (a) प्रकृति
   (b) मुक्ति
   (c) पशु-पक्षी
   (d) हौंसला
2. चिड़िया से क्या करने के लिए कहा जा रहा है?
   (a) अपने घोंसले से बाहर निकल उड़ने के लिए
   (b) वृक्ष की डाल पर बैठकर दुनिया देखने के लिए
   (c) गाँव-देहात घूम-घूमकर देखने के लिए
   (d) जंगलों में घूमकर उन्हें निहारने के लिए
3. प्रकृति से जुड़े किस उपादान की बात पद्यांश में नहीं की गई है?
   (a) पेड़-पौधे
   (b) धान के खेत
   (c) गाँव-देहात
   (d) चाँद-सूरज
4. घोंसले की दुनिया है।
   (a) असीमित
   (b) सीमित
   (c) खुशनुमा
   (d) एकाकी
5. चिड़िया की खुशी से कौन-कौन, मगन खुश है?
   (a) धरती और आसमान
   (b) गाँव-देहात
   (c) जंगल-ताल
   (d) धान की बाली
6. 'गगन' का पर्यायवाची शब्द नहीं है-
   (a) आसमान
   (b) आकाश
   (c) अनिल
   (d) अंबर

उत्तर कुंजी

1	(b)	2	(a)	3	(d)
4	(b)	5	(a)	6	(c)

काव्यांश:-15

निम्नलिखित काव्यांश को पढ़कर पूछे गए प्रश्नों के सबसे उपयुक्त उत्तर वाले विकल्प चुनिए: -

जो अन्य धात्री के सदृश सबको पिलाती दुग्ध हैं,

है जो अमृत इस लोक का, जिस पर अमर भी मुग्ध हैं।

वे धेनुएँ प्रत्येक गृह में है दूही जाने लगी-

यो शक्ति की नदियाँ वहाँ सर्वत्र लहराने लगीं।

घृत आदि के आधिक्य से बल-वीर्य का सु-विकास है,

क्या आज कल का - सा कहीं भी व्याधियों का वास है?

है उस समय गो - वंश पलता, इस समय मरता वही।

क्या एक हो सकता कभी यह और वह भारत मही?

1. अमर किस पर मुग्ध है?
   (a) सुरा
   (b) दधि

(c) दुग्ध

(d) अमृत

2. इस लोक का अमृत है-

(a) दूध

(b) दही

(c) घृत

(d) अमृत

3. 'धात्री' शब्द का अर्थ है-

(a) देने वाली

(b) धारण करने वाली

(c) पालन करने वाली

(d) सेवा करने वाली

4. किसकी नदियाँ सर्वत्र लहराने लगी?

(a) घृत की

(b) दुग्ध की

(c) जल की

(d) शक्ति की

5. 'बल-वीर्य' में समास है-

(a) द्वंद्व समास

(b) कर्मधारय समास

(c) तत्पुरुष समास

(d) द्विगु समास

6. 'मही' शब्द का अर्थ है-

(a) महीयसी

(b) भूमि

(c) तक्र

(d) माता

उत्तर कुंजी

1	(c)	2	(a)	3	(c)
4	(d)	5	(a)	6	(b)

काव्यांश:16

निम्नलिखित काव्यांश को पढ़कर पूछे गए प्रश्नों के सबसे उपयुक्त उत्तर वाले विकल्प चुनिए: -

जब संवेदनाएँ ही नहीं रहेंगी तो संवेदनाएँ लिखने वाले कवि भी लुप्त हो जाएँगे डायनासोर की तरह ही यह मेरा अपना लालच है जिसे सोचकर मैं दरवाजा खोलता हूँ और संवेदनाओं को अंदर ले लेता हूँ।

किसी से कहना मत दोस्तों मैं समृद्ध हो गया हूँ इन संवेदनाओं के साथ दु:ख बस एक बात का है मेरे यहाँ आने से पहले वो कुछ और घर भी गए थे उन्होंने कुछ दरवाजे और खटखटाए थे लेकिन : हो सकता है कल आप के यहाँ आएँ

आप इन्हें वापिस मत जाने देना। घर के अंदर ले लेना और समृद्ध हो जाना इन संवेदनाओं के साथ

1. लेखक ने किस खतरे की ओर संकेत किया है?

(a) संवेदनाओं की समाप्ति के साथ लेखकों की आजीविका समाप्त हो जाएगी

(b) संवेदनाओं की समाप्ति के साथ लेखन कार्य भी समाप्त हो जाएगा

(c) संवेदनाओं की समाप्ति के साथ लेख जगत भी समाप्त हो जाएगा

(d) संवेदनाओं की समाप्ति के साथ लेखकों का सम्मान भी समाप्त हो जाएगा

2. कवि ने किस बात का आग्रह किया है?

(a) संवेदनाओं को काव्यात्मक रूप देने का

(b) संवेदनाओं को लेखन में शामिल करने का

(c) संवेदनाओं को स्वीकार करने का
(d) संवेदनशील होने का

3. 'लेकिन' पद किस स्थिति की ओर संकेत करता है?
(a) जो नहीं होना चाहिए था, वह शीघ्र हुआ
(b) जो होना चाहिए था, वह देर से हुआ
(c) जो नहीं होना चाहिए, लेकिन हुआ
(d) जो होना चाहिए था, लेकिन नहीं हुआ

4. 'दरवाज़ा खोलने' से अभिप्राय है-
(a) संवेदनाओं को घर में स्थान देना
(b) संवेदनाओं को अपने जीवन में उतारना
(c) संवेदनाओं के प्रति दया भाव रखना
(d) संवेदनाओं के प्रति करुणा भाव रखना

5. 'संवेदनशील व्यक्तित्व' होने का भाव किस शब्द से अभिव्यक्त होता है?
(a) लालची होना
(b) समृद्ध होना
(c) घर जाना
(d) डायनासोर होना

6. समूह से भिन्न शब्द कौन-सा है?
(a) दोस्त
(b) डायनासोर
(c) दरवाज़े
(d) खटखटाये

उत्तर कुंजी

1	(b)	2	(d)	3	(d)
4	(b)	5	(b)	6	(d)

काव्यांश:-17

निम्नलिखित काव्यांश को पढ़कर पूछे गए प्रश्नों के सबसे उपयुक्त उत्तर वाले विकल्प चुनिए: -

अब रजत स्वर्ण मंजरियों से

लद गई आम्र तरु की डाली।

झर रहे ढाक पीपल के दल,

हो उठी कोकिला मतवाली।

महके कटहल, मुकुलित जामुन

जंगल में झरबेरी झूली।

फूले आड़ू, नीबू, दाडिम,

आलू, गोभी, बैंगन, मूली।

1. कविता के आधार पर बताइए कि प्रकृति में क्या परिवर्तन आया है?
(a) आम पर बौर आ गई है।
(b) ढाक के सारे पत्ते झड़ चुके हैं।
(c) कौवा गीत गा रहा है।
(d) कटहल झड़ चुके हैं।

2. कविता में 'दल' शब्द का अर्थ है-
(a) समूह
(b) पत्ते
(c) दाल
(d) फल

3. कोयल मतवाली क्यों हो गई है?
(a) आम के पेड़ बौर से लद गए हैं।
(b) सोने की किरणें हर तरफ़ फैल गई हैं।
(c) पीपल के दल झड़ चुके हैं।
(d) ढाक के दल झड़ चुके हैं।

4. कटहल के पकने पर उसकी गंध ....सी लगती है।
(a) तीखी
(b) मीठी
(c) विषाक्त
(d) मधुर

5. 'दाड़िम' का अर्थ है-
(a) अनाज
(b) अनार
(c) नाशपती
(d) शकरकंद

6. 'तरु' का पर्यायवाची शब्द है-
(a) पर्ण
(b) पत्ता
(c) वृक्ष
(d) तना

उत्तर कुंजी

1	(a)	2	(b)	3	(a)
4	(b)	5	(b)	6	(c)

काव्यांश:-18

निम्नलिखित काव्यांश को पढ़कर पूछे गए प्रश्नों के सबसे उपयुक्त उत्तर वाले विकल्प चुनिए: -

पथ भूल न जाना पथिक कहीं।
पथ में काँटे तो होंगे ही,
दूर्वादल, सरिता, सर होंगे।
सुंदर गिरि-वन-वापी होंगी,
सुंदर-सुंदर निर्झर होंगे।
सुंदरता की मृग-तृष्णा में,
पथ भूल न जाना पथिक कहीं।
जब कठिन कर्म-पगडंडी पर,
राही का मन उन्मुख होगा।
जब सपने सब मिट जाएँगे,
कर्तव्य मार्ग सम्मुख होगा।
तब अपनी प्रथम विफलता में,
पथ भूल न जाना पथिक कहीं॥

1. कवि किस पथ को न भूलने की बात कर रहा है?
(a) राज पथ
(b) कर्तव्य पथ
(c) जीवन पथ
(d) सफलता का पथ

2. किस स्थिति में पथिक द्वारा पथ भूल जाने की आशंका है?
(a) साहस के साथ चलना
(b) सौंदर्य के प्रति आसक्ति
(c) विवेकपूर्ण सामना
(d) आशावादी दृष्टिकोण

3. "तब अपनी प्रथम विफलता में» पंक्ति का भाव है-
(a) अपनी पहली सफलता में
(b) अपनी पहली हार के समय
(c) अपनी पहली विजय के पल
(d) कठिन कर्म की पगडंडी पर चलते हुए फल मिलने पर

4. पद्यांश में 'पथिक' संबोधन है-
(a) यात्री के लिए
(b) मनुष्य के लिए
(c) सैनिक के लिए
(d) व्यापारी के लिए

5. 'वापी' शब्द का अर्थ है-
(a) कुआ
(b) नदी
(c) झरना
(d) छोटा तालाब

6. 'सरिता' का समानार्थक शब्द है-
(a) नदी
(b) तालाब
(c) झरना
(d) कुआँ

उत्तर कुंजी

1	(b)	2	(b)	3	(b)
4	(b)	5	(d)	6	(a)

काव्यांश:-19

निम्नलिखित काव्यांश को पढ़कर पूछे गए प्रश्नों के सबसे उपयुक्त उत्तर वाले विकल्प चुनिए: -

भोर हुई पेड़ों की बीना बोलने लगी

पात-पात हिले, डाल-डाल डोलने लगी।

कहीं दूर किरणों के तार झनझना उठे

सपनों के स्वर डूबे धरती के गान में

लाखों-ही-लाखों दीये तारों के खो गए,

पूरब के अधरों की हलकी मुस्कान में।

1. कविता का मुख्य स्वर है-
(a) रात
(b) सुबह
(c) शाम
(d) प्रकृति

2. भोर होने पर क्या नहीं होता?
(a) पेड़ हिलने लगते हैं
(b) सूरज की किरणें फैल जाती हैं
(c) पूरब में लालिमा छाने लगती है
(d) दीये जगमगाने लगते हैं

3. कविता में 'सपनों' की बात क्यों की गई है?
(a) भोर से पहले रात को स्वप्न देखना
(b) भोर से पहले रात को सपनों का सच होना
(c) सपनों में धरती के गीत गाना
(d) सपनों में धीमें स्वर में गुनगुनाना

4. भोर होने का संकेत मिलता है-
(a) तारों की झनकार से
(b) तारों के खो जाने से
(c) तारों के जगमगाने से
(d) तारों की संख्या बढ़ने से

5. 'तारा' का पर्यायवाची शब्द नहीं है-
(a) तारक
(b) तारिका
(c) उड्डु
(d) तमस

6. कौन-सा शब्द समूह से भिन्न है?
(a) धरती
(b) दीये
(c) पेड़
(d) लाख

उत्तर कुंजी

1	(b)	2	(d)	3	(a)
4	(b)	5	(d)	6	(d)

काव्यांश:-20

निम्नलिखित काव्यांश को पढ़कर पूछे गए प्रश्नों के सबसे उपयुक्त उत्तर वाले विकल्प चुनिए: -

ये बच्चे उतने बच्चे नहीं कि इनमें कभी-कभी ढूंढ सकें हम अपना बचपन इनकी उम्न तो इनकी असल उम्र से भी ज्यादा लगती है कभी-कभी तो हमसे भी ज्यादा इनकी आत्माओं में गौरैयों के घोंसले नहीं हैं लेकिन नयी चीज़ों के बारे में ये हमसे ज्यादा जानते हैं हम जिन तकनीकी उपकरणों के सामने पहुँचते ही अचकचाकर ठिठक जाते हैं - कुण्ठ होकर ये बिना किसी हिचक के दबाना शुरु कर देते हैं उसके बटन न कोई घबराहट, न गलती हो जाने की आशंका विश्वास से भरे हैं इनके चेहरे जिन रास्तों की इन्हें ख़बर नहीं है उन्हें खोज लेंगे ये

1. 'इसकी आत्माओं में गौरैयों के घोंसले नहीं हैं', वाक्य से अभिप्राय है-
   (a) बच्चों को किसी बात का ज्ञान नहीं है।
   (b) बच्चों में मासूमियत नहीं रह गई है।
   (c) बच्चे गौरैया का घोंसला नहीं पहचानते हैं।
   (d) बच्चे जंगलों में घूमना पसन्द नहीं करते हैं।
2. कवि के अनुसार आज के समय के बच्चों में हम अपना बचपन क्यों नहीं देख सकते?
   (a) इनका शारीरिक गठन हमारी पीढ़ी से बिल्कुल भिन्न है।
   (b) ये अपने बचपन में झाँकने की अनुमति नहीं देते हैं।
   (c) ये हमारी पीढ़ी वाले खेल नहीं खेलते हैं।
   (d) इनकी भाषा हमसे बिलकुल भिन्न है।
3. आज के बच्चे किन चीज़ों के बारे में हमसे अधिक जानते हैं?
   (a) तकनीकी उपकरणों का प्रयोग
   (b) पक्षियों का रहन-सहन
   (c) वयस्कों का बचपन
   (d) अपना इतिहास
4. 'जिन रास्तों की इन्हें ख़बर नहीं है›, कवि किन रास्तों की ओर संकेत कर रहा है?
   (a) जो रास्ते विद्यालय की ओर जाते हैं।
   (b) ये जिस तकनीकी से अभी अपरिचित हैं।
   (c) ब्रह्माण्ड के रहस्य
   (d) वयस्कों की कार्यशैली
5. नीचे दिए गए शब्दों में से कौन-सा शब्द भिन्न है?
   (a) कुंठ
   (b) कुंठा
   (c) कंठ
   (d) कुंठित
6. अचकचाकर ठिठक जाते हैं।› काले शब्द का अर्थ है
   (a) अचंभित होकर
   (b) झुंझलाकर
   (c) हड़बड़ाकर
   (d) घबराकर

उत्तर कुंजी

1	(b)	2	(c)	3	(a)
4	(b)	5	(c)	6	(d)

महत्वपूर्ण प्रश्न

1. आपकी कक्षा में एक दृष्टिबाधित विद्यार्थी है, एक भाषा शिक्षक के रूप में आप-
(a) उस बालक के साथ सहानुभूति भरा व्यवहार करेंगे।
(b) बालक को अन्य बच्चों की तुलना में, निम्न स्तर के निष्पादन की छूट देंगे।
(c) नियमित कक्षा कार्य में उसकी मदद करेंगे और उसके साथियों को मदद करने के लिए कहेंगे।
(d) उस बालक के साथ सामान्य व्यवहार करेंगे तथा उसे श्रव्य सामग्री के द्वारा सहायता करेंगे।

2. प्राथमिक स्तर पर शिक्षार्थियों के आकलन के दौरान एक भाषा शिक्षक को मुख्य रूप से निम्नलिखित में से एक पर ध्यान देना चाहिए।
(a) औपचारिक साप्ताहिक परीक्षा और उसे प्रगति-पत्र में दर्ज करना।
(b) एक अवधि के अंत में परीक्षा लेना, जो उत्तीर्ण या अनुत्तीर्ण घोषित करने में सहायता करे।
(c) के निष्पादन के बारे में विविध तरीकों से जानकारी एकत्रित करना तथा उसे शिक्षार्थियों एवं उनके माता-पिता के साथ साझा करना।
(d) भाषा के अभ्यास में वृद्धि तथा विविधता लाने हेतु प्रतिदिन कक्षा कार्य एवं गृह कार्य के रूप में दत्त कार्य देना।

3. निम्नलिखिन में से कौन-सा रंगीन चित्रों एवं बड़े अक्षरों में मुद्रित बड़ी पुस्तक के उपयोग के बारे में सही नहीं है?
(a) यह एक ऐसा सृजनात्मक एवं कलात्मक अधिगम वातावरण प्रदान करती है, जिसमें बच्चे अधिक प्रतिक्रिया देते हैं।
(b) यह एक ऐसा बाल केंद्रित वातावरण प्रदान करती है, जिसमें अमूर्त संकल्पनाएँ पठन सामाग्री चित्रों द्वारा सांकेतिक रूप से दर्शायी जाती है।
(c) यह साक्षरता अभ्यास के साथ-साथ, भाषा अर्जन के लिए संदर्भ प्रदान करती है।
(d) यह पाठ्यक्रम की पुस्तकों से अच्छी है तथा कक्षावार पाठक या विद्यार्थियों के रूप में पाठ से जुड़े अभ्यासों से मुक्त है।

4. बच्चे एक या एक से अधिक भाषाओं के ज्ञान के साथ विद्यालय में आते हैं। एक से अधिक भाषाओं का ज्ञान बच्चों को सहायता करता है
(a) अन्य भाषाओं एवं नए विषयों को आसानी से सीखने में।
(b) राष्ट्र के रीति-रिवाजों एवं अन्य संस्कृतियों को समझने में।
(c) अन्य विद्यार्थियों के साथ न जुड़ने तथा संवेदनशील होने में।
(d) अधिक अंक प्राप्त करने के लिए उन भाषाओं की लिपि सीखने में।

5. कक्षा 3 के विद्यार्थी की कॉपी को देखते समय, भाषा की शिक्षिका ने कुछ त्रुटियाँ देखीं और महसूस किया कि-
(a) बच्चे लापरवाह हैं, इसलिए वे त्रुटियाँ करते हैं।

(b) बच्चे त्रुटियाँ करते हैं, एवं दोहरा रहे हैं, क्योंकि इसके लिए वे उन्हें दण्ड नहीं दे रही हैं।

(c) बच्चों की त्रुटियाँ स्वाभाविक हैं और उनके अधिगम की संकेतक हैं।

(d) एक शिक्षिका के रूप में उसे इस प्रकार की त्रुटियों पर ध्यान नहीं देना चाहिए, क्योंकि ये त्रुटियाँ अधिगम के लिए महत्त्व नहीं रखती हैं।

6. वैगोत्सकी के अनुसार, बच्चे साथियों के साथ सामाजिक अंतः क्रिया से सीखते हैं। एक भाषा शिक्षक के रूप में-

(a) अपने पाठ की इस तरह से योजना बनाएँ, कि वे कक्षा में अकेले बैठें तथा कक्षा में अंतः क्रिया एवं बातचीत किए बिना कार्य करें।

(b) ऐसी पाठ योजना बनाएँ जिसमें अन्तः क्रिया से बचने के लिए खेल और चर्चा शामिल न की जाए।

(c) कक्षा में अनुशासन बनाए रखने के लिए प्रोत्साहन, पुरस्कार एवं दण्ड का प्रयोग करें।

(d) जोड़े एवं समूह कार्य के लिए योजना बनाएँ, ताकि वे साथियों के साथ अंतः क्रिया कर सकें।

7. निम्नलिखित में कौन-सा तरीका भाषा शिक्षक के द्वारा अपनाया जाना चाहिए?

(a) धारा प्रवाह बोलने वाले विद्यार्थी को कक्षा में अनुकरणीय विद्यार्थी के रूप स्वीकारना चाहिए।

(b) कक्षा हेतु कुछ कठोर नियम बनाना तथा सुनिश्चित करना कि उनका कड़ाई से पालन होना चाहिए।

(c) यह सुनिश्चित करना कि उसकी कक्षा में सभी विद्यार्थी महसूस करें, कि उन्हें स्वीकृति एवं महत्त्व दिया जा रहा है। चाहे वे किसी भी भाषा, सामाजिक एवं सांस्कृतिक पृष्ठभूमि से संबंध रखते हों।

(d) यह सुनिश्चित करना कि भाषा की कक्षा में सुविधा वंचित पृष्ठभूमि से आने वाले बच्चों को कठिन परिश्रम करना है।

8. भारतीय कक्षाएँ बहुभाषी कक्षाएँ होती हैं। बहुभाषिकता के इस संदर्भ को ध्यान में रखते हुए प्राथमिक स्तर पर बहुभाषी कक्षा के बारे में निम्नलिखित में से कौन-सा एक सर्वाधिक उपयुक्त है?

(a) शिक्षक को शिक्षार्थी की भाषा को नजरअंदाज करते हुए, विद्यालय की भाषा पर ध्यान देना चाहिए।

(b) घर की भाषा या मातृभाषा, घर पर बोलनी चाहिए न कि विद्यालय में।

(c) भारत में एकल भाषी विद्यालय होने चाहिए तथा शिक्षार्थियों को उनकी भाषा की प्राथमिकताओं के अनुसार प्रवेश देना चाहिए।

(d) शिक्षक, शिक्षार्थियों को उनकी स्वयं की भाषा में संप्रेषण करने एवं अभिव्यक्ति हेतु प्रोत्साहित करें तथा उनके विचारों को सम्मान दें।

9. भाषा शिक्षक, ऐसा कार्य दें जो जोड़े/समूह में किया जा सके, क्योंकि-

(a) जब बच्चे एक साथ कार्य करेंगे, तो वे अपना कार्य शीघ्र समाप्त करने में सक्षम होंगे।

(b) इससे शिक्षक का कार्य कम होता है, क्योंकि समूह अवलोकन की तुलना में प्रत्येक बच्चे पर व्यक्तिगत ध्यान देना कठिन है।

(c) इस प्रकार के अर्थपूर्ण कार्यों से बच्चे एक-दूसरे की सहायता करते हैं एवं सीखते हैं।

(d) यह उनके बीच अधिक अंक प्राप्त करने की प्रतियोगिता को बढ़ावा देता है।

10. एक अध्यापक का अपनी कक्षा में इस बात पर ध्यान जाता है, कि एक बच्चे को भाषा पढने एवं समझने में कठिनाई हो रही है। यह ......का लक्षण हो सकता है।

(a) गणना में अक्षमता (डिस्केल्कुलिया)

(b) लिखने में अक्षमता (डिस्ग्राफिया)

(c) प्रयोग या अभ्यास करने में अक्षमता (डिस्प्रेक्सिया)

(d) पढने में अक्षमता (डिस्लेक्सिया)

11. उपागम (पद्धतियाँ) हमें क्या बताती हैं?

(a) क्या पढ़ाएँ

(b) कैसे पढ़ाएँ

(c) किसे पढ़ाएँ

(d) कहाँ पढ़ाएँ

12. शिक्षण अधिगम-प्रक्रिया में आकलन का उद्देश्य क्या है?

(a) शिक्षार्थियों को प्रतिपुष्टि उपलब्ध कराना है।

(b) विद्यालय प्रशासन को सूचना उपलब्ध कराना है।

(c) शिक्षण में सबल पक्ष तथा कमियों का निदान करना है।

(d) त्रुटियों का पता लगाना तथा उन्हें सही करना है।

13. भाषा अर्जन की अवस्थाओं के सही क्रम को चुनिए।

(a) बबलाना, किलकारी मारना (कूइंग), एक शब्दीय अवस्था, टेलीग्राफ़िक वाचन तथा दो शब्दों वाली अवस्था

(b) किलकारी मारना, बबलाना, किलकारी मारना, एक शब्दीय अवस्था, टेलीग्राफ़िक वाचन तथा दो शब्दों की अवस्था

(c) किलकारी मारना, बबलाना, किलकारी मारना, टेलीग्राफ़िक वाचन, एक शब्दीय अवस्था तथा दो शब्दों की अवस्था

(d) किलकारी मारना, बबलाना, किलकारी मारना, एक शब्दीय अवस्था, दो शब्दों की अवस्था तथा टेलीग्राफ़िक वाचन

14. भाषा शिक्षण की पद्धति जो इस धारणा पर बल देती है कि मौखिक कौशलों के अत्यधिक अभ्यास के द्वारा भाषा के धाराप्रवाह प्रयोग को विकसित किया जा सकता है। इसे क्या कहते हैं?

(a) श्रव्य भाषा विधि

(b) व्याकरण अनुवाद

(c) समग्र भौतिक प्रतिक्रिया

(d) दक्षता आधारित उपागम

15. अधिगम में आने वाली मुश्किलों को पहचानने के लिए क्या करते हैं?

(a) उपलब्धि परीक्षण

(b) निपुणता परीक्षण

(c) निदानात्मक परीक्षण

(d) साप्ताहिक परीक्षण

16. एक अध्यापक ने कक्षा में दीवारों पर चार्ट और ड्राइंग लगाई, शिक्षार्थियों के काम को बुलेटिन बोर्ड पर प्रदर्शित किया और कक्षा की बहुत-सी वस्तुओं के नाम अंग्रेजी तथा शिक्षार्थियों के घर की भाषा में लिखे। अध्यापक ने किस प्रकार का उदाहरण प्रस्तुत किया है?

(a) निवेश समृद्ध परिवेश
(b) भाषा संयोजन
(c) भाषा अर्जन
(d) भाषा अवबोधन

17. विकास के विभिन्न चरणों का अनुसरण करते हुए शिक्षार्थियों में स्वतंत्र लेखन कौशल का विकास करने में कौन-सा उपागम मदद करता है?

(a) लेखन का प्रक्रिया उपागम
(b) लेखन का उत्पाद उपागम
(c) किसी लिखित सामग्री का श्रुतलेख
(d) टिप्पणी लिखना तथा सारांश करना

18. खेल के मैदान, फोन पर या दूसरे व्यक्तियों के साथ सामाजिक रूप से अंत:क्रिया में प्रयोग की जाने वाली भाषा किसका भाग है?

(a) आधारभूत अंतर्वैयक्तिक संप्रेषणात्मक कौशल
(b) संज्ञानात्मक रूप से उच्च स्तरीय भाषिक निपुणता
(c) विमर्श दक्षता
(d) समूह चर्चा

19. मानव मस्तिष्क में सार्वभौमिक व्याकरण नियमों के एक समूह के रूप में होती है। यह विचार किसने प्रतिपादित किया है?

(a) बी०एफ० स्किनर
(c) वाट्सन
(b) लेव व्यागोत्सकी
(d) नॉम चॉमस्की

20. निम्नलिखित में से विकास का निकटस्थ क्षेत्र कहते हैं

(a) मस्तिष्क का वह भाग जो भाषायी विकास के साथ कार्य करता है।
(b) बच्चे के वास्तविक विकास तथा किसी दूसरे की सहायता से कर सकने वाले काम के बीच का अन्तर।
(c) भाषा में प्रवाह जो बच्चे किशोरावस्था में पहुँचने पर अर्जित करते हैं।
(d) दो बच्चों के बीच में भाषा अर्जन की निपुणता में अंतर।

21. बच्चों की मौखिक भाषा को विकसित करने में सहायता करने के लिए उनसे बातचीत करना का एक महत्त्वपूर्ण घटक है।

(a) प्रक्रिया लेखन उपागम
(b) गहन पठन
(c) उत्पाद लेखन उपागम
(d) प्रारंम्भिक साक्षरता

22. निम्नलिखित में से कौन-सी शब्द संपदा निर्माण की रणनीति नहीं है?

(a) सदर्भ में शब्दों को परिभाषित करना
(b) वर्षों की रूपरेखा बनाना
(c) शब्द के भागों का विश्लेषण करना
(d) संबद्धता स्थापित करना

23. लेखन .... है।

(a) एक उत्पादक कौशल
(b) विशिष्ट विधा तक सीमित

(c) एक ग्रहणशील कौशल
(d) एक रेखीय प्रक्रिया

24. निम्नलिखित में से कौन-सा कक्षा में 'मुद्रित/लिखित समृद्ध परिवेश' के निर्माण में सहायता नहीं करता है?
(a) दीवारों पर कहानियों के चार्ट लगाना।
(b) कक्षा में पठन-कोना सृजित करना।
(c) कक्षा में विद्यार्थियों की रचनाएँ प्रदर्शित करना।
(d) कक्षा में खिलौनों का कोना बनाना।

25. भाषा अधिगम में 'बोधगम्य निवेश' का क्या अर्थ है?
(a) बच्चों को ऐसे भाषायी अवसर उपलब्ध कराना जो उनकी भाषा से एक स्तर ऊपर है।
(b) बच्चों को लक्ष्य भाषा के अधिकतम अवसर उपलब्ध कराना।
(c) कहानी सुनाने के माध्यम से भाषा अधिगम को रोचक बनाना।
(d) कक्षा की दीवारों पर बच्चे की रचनाएँ प्रदर्शित करना।

26. निम्नलिखित कथनों को पढ़िए तथा समग्र भाषा उपागम के संदर्भ में सही को चुनिए-
(A) समग्र भाषा उपागम बच्चे की बनाई वर्तनियों के प्रयोग को प्रोत्साहित करता है।
(B) समग्र भाषा उपागम में बच्चे पढ़ना सीखने के लिए वर्ण तथा ध्वनियों से आरम्भ करते हैं।
(C) समग्र भाषा उपागम रचनावाद पर आधारित है।
(a) (A) तथा (B) सही हैं तथा (C) गलत है
(b) (A) तथा (C) सही हैं तथा (B) गलत है
(c) (B) तथा (C) सही हैं तथा (A) गलत है
(d) (A), (B) तथा (C) सही हैं

27. एक पठन सामग्री को बारीकी से पढ़ने का क्या अर्थ है?
(a) पठन सामग्री में है क्या, यह जानना।
(b) पठन में रुचि उत्पन्न करना।
(c) विशिष्ट सूचना ढूँढना।
(d) पठन सामग्री की प्रामाणिकता जाँचना।

28. निम्नलिखित में से कौन-सा शिक्षार्थियों की उच्चारण तथा शब्द संपदा निर्माण में सहायता करता है?
(a) मौन पठन।
(b) शिक्षार्थियों के लिए सस्वर वाचन ।
(c) पाठ्यपुस्तक पर आधारित प्रश्नों के उत्तर देना।
(d) सरसरी तौर पर पढ़ना।

29. किसके द्वारा प्रस्तावित किया गया कि बच्चे भाषा सीखने के लिए अनुकूलन तथा समायोजन का प्रयोग करते हैं?
(a) स्टीफन क्रेशन
(b) बी०एफ० स्किनर
(c) जीन पियाजे
(d) नॉम चॉम्सकी

30. कक्षा 1 का कबीर 'शान्ति' शब्द सुनकर 'फान्ति', 'डान्ति', 'मान्ति' जैसे निरर्थक शब्द बोलकर मजे लेता है। यह प्रदर्शित करता है कि-
(a) उसने गलत संकल्पना विकसित कर ली है।

(b) वह ध्वन्यात्मक जागरूकता विकसित कर रहा है।
(c) उसे इस तथ्य को भूलने तथा दोबारा से सही याद करने की आवश्यकता है।
(d) उस स्वयं को सुधारने के लिए और अधिक अभ्यास की आवश्यकता है।

31. कक्षा में दिए गए कार्य के रूप में कक्षा III का गीत कुछ व्याकरणिक त्रुटियों के साथ वाक्य लिखता है। निम्नलिखित में से कौन-सी प्रक्रिया शिक्षक के द्वारा प्रयोग की जा सकती है?
(a) गलतियों पर लाल पेन से घेरा बनाकर उसे ऊपरी सही रूप लिखना।
(b) गलतियों पर घेरा बनाकर बच्चे को उसके सही करने के लिए कहना।
(c) गलतियों को रेखांकित करना, गलती की प्रकृति लिखकर शिक्षार्थियों को उन्हें सुधारने के लिए कहना।
(d) बच्चे को प्रत्येक गलती पाँच बार सही तरीके से लिखने के लिए कहना।

32. माध्यम की भाषा में निपुणता विकसित करने के लिए घर की भाषा का प्रयोग क्या करता है?
(a) लक्ष्य भाषा को सीखने में बाधक सिद्ध होता है।
(b) दोनों भाषाओं में मुश्किलें पैदा करता है।
(c) एक प्रभावकारी रणनीति सिद्ध हो सकती है।
(d) किसी भी कीमत पर बचना चाहिए।

33. भाषा का व्याकरण कब सबसे अच्छा सीखा जा सकता है?
(a) पठन सामग्री तथा संकल्पनाओं की पहचान को एकीकृत करके।
(b) व्याकरणिक संकल्पनाओं का अलग से अभ्यास करके।
(c) व्याकरणिक संरचनाओं को कठस्थ करके।
(d) संरचनात्मक उपगम को अपनाकर।

34. यदि शिक्षक विद्यार्थियों को शब्दावली सीखने में मदद करना चाहते हैं, तो निम्नलिखित में से कौन-सा तरीका सबसे प्रभावशाली होगा?
(a) कहानियों और चित्रों का प्रयोग
(b) दोहराव (ड्रिल) का प्रयोग
(c) लिखित अभ्यास का प्रयोग
(d) पाठ्य-पुस्तकों का उपयोग

35. बहुभाषावाद शिक्षा का एक ऐसा संसाधन है, जिसका उद्देश्य है-
(a) शिक्षण-अधिगम के लिए शिक्षार्थियों की भाषाओं का उपयोग करना।
(b) शिक्षार्थियों को यथासंभव अधिक से अधिक भाषाएँ सिखाना।
(c) शिक्षण अधिगम के लिए शास्त्रीय भाषाओं का उपयोग करना।
(d) नौकरियों के लिए अंग्रेज़ी भाषा और संस्कृति के लिए मातृभाषा सीखने के सक्षम बनाना।

36. किसी पाठ्य सामग्री से कोई विशिष्ट सूचना निकालने के उद्देश्य से उस पाठ्य सामग्री के किसी अंश को बारीकी और गहनता के साथ पढ़ने का कौशल कौन-सा अवबोधन कहलाता है?
(a) आनुमानिक

(b) वैश्विक

(c) स्थानीय

(d) लेन देन

37. 'बहु-बुद्धि के सिद्धान्त' के संदर्भों में निम्नलिखित में कौन-सी बुद्धि भाषा से संबंधित है?

(a) प्रवाह सटीकता-बुद्धि

(b) भाषाई मौखिक बुद्धि

(c) शब्दावली व्याकरण बुद्धि

(d) दृश्यात्मक-स्थानिक बुद्धि

38. समूह वाद-विवाद में भाग लेने के लिए भाषा शिक्षक एक शर्त रखता है, कि समूह में चार विद्यार्थी कनिष्ठ वर्ग से तथा एक विद्यार्थी वरिष्ठ वर्ग से होना चाहिए, जो आवश्यकता पड़ने पर कनिष्ठों की सहायता कर सके। समूह-निर्माण का यह विचार किसके सिद्धान्त पर आधारित है?

(a) पियाजे का सिद्धान्त

(b) वायगोत्सकी का सिद्धान्त

(c) ब्लूमफ़ील्ड का सिद्धान्त

(d) क्रैशन का सिद्धान्त

39. समूह प्रस्तुति के दौरान यदि किसी विद्यार्थी के द्वारा अनुचित व्यवहार प्रदर्शित किया जाता है, तब एक अध्यापक होने के नाते आप क्या करना चाहेंगे?

(a) समूची कक्षा के सामने उस पर चिल्लाएँगे।

(b) उससे बात करेंगे।

(c) उसे सभी के सामने बात करेंगे।

(d) उसे कुछ नहीं कहेंगे और उसके स्व-अनुशासित होने की अपेक्षा करेंगे।

40. मान्यताओं का वह समूह जो इस बात की व्याख्या करता है कि भाषा संरचनाओं या नियमों का समूह है, किस रूप में जाना जाता है?

(a) संप्रेषणात्मक उपागम

(b) अंतः क्रियात्मक उपागम

(c) संरचनात्मक उपागम

(d) निवेश उपागम

41. संप्रेषणात्मक भाषा शिक्षण के संबंध में कथन (अ) और (ब) पर विचार करें।

कथन (अ) : शिक्षक की भूमिका सामान्यतः वाचन के लिए मॉडल होने के बजाय एक संसाधक या मॉनिटर की है।

कथन (ब) : शिक्षार्थियों को सीखने के व्यक्तिवादी उपागम के आधार पर कक्षा की गतिविधियों में भाग लेना पड़ता है।

(a) (अ) सही है, (ब) गलत है।

(b) (अ) गलत है, (ब) सही है।

(c) (अ) और (ब) दोनों सही हैं।

(d) (अ) और (ब) दोनों गलत हैं।

42. एक विद्यार्थी जिसके घर की भाषा और विद्यालय की भाषा अलग- अलग है, आप एक संसाधन के रूप में उसकी कैसे मदद कर सकते हैं?

(a) उसे कक्षा में अधिक समय और ध्यान देकर।

(b) कक्षा में बहुभाषिकता को संसाधन के रूप के उपयोग करके।

(c) उसको गृहकार्य से संबंधित कार्यों में लचीलापन देकर।

(d) कक्षा में उसकी मातृभाषा में शिक्षण करके।

43. ट्रांस-लेंगुएजिंग (एक भाषा से दूसरी भाषा में जाना) के सम्बन्ध में इन कथनों (अ) और (ब) पर विचार करें।

(अ) ट्रांस-लेंगुएजिंग बहुभाषावाद का एक लचीला स्वरूप है।

(ब) ट्रांस-लेंगुएजिंग सम्प्रेषण क्षमता के संवर्द्धन के लिए जानी गई भाषाओं के बीच एक भाषा से दूसरी में व्यवहार करना है।

(a) (अ) सही है, (ब) गलत है।
(b) (अ) गलत है, (ब) सही है।
(c) (अ) और (ब) दोनों सही हैं।
(d) (अ) और (ब) दोनों गलत हैं।

44. समग्र भाषा उपागम में भाषा अधिगम के लिए एक उपकरण के रूप में क्या प्रयोग किया जाता है?

(a) क्रिया
(b) साहित्य
(c) बाल-कविताएँ
(d) खिलौने

45. कुल भौतिकी प्रतिक्रिया (TRP) में किसकी केन्द्रीय भूमिका होती है?

(a) शिक्षक की
(b) अभिभावक की
(c) परिवार की
(d) विद्यार्थी की

46. राष्ट्रीय पाठ्यचर्या रूपरेखा 2005 के आधार पर 'पठन कौशल' से क्या तात्पर्य है?

(a) शुद्ध उच्चारण करना।
(b) अक्षरों को पढ़ना।
(c) समझ के साथ पढ़ना।
(d) कठिन वाक्यों को पढ़ना।

47. भाषा की पाठ्यपुस्तक का शैक्षिक पक्ष क्या है?

(a) पुस्तक की वर्तनी
(b) पुस्तक में चित्रों का स्थान
(c) विषयवस्तु का चयन
(d) वर्तनी एवं चित्र एवं चित्र सज्जा के साथ उत्तम विषयवस्तु

48. स्टीफन क्रेशन के अनुसार, कौन-सी अचेतन प्रक्रिया है?

(a) सीखना
(b) अर्जन
(c) सुनना
(d) संप्रेषण

49. वैगोत्सकी के अनुसार जो बच्चे का व्यापक उपयोग करते हैं, वे अन्य बच्चों की तुलना में जटिल कार्यों को अधिक प्रभावी ढंग से सीखते हैं।

(a) आंतरिक भाषण
(b) व्यक्तिगत भाषण
(c) निजी भाषण
(d) मौन भाषण

50. पियाजे के अनुसार भाषा का विकास ...... से.......... तक होता है।

(a) निजी से व्यक्तिगत
(b) निजी से समाजीकृत
(c) आत्मकेन्द्रित से सामाजिक
(d) सामाजिक से आत्मकेन्द्रित

51. कक्षा में चर्चा के दौरान, कक्षा V की एक विद्यार्थी 'भ्रष्टाचार के कारणों' पर दृष्टिकोण

प्रस्तुत करती है। इस दौरान न तो वह दूसरों के विचारों से सहमति प्रकट कर रही है और न ही वह दूसरे के नजरिए से विषय-वस्तु को देखने की कोशिश कर रही है। पियाजे के अनुसार वह किस प्रकार के भाषण में शामिल है?

(a) आत्मकेन्द्रित भाषण

(b) सामाजिक भाषण

(c) व्यक्तिगत भाषण

(d) निजी भाषण

52. जीन पियाजे के सिद्धांत के अनुसार, विद्यार्थियों को व्याकरणिक संरचनाओं को समझाने के लिए, भाषा शिक्षक को क्या करना चाहिए?

(a) समृद्ध लिखित सामग्री प्रदान करें और विद्यार्थियों को विभिन्न संरचनाओं की खोज करने दें।

(b) विद्यार्थियों को अधिक से अधिक व्याकरणिक अभ्यास करने के लिए दें।

(c) विद्यार्थियों को पुस्तक से संरचनाओं को याद करने के लिए कहें।

(d) विद्यार्थियों को विभिन्न संरचनाओं पर कोई एक प्रदत्त कार्य दें।

53. पठन अवबोधन किस प्रकार की योग्यता है?

(a) लिखित प्रतीकों को उनकी ध्वनियों में अनुवाद करने की योग्यता

(b) प्रवाह में पढ़ने के लिए वर्षों को समझने तथा उनके अर्थ खोलने की योग्यता

(c) पठन सामग्री के साथ अंत:क्रिया के द्वारा अर्थ गढ़ने की योग्यता

(d) पठन सामग्री में आए शब्दों को उनका अर्थ जानने की योग्यता

54. निम्नलिखित में से किस प्रकार के प्रश्न शिक्षार्थियों की रचनात्मकता का आकलन करने के लिए सहायक होंगे?

(a) एक शब्द वाले प्रश्न

(b) खुले अंत वाले प्रश्न

(c) बहुवैकल्पिक प्रश्न

(d) सत्य/असत्य प्रकार के प्रश्न

55. निम्नलिखित में से कौन-सा कथन भाषा के बारे में सही है?

(a) यह व्यवस्थाओं की व्यवस्था है।

(b) यह व्यवस्थित है।

(c) यह नियमों तथा अपवादों का नियम है।

(d) यह अनेक विचारों का विचार है।

56. भाषा को सर्वोत्तम तरीके से कैसे सीख सकते हैं?

(a) संदर्भों में

(b) पृथकता में

(c) वर्णमाला के क्रम में

(d) जब शब्द एक-एक करके प्रस्तुत किए जाए

57. भाषा अधिगम में निदानात्मक परीक्षण का क्या उद्देश्य है?

(a) माता-पिता को प्रतिपुष्टि देना।

(b) विद्यार्थियों की प्रगति तालिका को भरना।

(c) संकलनात्मक आकलन के लिए योजना बनाना तथा प्रश्न पत्र तैयार करना।

(d) शिक्षार्थी समझ के स्तर पर कहाँ पिछड़ रहे हैं, यह जानना।

58. बाल केन्द्रित कक्षा में शिक्षक को क्या करना चाहिए?

(a) विद्यार्थियों की सुविधा के लिए पूरे पाठ के एक-एक वाक्य को समझाना चाहिए
(b) प्रश्नों के उत्तर लिखवाने चाहिए ताकि विद्यार्थी को आसानी हो
(c) ऐसी प्रवृत्तियों का प्रयोग करना चाहिए जिसमें विद्यार्थी स्वयं से पहल करने के लिए प्रोत्साहित हों
(d) शिक्षक विद्यार्थियों से जो भी अपेक्षा करते हैं उसे प्रदर्शित करना चाहिए

59. रचनावादी कक्षा में भाषा अधिगम किस पर आधारित होना चाहिए?
(a) व्याकरणिक इकाइयों की ड्रिल और अभ्यास पर
(b) शिक्षक द्वारा सुझायी गई पाठ्य पुस्तक को पढ़ाकर
(c) यह मान्यता है कि भाषा तभी सीखी जा सकती है जब शिक्षक विद्यार्थियों को भाषा सिखाएँ
(d) विद्यार्थियों के पूर्व अनुभवों को आधार बनाकर, प्रामाणिक कार्यों द्वारा नवीन ज्ञान की खोज

60. निम्नलिखित में से कौन-सा भाषा शिक्षण के सिद्धान्त के रूप में नहीं लिया जा सकता?
(a) चयन तथा श्रेणियों में बाँटना।
(b) विशिष्ट रूप से पठन कौशल पर बल देना।
(c) एकीकृत तरीके से शिक्षण करना।
(d) अधिक से अधिक अवसर देना।

61. सहपाठी एक-दूसरे के प्रति स्वीकृति का भाव रखें, इसके लिए किस तरह का कक्षायी परिवेश उपयुक्त है?
(a) विविधता वाले शिक्षार्थियों वाली समावेशी कक्षा
(b) चयनित शिक्षार्थियों वाली समावेशी कक्षा
(c) विविधता वाले शिक्षार्थियों वाली विशिष्ट कक्षा
(d) चयनित शिक्षार्थियों वाली विशिष्ट कक्षा

62. निम्नलिखित में से कौन-सा उपचारात्मक शिक्षण का उद्देश्य नहीं है?
(a) अप्रभावकारी आदतों को हटाना।
(b) उन भाषा तथ्यों को दोबारा पढ़ाना जो उन्होंने सही तरह से नहीं सीखे हैं।
(c) शिक्षार्थियों को अच्छी तरह से रटाना।
(d) उद्दीपन उपागमों के साथ शिक्षार्थियों में अधिगम के लिए रुचि जागृत करना।

63. भाषा पढ़ाते समय विद्यार्थियों की प्रतिभागिता को बढ़ाने के लिए कौन-सा सबसे उपयुक्त उपागम होना चाहिए?
(a) संरचनात्मक उपागम
(b) संप्रेषणात्मक उपागम
(c) व्याकरण अनुवाद विधि
(d) निमज्जन विधि

64. यदि शिक्षक सभी बच्चों की अधिगम शैली को ध्यान में रखकर शिक्षण करना चाहते हैं, तो उन्हें क्या करना चाहिए?
(a) बच्चों को अपनी प्रतिभा तथा अधिगम शैली को प्रदर्शित करने के लिए पाठ्य सहगामी गतिविधियों में भाग लेने की सलाह देनी चाहिए।

(b) योगात्मक आकलन परीक्षा में बैठने से पहले सभी पाठों की पुनरावृति करने के लिए कहना चाहिए।

(c) यह सुनिश्चित करने के लिए कि उन्होंने संकल्पनाओं को पूर्ण रूप से सीख लिया है, विद्यार्थियों की जल्दी-जल्दी परीक्षा चाहिए

(d) विद्यार्थियों की विविधता को संबोधित करने के लिए विविध प्रकार की शिक्षण विधियों का प्रयोग करना चाहिए।

65. निम्नलिखित में से कौन-सी भाषा की कक्षा में सबसे अधिक प्रभावकारी शिक्षण विधि है?

(a) शुद्ध उच्चारण पर बल देना।

(b) पुस्तक की पाठ्य सामग्री को सस्वर पढना।

(c) शुद्ध उच्चारण तथा भावों के साथ पढ़ने पर बल देना।

(d) शिक्षार्थियों की रुचि के विषय पर चर्चा करना तथा विषय वस्तु से संबंधित शब्द संपदा पर ध्यान देना।

66. निम्नलिखित में से किस शिक्षणशास्त्र का अर्थ है, कि बच्चों के अनुभवों, उनकी बात तथा उनकी सक्रिय भागीदारी को प्रमुखता देनी है।

इस प्रकार के शिक्षणशास्त्र के लिए बच्चों के मनोवैज्ञानिक विकास तथा रुचियों को ध्यान में रखकर अधिगम की योजना बनानी चाहिए।

(a) शिक्षार्थी

(b) बाल केन्द्रित

(c) शिक्षक केन्द्रित

(d) विस्तारवादी

67. समालोचनात्मक शिक्षणशास्त्र दृढ़ता से किस बात में विश्वास करता है?

(a) बच्चे विद्यालय के बाहर जो कुछ भी सीखते हैं, वह अप्रासंगिक है।

(b) शिक्षार्थियों के अनुभव तथा दृष्टिकोण महत्त्वपूर्ण हैं।

(c) शिक्षक को सदैव कक्षा निर्देशों में आगे रहना चाहिए।

(d) शिक्षार्थियों को स्वतंत्र रूप से तर्क करने की आवश्यकता नहीं हैं।

68. यदि शिक्षक नया पाठ पढ़ाने से पहले विद्यार्थियों को मनोरंजन से जुड़ी गतिविधि में संलग्न करते हैं, तो क्या उद्देश्य हो सकता है?

(a) विद्यार्थियों का ध्यान हटाना।

(b) पाठ आरंभ करने से पूर्व विद्यार्थियों को अनुशासन में करना।

(c) कार्यभार को कम करना।

(d) विद्यार्थियों में प्रोत्साहन और उत्साह का संचार करना।

69. मनुष्य अनुभव के माध्यम से भाषा ठीक उसी प्रकार से सीखते हैं. जिस तरह वे अन्य कौशल सीखते हैं।

यह किसी विचारक के सिद्धान्त की ओर संकेत करता है?

(a) नॉम चॉम्स्की

(b) प्याजे

(c) वायगोत्स्की

(d) स्किनर

70. रचनावादी कक्षा में शिक्षार्थी किस प्रकार से कार्य करते हैं?

(a) समूह में अंत:क्रिया करते हैं तथा कक्षा में आवाजें करते हैं।

(b) अपनी कॉपियों में सभी विकल्प लिखते हैं।

(c) केवल शिक्षक के साथ ही अंत:क्रिया करते हैं।

(d) किसी भी तरह की अंत: क्रिया नहीं करते हैं।

71. कक्षा में ‹बहुभाषिकता एक रणनीति के रूप' में प्रयुक्त करने से क्या तात्पर्य है?

(a) शिक्षार्थियों की समान भाषा को अंग्रेजी माध्यम की कक्षा में पाठ्यवस्तु के अनुवाद के लिए प्रयोग करना

(b) शिक्षार्थियों की भाषा को भाषाओं के शिक्षण-अधिगम तथा विषय वस्तु के लिए प्रयोग करना

(c) कक्षाकक्ष में निर्देश की माध्यम भाषा के सिवाय शिक्षार्थियों की अपनी भाषाओं को प्रयोग नहीं करने देना

(d) बहुभाषी वक्ता बनने के लिए विद्यालय में अनेक भाषाएँ सीखना

72. निम्नलिखित में से कौन-सा भारत में हिंदी भाषा के संबंध में सत्य है?

(i) यह भारत की राष्ट्रभाषा है

(ii) यह शिक्षा में समान द्वितीय भाषा है

(iii) यह भारत की सह राज्य भाषा है

(iv) हिन्दी भारत की राजभाषा है

(a) (i)

(b) (ii)

(c) (iii)

(d) (iv)

73. निम्नलिखित में से आप किसे प्रामाणिक सामग्री के रूप में स्वीकार नहीं करेंगे?

(a) पत्रकारिता से एक कार्टून

(b) समाचारपत्र में एक विज्ञापन

(c) पाठ्यपुस्तक लेखक द्वारा कोविड 19 पर लिखा निबन्ध

(d) प्रसिद्ध लेखक प्रेमचंद के द्वारा लिखी लघु कथा

74. कक्षा VIII की शिक्षिका अपने शिक्षार्थियों को पाठ पढ़ने के अनुवर्ती कार्य के रूप में क्रम से कहानी की घटनाओं तथा विचारों को लिखने के लिए कहती है। वह क्या कर रही है?

(a) अपने शिक्षार्थियों को उप विषयवस्तु के निर्माण के लिए कह रही है।

(b) अपने शिक्षार्थियों को कहानी दोबारा पढ़ने के लिए कह रही है।

(c) उनके लेखन कौशलों को पुनर्बलन दे रही है।

(d) उनके कौशल को याद करने को बढ़ावा दे रही है।

75. निम्नलिखित कथनों में से कौन-सा भाषा की कक्षा में साहित्यिक पाठ्य-सामग्री के शिक्षण के संबंध में सत्य नहीं है?

(i) साहित्यिक पाठ्य-सामग्री का प्रयोग व्याकरण शिक्षण के लिए किया जाना चाहिए

(ii) साहित्यिक पाठ्य-सामग्री सराहना, आनंद तथा मजे के लिए होती है

(iii) साहित्यिक पाठ्य-सामग्री समालोचनात्मक चिंतन का विकास करती है

(iv) साहित्यिक पाठ्य सामग्री, सराहना, आनन्द तथा मजे के लिए नहीं होती।

(a) (i)

(b) (ii)

(c) (iii)

(d) (iv)

76. पढ़ते समय वह शब्द पहचानता है, किन्तु स्वयं से उसे प्रयोग करने में समर्थ नहीं है। इस शब्द भंडार को किस रूप में जानते हैं?

(a) सक्रिय शब्द भंडार

(b) निष्क्रिय शब्द भंडार

(c) श्रवण शब्द भंडार

(d) पठन शब्द भंडार

77. आधारभूत अंत: वैयक्तिक संप्रेषण कौशल

(a) भाषा का वर्तमान में प्रयोग करते हैं

(b) उच्च स्तरीय चिंतन के लिए भाषा का प्रयोग करते हैं

(c) अमूर्त विचारों तथा संकल्पनाओं को प्रकट करने के लिए भाषा का प्रयोग करते हैं

(d) विषय पर वैज्ञानिक शोध के प्रतिवेदन (रिपोर्टिंग) के लिए भाषा का प्रयोग करते हैं

78. कौन-सा लेखन उपागम शिक्षार्थियों को लेखन सिखाने के लिए लेखन के विभिन्न स्तरों से गुजरने का अवसर प्रदान करता है?

(a) उत्पाद उपागम

(b) प्रक्रिया उपागम

(c) संप्रेषणात्मक उपागम

(d) कोश-विषयक उपागम

79. अरुल और राहुल शिक्षक अपनी व्याकरण की कक्षा में पहले व्याकरण बिन्दुओं वाच्य और काल का परिचय देते हैं और यह समझाते हैं कि नियम किस तरह बनते हैं और किस तरह संदर्भ का प्रयोग करते हैं। इसके उपरांत वे शिक्षार्थियों को भाषा मदों के अभ्यास के लिए बहुत सारे कार्य देते हैं। व्याकरण सीखने-सिखाने की यह प्रक्रिया कहलाती है

(a) विषय ज्ञान

(b) कार्यविधिक ज्ञान

(c) प्रक्रिया ज्ञान

(d) घोषणात्मक ज्ञान

80. निम्नलिखित में से कौन-सा भाषा सीखने के लिए निवेश आधारित कार्य है?

(a) शिक्षार्थी पाँच के समूह में कहानी पढ़ता है

(b) शिक्षार्थी एक कार्यक्रम में अभिनय की जाने वाली लघुनाटिका के लिए संवाद लिखते हैं

(c) शिक्षार्थी जलवायु परिवर्तन के मुद्दे पर भूमिका निर्वाह (रोल- प्ले) में अभिनय करते हैं

(d) शिक्षार्थी सुनी हुई वार्ता के विचारों को समझने के लिए प्रश्न पूछते हैं

81. निम्नलिखित में से कौन-सी भाषा शिक्षा की संकल्पना नहीं है?

(a) व्याकरण अनुवाद विधि

(b) ध्वनि की तरंग लंबाई

(c) प्रथम भाषा का हस्तक्षेप

(d) त्रुटि शुद्धि

82. निम्नलिखित में से कौन-सा भाषा अर्जन के दौरान आरंभिक शब्द त्रुटि का अतिशय रूप से विस्तार का उदाहरण है?

(a) बच्चे उड़ती हुई सभी चिड़ियों को गौरेया कहते हैं।

(b) बच्चे प्रवाह के साथ नहीं बोल पाते हैं।

(c) बच्चे किसी बात को अभिव्यक्त करने के लिए केवल मुख्य शब्द का सहारा लेते हैं, जैसे "माँ सेब खाती" है।

(d) बच्चे अपनी बोली गई बातों को दोहराते हैं।

83. भाषा शिक्षण के किस उपागम में अर्थ के प्रति समझ बनाने की जगह वाक्यों के प्रतिरूपों को याद करने पर बल दिया जाता है?

(a) व्याकरण अनुवाद विधि

(b) सम्प्रेषणात्मक उपागम

(c) प्रत्यक्ष विधि

(d) संरचनात्मक उपागम

84. गहन पठन क्या है?

(a) सरसरी तौर पर पठन

(b) गंभीर पठन

(c) पठन से पूर्व

(d) सामूहिक पठन

85. निम्नलिखित में से कौन-सा पठन का उपकौशल नहीं है?

(a) सम्बद्धता स्थापित करना

(b) अनुमान लगाना

(c) अन्त: क्रिया करना

(d) विश्लेषण करना

86. पठन के बारे में निम्नलिखित कथन पढ़कर सही विकल्प का चयन करें-

(A) पठन एक ऐसी प्रक्रिया है, जिसमें पाठ्य सामग्री से सूचनाएँ और ज्ञान अर्थ निर्माण के साथ-साथ ग्रहण किया जाता है।

(B) डिकोडिंग लिखे हुए शब्दों को सही तरह से उच्चारित करने के लिए अक्षरों के नमूनों के ज्ञान के साथ-साथ अक्षर-ध्वनि संबंध के ज्ञान का इस्तेमाल करने की क्षमता है।

(a) (A) और (B) दोनों सही हैं।

(b) (A) सही है लेकिन (B) ग़लत है।

(c) (B) सही है लेकिन (A) ग़लत है।

(d) (A) और (B) दोनों ग़लत हैं।

87. कक्षा दो की अध्यापिका अपनी कक्षा में मुद्रित समृद्ध परिवेश का सृजन करना चाहती है। वह निम्नलिखित में से कौन-सा कार्य करवा सकती है?

(a) दीवार पर उपयुक्त ऊँचाई पर कहानी और पोस्टर लगाना।

(b) बच्चों को कहानियाँ सुनाना।

(c) कक्षा की दीवार को सजाने के लिए दीवार पर फूल और पशुओं के चित्र चिपकाना।

(d) मुद्रित लिपि के अनुसार बच्चों को लिखने के लिए कहना।

88. नीचे भाषा कौशलों के विकास के लिए कुछ गतिविधियों दी गई हैं। निम्नलिखित में से कौन-सी श्रवण कौशल के विकास के लिए प्रयुक्त की जा सकती है?

(a) अध्यापक कहानी में आए पात्रों की भौतिक आकृतियों का वर्णन करने

और उनका चित्र बनाने के लिए कह सकती है।

(b) बच्चों को कहानी पढ़ने के लिए कहा जाए।

(c) बच्चों को याद रखने योग्य घटना सुनाने के लिए कहा जाए।

(d) बच्चों को अपने से पढ़ी गई कहानी प्रस्तुत करने के लिए कहा जाए।

89. I. श्रव्य एवं लिखित सामग्री के संरचनात्मक और व्याकरणिक तत्वों का प्रत्यक्ष अध्यापन।

II. श्रव्य और लिखित सामग्री को विद्यार्थियों के प्रयोग हेतु सामाजिक और सांस्कृतिक संदर्भों से जोड़ना।

III. कार्य की इस प्रकार से अभिकल्पना करना जो समूची सामग्री के संदर्भ में कौशलों के विकास पर केन्द्रित हो।

निम्नलिखित में से कौन-सा ऊपर बताए गए सिद्धान्तों पर आधारित है?

(a) सामग्री आधारित निर्देश

(b) प्राकृतिक उपागम

(c) मौन तरीका

(d) कार्य आधारित भाषा शिक्षण

90. द्वितीय भाषा के अधिगम में क्या शामिल है?

(a) लक्ष्य भाषा में विभिन्न स्थितियों के प्रति प्रतिक्रिया देना

(b) विभिन्न प्रकार की श्रव्य व लिखित सामग्री का उपयोग करना

(c) अकादमिक रूप से लक्ष्य भाषा में प्रतिक्रिया देना

(d) विशिष्ट स्थितियों में कुछ वाक्यांशों का प्रयोग करना

91. बच्चों की भाषा-संबंधी क्रमिक प्रगति का लेखा-जोखा रखना संभव है।

(a) उत्तर पुस्तिकाओं

(b) लिखित परीक्षा

(c) मौखिक परीक्षा

(d) पोर्टफोलियो

92. निम्नलिखित में से कौन-सा उपागम भाषा अधिगम में भाषा की बहुशब्दीय इकाइयों या वाक्यांशों की भूमिका पर बल देता है?

(a) संरचनात्मक उपागम

(b) मौखिक उपागम

(c) प्राकृतिक उपागम

(d) शब्दकोशीय उपागम

93. कक्षा में प्रस्तुतीकरण के दौरान विद्यार्थी एक-एक करके अपनी राय दे रहे हैं। भाषा अध्यापक होने के नाते आप किस आधार पर उनका आकलन करेंगे?

I. भाषा में प्रवाह

II. विषय-वस्तु में निपुणता

III. विभिन्न लेखकों के कथन

IV. प्रस्तुतीकरण शैली

(a) I, II, III

(b) II, III, IV

(c) I, III, IV

(d) I, II, IV

94. निम्नलिखित में से कौन-सी पारस्परिक शिक्षण की प्रक्रियाएँ हैं?

(a) अनुमान, प्रश्न करना, स्पष्ट करना और सारांशीकरण

(b) मान लेना, चर्चा करना, नोट करना और सारांशीकरण
(c) कल्पना करना, प्रस्तुतीकरण, प्रश्न करना और सारांशीकरण
(d) विचार करना, अभिव्यक्त करना, मॉनीटरिंग करना और सारांशीकरण

95. सम्प्रेषणात्मक गतिविधि के शुरुआती चरण में अध्यापिका, विद्यार्थियों को जहाँ भी आवश्यकता हो, मदद दे रही है और धीरे-धीरे विद्यार्थियों पर उत्तरदायित्व डाल रही है। यहाँ अध्यक्षिका क्या कर रही है?
(a) विद्यार्थियों को दिशा संकेत दे रही है।
(b) विद्यार्थियों को मदद दे रही है।
(c) विद्यार्थियों को पुनर्बलन दे रही है।
(d) विद्यार्थियों को निर्देश दे रही है।

96. भाषा के बारे में कौन-सा कथन सही है ?
(a) किसी बोली की कई भाषाएँ हो सकती हैं।
(b) बोली और भाषा एक ही हैं।
(c) एक भाषा की कई बोलियाँ हो सकती हैं।
(d) बोली और भाषा पारस्परिक रूप से बोधगम्य हैं।

97. 'निपुन' क्या है?
(a) यह विद्यालयी बच्चों के लिए शिक्षा का कार्यक्रम है।
(b) यह विद्यालय के बहुत छोटे बच्चों में साक्षरता, पठन और संख्या ज्ञात समुन्नत करने का कार्यक्रम है।
(c) यह विद्यालय के बहुत छोटे बच्चों में पठन और गणितीय कौशल विकसित करने का कार्यक्रम है।
(d) यह विद्यालय के बहुत छोटे बच्चों में देशभक्ति विकसित करने का कार्यक्रम है।

98. निम्नलिखित में से किसे ग्राह्य कौशल कहेंगे?
(a) पठन और श्रवण
(b) पठन और वाचन
(c) लेखन और श्रवण
(d) लेखन और वाचन

99. बहुभाषावाद क्या है?
(a) विद्यालय में बहुत-सी भाषाओं का अध्यापन
(b) कार्यालयी भाषा, सहकार्यालयी भाषा और अंग्रेजी का अध्यापन
(c) विद्यालय में शिक्षार्थियों की भाषाओं का शिक्षण-अधिगम
(d) विद्यालय के रचनात्मक वर्षों में कम-से-कम तीन भाषाओं का शिक्षण

100. कक्षा दो के एक अध्यापक ने अपने विद्यार्थियों से कहा कि वे शब्द संपदा सीखने के लिए अपने घर से पशु व वाहन वाले अपने खिलौने लेकर आएँ। भाषा शिक्षणशास्त्र की दृष्टि से ये खिलौने क्या है?
(a) शिक्षण सामग्री
(b) वास्तविक सामग्री (रीयलिया)
(c) वास्तविक वस्तुएँ
(d) प्रदत्त कार्य

101. कक्षा तीन की एक बालिका शब्दों के प्रत्येक अक्षर की ध्वनि समझ लेती / पढ़ लेती है। वह क्या करने का प्रयास कर रही है?
(a) संकेत बनाना (एनकोडिंग)
(b) संकेत खोलना (डिकोडिंग)
(c) अर्थ निर्माण

(d) अर्थ के लिए पठन

102. पहली कक्षा की अध्यापिका ने कक्षा की दीवारों पर इस तरह से जगह छोड़ी हुई है कि बच्चे कीरम काँटे (स्क्रिब्लिंग) बना सकें, चित्रकारी कर सकें।
बच्चों की इन गतिविधियों को क्या कहेंगे?

(a) आरंभिक साक्षरता
(b) हाथ-आँख समन्वयन
(c) लेखन विकास
(d) चित्रकारी सीखना

103. अधिगम के शुरुआती वर्षों में कौन-सा उद्देश्य तुकबंदियों और शिशुगीतों का नहीं है?

(a) भाषा विकास
(b) मूल्य विकास
(c) कल्पनाशीलता एवं अनुमान
(d) व्याकरणिक क्षमता का विकास

104. 'डिस्लेक्सिया' से क्या आशय है?

(a) बच्चों में पठन विकार
(b) संख्याएँ कैसे लिखी जाती हैं, यह समझने में समस्या का सामना करना
(c) सूक्ष्म गत्यात्मक कौशलों के संचालन में समस्या
(d) शिक्षार्थियों में एक समझ विकार

105. अश्विनी कक्षा पाँच में पढ़ता है। कक्षा तीन तक आते-आते उसे अपनी मातृभाषा में पठन कौशलों का विकास हो चुका था। अब वह अंग्रेजी भी अच्छी तरह से पढ़ने लगा है। अंग्रेजी पठन की उसकी योग्यता में क्या प्रतिबिम्बित हो रहा है?

(a) पठन निपुणता का विकास
(b) दक्षता संवर्धन
(c) पठन का कौशल
(d) कौशल अन्तरण

106. एक अध्यापक विद्यालयी शिक्षा के बुनियादी वर्षों में बच्चों को भाषा की कक्षा में शब्द, शब्द-समूहों, शिशुगीत, तुकबंदियों और छोटी-छोटी कहानियों से परिचित करवाता है। वह भाषा अधिगम के किस उपागम का अनुसरण कर रहा है?

(a) समग्र भाषा उपागम
(b) शब्द विधि
(c) स्वनिम उपागम
(d) समग्र वाक्य उपागम

107. कक्षा पांच के विद्यार्थियों को अपनी सावधिक परीक्षा में निम्नलिखित प्रश्न दिया गया-
"आप क्या पसन्द करते हैं और क्या पसन्द नहीं करते हैं उससे निम्नलिखित शाक्यों की पूर्ति कीजिए।"
यह प्रश्न किस प्रारूप के अन्तर्गत आएगा?

(a) बहुविकल्पीय प्रश्न
(b) लघु-उत्तरीय प्रश्न
(c) पाठ से बाहर के प्रश्न (एक्स्ट्रापोलेटिव)
(d) खुले अंत वाले प्रश्न

108. कक्षा में मातृभाषा की मदद से द्वितीय भाषा का शिक्षण किस विधि की चारित्रिक विशेषता है?

(a) निर्देश (प्रत्यक्ष)
(b) द्विभाषिक
(c) व्याकरण अनुवाद
(d) कला समावेशित अधिगम

109. एक अध्यापक का मत है कि भाषा अधिगम के लिए सामाजिक अन्तः क्रियाएँ एक महत्त्वपूर्ण उद्दीपन हैं। अपने इस मत के अनुसार एक अध्यापक जोड़ों और समूह में गतिविधियों का आयोजन करती है। उसका यह विचार किससे मिलता है?

(a) पियाजे

(b) चॉम्स्की

(c) स्किनर

(d) वायगोत्स्की

110. निम्नलिखित में से कौन-सा उपकौशल पठन का उपकौशल नहीं है?

(a) अनुमान लगाना

(b) सम्पादन

(c) सरसरी तौर पर पढ़ना

(d) बारीकी से पठन

111. एक बालिका अच्छी तरह से लिख नहीं पा रही है। अध्यापक उस बालिका पर व्यक्तिगत रूप से ध्यान देती है और अभ्यास व मदद के आधार पर हाथ- आँख समन्वयन बनाने में सहायता करती है। अध्यापक के द्वारा दी गई यह सहायता क्या कहलाती है?

(a) पुनर्बलन

(b) मदद करना (स्काफोल्डिंग)

(c) अनुकूलन

(d) प्रतिरूपण

112. पोर्टफोलियो का निर्माण करते समय सबसे पहला निर्णय कौन-सा होना चाहिए?

(a) इसमें क्या-क्या शामिल करना चाहिए?

(b) प्रविष्टियाँ कैसे और कब करनी चाहिए?

(c) यह कैसा दिखना चाहिए?

(d) पोर्टफोलियो के द्वारा मूल्यांकन कैसे किया जाता है?

113. एक तीन-वर्ष की बालिका पुस्तक में चित्र देखकर कहानी कहती है। यह बालिका-

(a) आरंभिक पाठक है।

(b) कथा वाचक है।

(c) चित्र पाठक है।

(d) पारंपरिक पाठक है।

114. भाषा की अध्यापिका वाक्य प्रतिरूपों के दोहराव पर अधिक बल दे रही है बजाय कि उनके अर्थ समझने पर। वह किस विधि का प्रयोग कर रही है?

(a) व्याकरण अनुवाद विधि

(b) श्रव्य-भाषिक विधि

(c) परिस्थिति अनुसार उपागम

(d) संप्रेषणात्मक उपागम

115. कोई भी बालक अपनी प्रथम भाषा कैसे वातावरण में सीखता है?

(a) आतिथ्य सत्कारी परिवेश

(b) निजी रूप से सिखलाने वाला परिवेश

(c) औपचारिक परिवेश

(d) स्वाभाविक परिवेश

116. नई शब्दावली सिखाते समय अध्यापक को क्या करना चाहिए?

(a) शिक्षार्थियों की प्रथम भाषा में अर्थ लिखना चाहिए।

(b) शिक्षार्थियों को संदर्भ में शब्दों का प्रयोग करने के अवसर देने चाहिए।

(c) विभिन्न प्रकार के ड्रिल अभ्यासों के माध्यम से शब्दों का अभ्यास करवाना चाहिए।

(d) शिक्षार्थियों को शब्द याद करने और जहाँ आवश्यक हो, वहाँ प्रयोग करने के लिए कहना चाहिए।

117. कक्षा पाँच में भाषा अधिगम के उच्च स्तरीय चिंतन कौशल के आकलन के लिए कौन-सा सर्वाधिक उपयुक्त कार्य है?

(a) 'रहीम नाश्ता कर रहा है।' वाक्य का विश्लेषण करें।

(b) वृक्षों के संरक्षण पर एक अनुच्छेद लिखिए।

(c) कल्पना करें कि आप एक रिपोर्टर हैं और पानी की कमी से जूझ रहे एक गाँव में गए हैं। शोध करें और 300 शब्दों में एक रिपोर्ट लिखें।

(d) शब्द जाल में भोजन से संबंधित शब्द लिखें।

118. एक अध्यापक ने पहचान की कि बहुत से विद्यार्थी अंग्रेजी वर्णमाला की एकसमान ध्वनियों को व्यक्त करने में असमर्थ हैं। अध्यापक का मत है कि यह प्रथम भाषा के अवरोध के कारण है, इसलिए

(a) इसके बारे में कुछ नहीं करना चाहिए।

(b) श्रवण प्रशिक्षण एवं अभ्यास की आवश्यकता है।

(c) यह समझ को बाधित करेगा।

(d) यह अंग्रेजी के प्रयोग को बाधित करेगा।

119. निपुन भारत मिशन के लक्ष्यों के अनुसार कक्षा तीन के अंत तक साक्षरता के लिए बुनियादी साक्षरता व गणित के अधिगम उद्देश्य क्या हैं?

(a) एक मिनट में समझ के साथ कम-से-कम 100 शब्द पढ़ना।

(b) कम-से-कम 2-3 अक्षरों से बने सरल शब्दों को पढ़ना।

(c) आयु के उपयुक्त किसी अपठित पाठ्यसामग्री से कम-से-कम 5-4 सरल शब्दों वाले छोटे-छोटे वाक्यों को पढ़ना।

(d) एक मिनट में कम-से-कम 60 शब्द समझ के साथ पढ़ना।

120. निम्नलिखित में से कौन-सा डिसर्थिया का लक्षण है?

(a) लेखन में कठिनाई

(b) ध्वनि, वर्ण या शब्दों का दोहराव या लंबी तान में बोलना

(c) माँसपेशियों की कमजोरी के कारण ध्वनि निकालने में जीभ और होठ के समन्वयन में कठिनाई

(d) जिन शब्दों को बच्चे सुनते व पढ़ते हैं, उन्हें समझने में कठिनाई

121. किस विधि में बिना मातृभाषा को मध्यस्थ बनाये भाषा सीखी जाती है-

(a) प्रत्यक्ष विधि

(b) व्याकरण विधि

(c) व्याकरण अनुवाद विधि

(d) समवाय विधि

122. एक शिक्षिका पहले बच्चों को संज्ञा की परिभाषा से अवगत कराती है तत्पश्चात् उन्हें संज्ञा के उदाहरण प्रस्तुत कराती है। वह व्याकरण शिक्षण की कौन-सी विधि अपना रही है?

(a) सूत्र विधि

(b) आगमन विधि
(c) निगमन विधि
(d) प्रत्यक्ष विधि

123.विचार-विश्लेषण का अन्तिम सोपान है-
(a) गृहकार्य
(b) बोधात्मक प्रश्न
(c) पूर्वज्ञान परीक्षा
(d) कक्षा कार्य निरीक्षण

124.प्रयोजन विधि की विचारधारा के जनक हैं-
(a) जॉन डीवी
(b) अरस्तु
(c) सुकरात
(d) किलपैट्रिक

125.लेखन और उच्चारण के लिए अनुकरण विधि उपयोगी है
(a) प्रारंभिक स्तर पर
(b) माध्यमिक स्तर पर
(c) उच्च स्तर पर
(d) सभी स्तरों पर

126.व्याकरण-अनुवाद विधि अधिक बल देती है _______
(a) शुद्धता पर
(b) प्रवाह पर
(c) उपयुक्तता पर
(d) उच्चारण पर

127.पढ़ने में आने वाली समस्या का प्रकार नहीं है-
(a) डिकोडिंग की समस्या
(b) पढ़ने के कौशल की गलत समझ
(c) गति की समस्या
(d) वर्तनी की समस्या

128.दृष्टिबाधित बच्चों को भाषा सिखाते समय
(a) उन्हें कक्षा में अलग बैठाना चाहिए ताकि उन पर विशेष ध्यान दिया जा सके
(b) उन्हें विभिन्न भाषिक गतिविधियों में शामिल नहीं करना चाहिए
(c) कम पाठों वाली पाठ्य-पुस्तक का निर्माण किया जाना चाहिए
(d) अधिक-से-अधिक मौखिक भाषा का प्रयोग करना चाहिए

129.अफेज्या संबंधित है:
(a) लिखने से
(b) बोलने से
(c) सुनने से
(d) पढ़ने से

130.कक्षा में अल्पदृष्टि के बच्चे के समावेशन के लिए आप क्या करेंगे?
(a) बैठने की व्यवस्था उचित पंक्ति के साथ खिड़की के निकट।
(b) अध्यापक के पास बैठने की व्यवस्था।
(c) बड़े लेखन वाले ब्लैकबोर्ड का उपयोग।
(d) उपरोक्त 1 व 3 दोनों।

131.जिन बच्चों में 'तुतलाना' भाषा-विकार होता है :
(a) वे वाक्यों को तोड़-तोड़कर बोलते हैं।
(b) वे एक शब्द के स्थान पर दूसरे शब्द का प्रयोग करते हैं।
(c) वे एक वाक्य के स्थान पर दूसरे वाक्य का प्रयोग करते हैं।
(d) वे वाक्य के पहले शब्द की पुनरावृत्ति करते हैं।

132.उच्चारण संबंधि त्रुटि होने का कारण है-
(a) वर्ण के उच्चारण का सही ज्ञान
(b) शुद्ध उच्चारण के अभ्यास के प्रति उदासीनता
(c) शुद्ध उच्चारण का प्रयत्नशील अभ्यास
(d) भाषा विकार

133.प्रथम पीढ़ी के शिक्षार्थी वे हैं जो
(a) अपने परिवार में सबसे पहले विद्यालय गए हैं।
(b) दाखिला लेने के लिए विद्यालय में पहली बार आए हैं।
(c) विद्यालय में 'विद्यालय तैयारी कार्यक्रम' में हिस्सा ले रहे हैं।
(d) विद्यालय में पहली बार भाषा सीख रहे हैं।

134.भाषा की कक्षा में मौखिक अभिव्यक्ति का विकास अक्सर चुनौतिपूर्ण होता है, क्योंकि-
(a) मूल्यांकन की कठोर प्रक्रिया।
(b) बालक शुद्ध उच्चारण करने में असमर्थ होते हैं।
(c) घरेलू भाषा के प्रयोग की स्वतंत्रता होती है।
(d) कक्षा में सार्थक /अर्थपूर्ण बातचीत के पर्याप्त अवसर नहीं उपलब्ध हैं।

135.प्रमुख भाषायी कौशल के अन्तर्गत इनमें से कौन एक नहीं आता है?
(a) हँसना
(b) लिखना
(c) सुनना
(d) बोलना

136.मायरा पढ़ते समय कभी - कभी वाक्यों , शब्दों की पुनरावृत्ति करती है । इसका यह भाषायी व्यवहार दर्शाता है कि-
(a) उसे पढ़ना बिलकुल नहीं आता है।
(b) वह पढ़ने में ज्यादा समय लेती है।
(c) वह समझ के साथ पढ़ने की कोशिश कर रही है।
(d) वह अटक - अटककर ही पढ़ सकती है।

137.काव्य शिक्षण का उद्देश्य है-
(a) संगीत कला में निपुण बनाना
(b) रसानुभूति एवं आनन्दानुभूति कराना
(c) भाषा में प्रयुक्त होने वाले विराम चिह्नों से परिचित करना
(d) व्याकरणिक नियमों की जानकारी देना

138.अच्छे मूल्यांकन की विशेषताएँ हैं
(a) वैधता, विश्वसनीयता, वस्तुनिष्ठता, व्यापकता
(b) पुनर्मूल्यांकन, परीक्षक का दृष्टिकोण, पूर्वाग्रह एवं व्यक्तिपरकता
(c) विभेदीकरण, जीवनोपयोगी, लाभपरक एवं सिद्धान्तपरक
(d) रोचक, भावपूर्ण एवं शुचितापूर्ण

139.त्रिभाषा सूत्र में प्राथमिक स्तर पर किस भाषा के शिक्षण को प्राथमिकता दी जाती है ?
(a) अंग्रेजी
(b) संस्कृत
(c) मातृभाषा
(d) विदेशी

140.आजकल विद्यालयों में प्रयुक्त प्रोजेक्टर की व्यवस्था स्मार्ट कक्षा शिक्षण में सहायक है
(a) श्रव्य साधन के रूप में

(b) दृश्य साधन के रूप में
(c) खेल गतिविधियों के लिए दृश्य रूप में
(d) श्रव्य - दृश्य साधन के रूप में

141. प्राथमिक स्तर पर बच्चों को भाषा सिखाने का सर्वोपरि उद्देश्य है?
(a) कहानी - कविताओं को दोहराने की कुशलता का विकास करना
(b) तेज प्रवाह के साथ पढ़ने की योग्यता का विकास करना
(c) अपनी बात को दूसरों के समक्ष अभिव्यक्त करने की कुशलता का विकास करना
(d) मुहावरे - लोकोक्तियों का ज्ञान प्राप्त करना

142. निम्नलिखित में से क्या सामाजिक विज्ञान की एक पाठ्यपुस्तक पर लागू नहीं होता है?
(a) यह याद रखने वाला एक दस्तावेज है
(b) यह एक शिक्षाप्रद दस्तावेज है जो आगे पढ़ने की गुंजाइश पैदा करता है।
(c) इसे एक गतिशील दस्तावेज के रूप में माना जाता है।
(d) यह मानव जाति के कल्याण के लिए या मानवता के विनाश के लिए लागू किया जाता है।

143. कहानी, कविता, गीतों और नाटकों के माध्यम से बच्च-
(a) केवल अपनी तर्कशक्ति का विकास करते हैं
(b) अपनी सांस्कृतिक धरोहर से जुड़ते हैं
(c) केवल मनोरंजन प्राप्त करते हैं
(d) केवल मूल्यों का अर्जन करते हैं

144. कहानी के संदर्भ में कौन-सा कथन उपयुक्त लगता है?
(a) कहानी में संवाद होना आवश्यक है।
(b) कहानी में शुरुआत होना आवश्यक है
(c) कहानी में शुद्ध भाषा होना आवश्यक है
(d) कहानी में कथानक का होना आवश्यक है

145. हिंदी के पाठकों में अन्य भाषाओं के शब्दों के होने का अर्थ है
(a) पाठ का लेखन हिंदी नहीं जानता
(b) पाठ समाज के बहुभाषी स्वरूप की शहद प्रस्तुति है
(c) पाठ कठिन और अस्पष्ट है
(d) विद्यार्थियों को शुद्ध भाषा नहीं दिखाई जा रही है

146. आपकी दृष्टि में अभ्यास –
(a) पाठ को समझने में मदद करते हैं
(b) बच्चों को तार्किक बनाते हैं
(c) बच्चों को भाषा के बारे में बताते हैं
(d) बच्चों को उत्तर देना सिखाते हैं

147. उपचारात्मक शिक्षण की सफलता निर्भर करती है?
(a) उपचारात्मक शिक्षण की सामग्री पर
(b) भाषिक नियमों के ज्ञान पर
(c) समय व अवधि पर
(d) समस्याओं के कारणों की सही पहचान पर

148. भाषा-कौशलों के संदर्भ में कौनसा कथन उचित है?
(a) भाषा-कौशलों के विकास में अभ्यास की अपेक्षा भाषिक नियमों का ज्ञान जरूरी है

(b) विद्यालय में केवल ' पढ़ना', ' लिखना' कौशलों पर ही बल देना चाहिए।
(c) बच्चे केवल सुनना, बोलना, पढ़ना, लिखना कौशल क्रम से ही सीखते हैं
(d) भाषा के चारों कौशल परस्पर अन्त: संबंधित हैं

149. सृजनात्मकता का विकास करने में कौनसा सहायक नहीं है?
(a) कविता पूरी करना
(b) चित्र पर आधारित मौखिक अथवा लिखित वर्णन
(c) प्रश्नों के उत्तर लिखना
(d) अधूरी कहानी को पूरा करना

150. प्राय: बच्चे/ बच्चियाँ विद्यालय में स्वयं को अभिव्यक्त करने में संकोच करते हैं, क्योंकि
(a) वे भाषा नहीं जानते
(b) उन्हें अभिव्यक्ति का ज्ञान नहीं है
(c) वे जिस भाषा में सहज अभिव्यक्ति कर सकते हैं, वह प्राय: विद्यालयों में स्वीकृति नहीं होती
(d) शिक्षक/ शिक्षिका व बाकी साथी उनका मजाक उड़ते हैं

151. कक्षा एक के बच्चे अपने .... एवं......... से प्राप्त बोलचाल की भाषा के अनुभवों को लेकर ही विद्यालय आते हैं?
(a) घर-परिवार, पड़ोसी
(b) घर-परिवार, परिवेश
(c) घर-परिवार, दोस्तों
(d) घर-परिवार, टी.वी.

152. कक्षा ' एक' और ' दो' के शुरुआती समय में पढ़ने का प्रारम्भ .... से हो और किसी......... के लिए हो।
(a) अर्थ, उद्देश्य
(b) अक्षर-ज्ञान, मनोरंजन
(c) शब्द-पहचान, मूल्यांकन
(d) अक्षर-ज्ञान, उद्देश्य

उत्तर कुंजी

1	(d)	2	(c)	3	(d)	4	(a)	5	(c)	6	(d)	7	(c)	8	(d)	9	(c)	10	(d)
11	(b)	12	(a)	13	(a)	14	(a)	15	(c)	16	(a)	17	(a)	18	(a)	19	(d)	20	(b)
21	(d)	22	(d)	23	(a)	24	(b)	25	(a)	26	(b)	27	(c)	28	(b)	29	(c)	30	(b)
31	(c)	32	(c)	33	(a)	34	(a)	35	(a)	36	(a)	37	(b)	38	(b)	39	(b)	40	(c)
41	(a)	42	(b)	43	(c)	44	(b)	45	(a)	46	(c)	47	(c)	48	(b)	49	(c)	50	(c)
51	(a)	52	(a)	53	(c)	54	(b)	55	(a)	56	(a)	57	(d)	58	(c)	59	(d)	60	(b)
61	(a)	62	(c)	63	(b)	64	(d)	65	(d)	66	(b)	67	(b)	68	(d)	69	(d)	70	(a)
71	(b)	72	(d)	73	(c)	74	(a)	75	(a)	76	(b)	77	(a)	78	(b)	79	(d)	80	(a)
81	(b)	82	(a)	83	(d)	84	(b)	85	(c)	86	(b)	87	(a)	88	(a)	89	(a)	90	(b)
91	(d)	92	(d)	93	(d)	94	(a)	95	(b)	96	(c)	97	(b)	98	(a)	99	(c)	100	(b)
101	(b)	102	(a)	103	(d)	104	(a)	105	(d)	106	(a)	107	(d)	108	(b)	109	(d)	110	(b)
111	(b)	112	(c)	113	(a)	114	(b)	115	(d)	116	(b)	117	(c)	118	(b)	119	(d)	120	(c)
121	(a)	122	(c)	123	(b)	124	(d)	125	(a)	126	(a)	127	(d)	128	(d)	129	(b)	130	(d)
131	(b)	132	(c)	133	(a)	134	(d)	135	(a)	136	(c)	137	(b)	138	(a)	139	(c)	140	(d)
141	(c)	142	(a)	143	(b)	144	(d)	145	(b)	146	(a)	147	(d)	148	(d)	149	(c)	150	(c)
151	(b)	152	(a)																